認知症介護
実践研修テキスト

実践者編

編集
認知症介護実践研修テキスト編集委員会

編集協力
一般社団法人全国認知症介護指導者ネットワーク

中央法規

はじめに

認知症ケアは、1970 年代以前のケアなき混沌とした時代からはじまり、1980 年代以降に施設・在宅サービスの拡充が図られるなかで少しずつ進化し、2000（平成12）年の介護保険制度の施行以降に本格化しました。特に 2004（平成 16）年に京都で開催された「国際アルツハイマー病協会第 20 回国際会議」での当事者の発言によって、認知症の人のとらえ方は、「ケアの対象者」から「認知症とともに生きる当事者」へと大きく変わり、認知症ケアも本人主体の支援へと少しずつ変化していきました。

その後、住み慣れた地域で、住まい、医療、介護、予防、生活支援が包括的に提供されるしくみとして、地域包括ケアシステムの構築が進められ、認知症対応型共同生活介護（グループホーム）や小規模多機能型居宅介護などの地域密着型サービスの整備が進み、一方で 2005（平成 17）年に高齢者虐待の防止、高齢者の養護者に対する支援等に関する法律（高齢者虐待防止法）が成立しました。

さらに、2012（平成 24）年に「今後の認知症施策の方向性について」「認知症施策推進 5 か年計画（オレンジプラン）」が発表されて以降、2015（平成 27）年に「認知症施策推進総合戦略（新オレンジプラン）」、2019（令和元）年に「認知症施策推進大綱」が策定され、「共生」と「予防」をテーマに、地域でその人らしい暮らしを実現することが目指されています。

一方で、認知症に対する誤った疾病観に基づく偏見は依然としてなくならず、また、虐待や身体拘束に関する通報件数も増加の一途をたどっています。このような状況において、認知症ケアに携わる人材の育成はとても重要な意義をもっています。2001（平成 13）年度から充実を図りながら継続してきた「認知症介護実践研修」は、認知症についての正しい理解のもと、本人主体の介護を行い、できる限り認知症の症状の進行を遅らせ、認知症の行動・心理症状（BPSD）を予防する人材を育成するための重要な研修として、「認知症施策推進大綱」に位置づけられています。2021（令和 3）年度からは、「認知症介護基礎研修」の受講が介護の経験のない職員に義務づけられるなど、研修体系のさらなる充実が図られています（2023（令和 5）年度までは努力義務）。

このようななか、2021（令和 3）年度のカリキュラムの改訂に合わせ、「認知症介護実践者研修」および「認知症介護実践リーダー研修」のテキストを発行いたしました。編集委員会として、特に、研修修了後に現場に戻った際に、実践に活かすことができる学びを重視し、次の点に配慮して編集作業を重ねてきました。

1　実践において、常に「本人主体」に立ち返ることができる

2　実践力をみがき、現場のケアに活かすことができる

近年では、認知症の人の発言からケアのあり方を考えることが重要視されています。つまり、これまでの提供者本位のケアではなく、本人の声を聴き、声なき声にも耳を傾け、その人という個人に対するケアを考えることが基本になります。本書では、本人の声を紹介するとともに、本人の想いを知ろうとすること、本人に「想いを伝えてもよい相手」として認められる専門職になることの大切さを、全編を通じて伝えられるよう工夫しています。

また、必要な知識や技術、視点を学び、学んだことを現場での実践に活かすために、「事例」を活用しました。『実践者編』では、告知前から終末期に至る１人の認知症の人の事例を用いて、認知症の人の「今」とともに、全体をとらえる視点の重要性を強調しています。また、その過程における意思決定支援の大切さ、施策や地域とのつながりにおいて配慮すべき点などを時系列に沿って理解できるようにしました。『実践リーダー編』では、グループホームのユニットリーダーとそのケアチームのメンバーを中心とした事例を活用し、さまざまな個性や背景をもつメンバーとともに、チームの成長を支え、チームで本人主体の認知症ケアを実践していくための知識と技術を身につけていきます。加えて、研修での学びを現場のケアに活かすためには「職場実習」が重要な役割を果たします。そこで本書では、職場実習が有意義なものになるよう重点的に解説しています。

認知症ケアの実践においては介護職員も、時に孤立感や、葛藤、困難さを感じることもあります。本書を通して、それらを乗り越え、認知症ケアを通じて介護職員自身も、喜びを感じ、意欲を高められる、そんな知識・技術・態度を学んでいただけたらと思います。そして、本書が「認知症であってもなくても、本人の意思が尊重され、できる限り住み慣れた地域のよい環境で、自分らしく暮らし続けることができる社会」をつくる専門職として成長するためのよりどころとなれば幸いです。

2022 年 4 月

認知症介護実践研修テキスト編集委員会

目次

第5章 QOLを高める活動と評価の観点

第6章 家族介護者の理解と支援方法

第7章 権利擁護の視点に基づく支援

第8章 地域資源の理解とケアへの活用

第3部 認知症の人への具体的支援のためのアセスメントとケアの実践

第9章 生活支援のための認知症の行動・心理症状(BPSD)の理解
（生活支援のためのケアの演習2（行動・心理症状））

第10章 アセスメントとケアの実践の基本

第4部　実習

第11章 職場実習
(課題設定／アセスメントとケアの実践／職場実習評価)

本書の使い方

❶ 本書の位置づけ

本書は、「認知症介護実践研修」における「認知症介護実践者研修」のテキストとして、2021（令和3）年度から運用されている新しいカリキュラムに即して作成されています。

❷ 本書の構成

カリキュラムの科目と本書の目次との対応は、次の表のとおりです。

今回、研修の概要やねらいを意識してもらうこと、理念などから入る前にまずは認知症の人とかかわるときの心構えを知ってほしいという考えから、第1章「認知症介護実践者研修とは」、第2章「認知症の人について知る」を設けました。また、実習関係の科目は第11章として一つにまとめました。

	研修科目名	本書の目次
—	—	第1章
認知症ケアの基本	—	第2章
	認知症ケアの理念・倫理と意思決定支援	第3章
	生活支援のためのケアの演習1	第4章
	QOLを高める活動と評価の観点	第5章
	家族介護者の理解と支援方法	第6章
	権利擁護の視点に基づく支援	第7章
	地域資源の理解とケアへの活用	第8章
認知症の人への具体的支援のためのアセスメントとケアの実践	学習成果の実践展開と共有	第1章
	生活支援のためのケアの演習2（行動・心理症状）	第9章
	アセスメントとケアの実践の基本	第10章
実習	職場実習の課題設定	第11章
	職場実習（アセスメントとケアの実践）	
	職場実習評価	

③ 本書の特徴

本書の冒頭の事例について

本書では、冒頭に鈴木ひろしさんの事例を掲載しています。事例は、認知症になった鈴木ひろしさんの思いや人生、日々の暮らしなどをイメージできるように時系列に沿って展開しています。研修の学びを通して、鈴木ひろしさんの生活を最期まで、一つの物語として考えていくことができます。

研修の前に、まずはこの事例を読み、鈴木ひろしさんの思いや人生、日々の暮らしをイメージしてみてください。そして研修中は、その日に学ぶ内容が、鈴木ひろしさんの暮らしを支えるうえで、具体的にどのような場面で必要となるのかを確認しながら、改めて読んでみてください。

このように事例を踏まえながら学ぶことで、知識と実践のつながり、科目間のつながりを生むことを意図しました。皆さんが日々、かかわっている認知症の人についても、同じように、「これまで」「今」「これから」の課題や可能性を複数の側面からとらえることで、本人を中心とした認知症ケアの実践につながると考えています。

○ 事例を活用する目的

① 認知症の「人」を中心に理解する。
② 本人や家族の状況の変化を時系列でとらえ、予後を予測しながら必要な知識を学ぶ。
③ 事例に照らして考えることで、各科目を学ぶ目的がより明確になる。
④ かかわっている利用者の「これまで」「今」「これから」の課題や可能性を想像し、実践に活かすことができる。

事例と本文とのつながり

本書では、事例とのつながりが意識できるように、「考えてみよう！」を設けています。事例の内容に関連してどのような対応が考えられるのかなど、「考えて、実践につなげる」糸口として役立ててください。各章で学ぶ内容が、日々の実践とつながっていることを意識することができます。

演習について

本書では、章の終わりに演習課題を設定しています。演習課題は、日頃のケアの振り返り、気づきとその共有を経て、実践につながることを意識した内容としています。

科目の目的と到達目標

各章の扉には、科目の「目的」と「到達目標」を掲載し、何のために学ぶのか、どのような状態を目指すのかを理解して学ぶことができるようになっています。また、科目間のつながりを理解できるよう、「特に関連する章」を掲載しました。

用語解説

本文中の専門用語や難解な語句については色文字で示し、巻末に「用語解説」を掲載しています。

鈴木ひろしさんの事例

◆ 鈴木ひろしさんの生活歴

私は現在、58歳です。サラリーマンの父と専業主婦の母との間に2人姉弟の長男として出生しました。小さい頃は、2歳上の姉は活発な人でしたが、私は引っ込み思案でした。中学校、高校の部活動は写真部でした。大学は首都圏の私立大学を卒業し、建設機械製造の国内営業を担当してきました。父は私が55歳のときに亡くなり（85歳）、母は昨年、私が57歳のときに亡くなりました（86歳）。

趣味は、写真、カラオケ、映画鑑賞、読書です。本は時代小説が好きです。カラオケはフォークソング、映画はノンフィクションの映画が好きです。妻とは職場が同じで3歳下の後輩でした。30歳で結婚後、33歳のときにつよし（長男）、36歳のときにようこ（長女）が誕生しました。仕事が忙しく、子育ては妻に任せっぱなしでしたが、時折キャンプや旅行に行くことがあり、思い出は10年前の家族での北海道旅行です。姉夫婦とその子どもたちとは事あるごとに交流しています。

＜主な登場人物＞

鈴木ひろし	58歳　男性　製造業営業課長	首都圏のマンション住まい
はなこ	55歳（妻）　スーパーのパート	首都圏のマンション住まい
つよし	25歳（長男）別居　他県市役所	
ようこ	22歳（長女）同居　大学生	

今井ようこ　　ひろしの姉
木村はじめ　　医師（脳神経内科）
伊藤さきこ　　保健師（地域包括支援センター）
太田ゆりこ　　認知症地域支援推進員（地域包括支援センター）
佐藤ゆうた　　かかりつけ医（内科）
久保こうじ　　介護支援専門員（ケアマネジャー）（居宅介護支援事業所）
藤田たろう　　介護支援専門員（小規模多機能型居宅介護事業所）

関連する章▶第2章〜第4章、第6章、第8章

58歳　この年の3月頃から社内会議の準備を忘れ、プレゼンを失敗するなど仕事上のミスが多いことを自覚しました。夏頃、眠れず朝方は頭がすっきりしないため、仕事に集中できない、通勤電車を乗り間違えることなどが増えたので、10月に社内の診療所を受診したところ、過労によるうつ状態と診断され、心療内科の受診を勧められました。心療内科を受診後、医師からは脳神経内科の受診を勧められました。問診後に血液検査、MRI（Magnetic Resonance Imaging：磁気共鳴画像）などの検査を受けました。私は「ずいぶんと大げさな検査をするな」と感じました。検査後に木村医師から、「次回は、できれば奥さんと一緒に来てください」と告げられました。

1週間後に妻とともに木村医師から検査結果を聞き、「鈴木さんは、早発性アルツハイマー病です」と病名の告知を受けました。アルツハイマー病は老人の病気ではないのか、うつではないのか、これからどうなるのか、頭が真っ白になり、うなずいて「そうですか」とだけ答えました。木村医師からは、アルツハイマー病のこと、治療、これからの仕事や生活のことについて話がありましたが、何も聞こえませんでした。隣の妻も呆然としていました。

事例1のポイント

- 診断について（認知症の医学的知識）
- 告知について（倫理的配慮）
- 早発性アルツハイマー病の予後、治療について（認知症の医学的知識）
- 日常生活や社会生活について
- 若年性認知症への制度的な支援（「認知症施策推進大綱」）
- 認知症についての啓発活動、早期発見が早期絶望にならない取り組み

関連する章▶第2章〜第8章

告知後、私は書店で「認知症」「アルツハイマー病」に関する書籍を購入したり、インターネットで疾患が今後どのように進行していくのかを確認したりしました。すると、病気の進行に伴う認知機能障害や日常生活の障害、入浴、排泄、食事、整容などの自立が阻害されること、認知症の行動・心理症状（BPSD）のこと、日常生活の

大半は介助を受けることになり、最期は寝たきりから死に至ることが書かれていました。どの情報も絶望的な内容で、しばらく妻と今後のことについて話す気にはなれませんでした。

木村医師の診断後から、アルツハイマー治療薬が処方されました。服用後は頭がすっきりする一方で、寝ているときに夢を見るなど脳がすごくはたらいたり、また、夕方になると疲れのせいで偏頭痛が起こります。

早発性アルツハイマー病と診断されたことを会社に報告しました。会社からは、これまでの仕事は任せられないこと、そのため、会社としては対応が難しいと言われ、障害基礎年金受給や医療保険の継続受給、早期退職の手続きに入ることになりました。65 歳の定年を前に会社をこのような形で辞めることになり断腸の思いがありました。

妻と長男、長女には私がアルツハイマー病で、会社を早期退職し収入がなくなること、退職金はマンションのローンの残債にあてること、今後の家計について家族の協力が必要なことを告げました。姉夫婦にも私の状況を伝えました。アルツハイマー型認知症は見た目が変わらないので、病気や障害について妻や子ども達の実感はありませんでした。その後、私は仕事を辞め自宅にひきこもり、同僚や知人への連絡もしなくなりました。

事例 2 のポイント

- 認知症の早期に行うこと（ピアサポート、認知症初期集中支援チーム、「本人にとってのよりよい暮らしガイド」など）
- 自己スティグマと社会的スティグマ（自らの認知症への偏見、周囲の認知症への誤解や偏見）
- 認知症の人の役割や仕事
- 原因疾患別の中核症状に伴う日常生活の障害やコミュニケーション障害など
- 認知症の人の家族の心情

関連する章▶第 2 章～第 4 章、第 6 章、第 8 章

60 歳　告知から 2 年が経ち、私は妻と一緒に買い物に出かけるくらいで、ほとんど外出することがなく、自宅でテレビを観たり、眠いときに寝たり不規則な生活をしています。そのため、夜眠れずに一晩中テレビを見て過ごすことがあります。運転免許証は告知を受けてすぐに返納しました。よく、車で写真を撮りに出かけていましたが、それができなくなると少し張り合いがなくなります。

日時や曜日の感覚が薄くなってきたため、新聞で確認しています。時間については携帯電話のアラームを使って確認しています。また、トイレの流し忘れ、冷蔵庫の扉の開けっ放し、蛇口の閉め忘れなど、日常生活のなかでちょっとした失敗が目立ち、長女や妻がいちいち指摘するため、私はイライラして怒鳴る、壁をたたく、物を投げるなどの行動が出るらしいです（妻と娘がそう言いますが私には覚えがありません）。

財布、メガネ、鍵、携帯電話などいつも探し物をしているため、中がわかるように透明なケースに入れて管理をしています。

妻は近所のスーパーでパートとして働いていますが、私の行動について戸惑い、不安を感じ、1人にしておくことが心配らしく、仕事の日数を減らし私と一緒にいるようになりました。しかし、自宅で一緒にいると、2人ともイライラして怒鳴り合うことが増えました。

毎月の定期受診時に木村医師へ、夜間眠れないこと、些細（ささい）なことでイライラすることなどについて相談しました。医師からは、不安を軽減する薬が眠前薬として処方されました。そのほか、①規則正しい生活をすること、②外出の機会をつくること、③家庭内、地域での役割をもつこと、④地域包括支援センターという機関があるので相談することを勧められました。

事例3のポイント

- 中核症状による生活障害への支援
- 抑うつ状態
- 家族の心理的変化（「戸惑い、否定」から「混乱、怒り」の段階と家族支援）
- 相談機関について（認知症疾患医療センター、若年性認知症支援コーディネーター、地域包括支援センター、若年性認知症コールセンター、家族会）

関連する章▶第2章、第3章、第5章〜第8章

早発性アルツハイマー病の告知を受けてから、医師以外で初めて疾患や日常生活上の問題について相談することにしました。事前に妻から相談内容などを告げ、地域包括支援センターから保健師の伊藤さんと認知症地域支援推進員の太田さんが自宅を訪問してくれました。

私は、自分自身が認知症と告知され、会社を早期退職し、今は何もすることがなく、誰とも会いたくない、もう何もできなくなり役立たずになった自分が嫌で家にいることが多くなったと話しました。伊藤さんは、症状や障害のことより私のこれからの生活が前向きになり、楽しく暮らせるにはどうしたらいいのかを一緒に考えるために来たと話します。

太田さんからは、私のこれからの日常生活や社会生活について希望や要望を聞かれましたが、私にはその意欲はなく「どうにでもなれ」とやぶれかぶれになっていました。そこで、毎月15日にオレンジカフェという認知症カフェが社会福祉協議会の中にある地域交流センターで開催されているので、もしよければ一度妻と顔を出してみないかという誘いを受けました。

早速、認知症カフェに参加しました。私たちよりも高齢の人たちがコーヒーを飲んで雑談していました。その日は、バイオリンのボランティアが曲を披露してくれました。曲名はわかりませんがなぜか懐かしい気持ちになりました。

3か月ぐらい経ち、太田さんからその認知症カフェのボランティアをお願いできないかと誘われました。何をすればよいのかと聞くと、認知症カフェの企画や当日の運営、広報誌の編集などでした。妻からの勧めと、パソコンなどの前職の経験が活かせるならと思い、自信はありませんでしたがボランティアとして参加することになりました。最初は週1回、そのうち月に10日ほど社会福祉協議会に行くことになりました。

事例4のポイント

- 地域包括支援センター、認知症地域支援推進員の機能と役割
- 自己スティグマと社会的スティグマ
- 認知症ケアパス（それぞれの地域にある認知症ケアパスや情報連携シートなど）
- 認知症カフェ（運営主体、活動内容、運営方法など）
- 意思決定支援（意思決定につながる提案、意思表明、実現のための支援）
- 認知症の人と家族への相談支援

関連する章▶第2章、第4章～第8章

61歳　告知から3年が経ち、日常生活にさらなる支障が出てきました。言いたい言葉がすぐに出てこなくなりイライラすることがあります。風呂に入っても身体や頭を洗わない、歯をみがく、ひげを剃(そ)ることをしない、下着や上着を着替えないため、妻から「汚いから、頭を洗って、下着を替えて」などと言われます。妻から指示されるとかえってわからなくなることがあります。最近は「今日何するんだっけ」「朝ごはん食べた」「今何時」などと、妻にいちいち確認します。自分で確認すればいいのですが、ずいぶん妻に依存的になっています。

先日、長男の結婚式があり、とてもよい式でしたが、ひどく疲れ2日間寝込んでしまいました。何か特別なこと、非日常的なことをするとひどく疲れます。

私は、高血圧症と糖尿病などの基礎疾患をもっているので、抗認知症薬と併せて7種類の薬を飲んでいます。このところ血糖値が不安定なのは、重複して服用していることによるもののようで、服薬管理ができていないようです。かかりつけ医の佐藤先生から、かかりつけ薬剤師の訪問を勧められ、妻が服薬方法についてアドバイスを受けました。

地域包括支援センターの伊藤さんから要介護認定の申請についての説明がありました。将来介護保険サービスを利用することに備えて、申請することになりました。

事例5のポイント

- 入浴、着替え、整容、食事などが面倒になる、嫌がる
- 流暢（りゅうちょう）に会話ができなくなる
- 介護保険サービスをはじめとした制度の利用
- 服薬管理、転倒などの自宅でのリスク

関連する章▶第2章～第6章、第7章、第8章

認知症カフェ（オレンジカフェ）の事務局は、自宅からバスで15分のところの社会福祉協議会の中にあります。毎回1人で行くので、自宅からバス停までの道のり（徒歩5分）、バスの路線や時間、降車場所など事務局に行くまでの行程が心配です。お金の支払いが発生しないように、カードを使います。携帯電話のアラーム設定で乗車時間を設定します。降車時はバスの運転手に声をかけてもらうため、運転手のすぐ後ろの席に座るように決めています。私は独自に「お助けカード」をつくり、困ったときはそれを見せるようにしています。認知症の人は見た目だけでは障害がわからず、こちらから発信しないと障害に気づいてもらえないからです。このお助けカードのアイデアは、妻が教えてくれました。どうも、妻は同じ状況にある家族と情報交換をしているようです。

ある日、バスの降車時にバスの段差がよく見えなかったため、ステップを踏みはずし、転倒して右腕を骨折してしまいました。最近物の見え方や奥行きの感覚が変化しているようで、コップの水を無意識に右手で倒すなど右側の見落としがあります。救急車で搬送されて治療を受けましたが幸い入院ではなく、ギプスで固定し自宅に戻ることができました。

右手を固定していますが、なぜギプスをしているのかわからず、固定をはずすことがあり、そのつど痛みが走りました。右手が利き腕なので、食事、歯みがき、ひげ剃りなど妻の介助を受けることになります。特に違和感があったのは、人に食べさせてもらうこと、歯みがきを人にやってもらうことでした。

事例６のポイント

- 認知機能障害の進行、道順記憶障害、視空間認知の障害、失認、エピソード記憶障害
- 日常生活や社会生活での不自由さに対処するため、携帯電話やお助けカード、人に尋ねるなどの工夫
- 認知症以外の身体状況に対して、他者からの介助を受けることへの抵抗感

関連する章▶第２章～第８章、第10章

63歳　告知から５年が経ち、要介護１、認知症高齢者の日常生活自立度Ⅱａ、障害高齢者の日常生活自立度（寝たきり度）Ａとなりました。認知症カフェ（オレンジカフェ）の運営ボランティアは継続していますが、以前のようにはできなくなっています。介護支援専門員（ケアマネジャー）の久保さんは熱心な人で、妻の介護負担の軽減や私の機能低下防止のために、通院している病院に併設する若年性認知症対応の通所介護（デイサービス）の利用を勧めてくれました。そこでは、さまざまなリハビリテーションを行い、午前と午後の利用や送迎の有無、食事や入浴の利用を選択することもできます。

認知症予防のリハビリテーションには、認知機能訓練、運動、作業などがありますが、私は好んで、身体を動かすことにしています。そこで知り合った水野さん（65歳、男性）は、食品会社の販売部署に勤めていた55歳のときに前頭側頭型認知症と診断されました。認知症がわかったきっかけは、買い物に行ったコンビニでお金を払わずに弁当を持って出てしまい、警察に連行され、その後いろいろと検査した結果、告知を受けました。前頭側頭型認知症は、衝動的でそれを抑えることができず、周囲の人から奇異な目で見られることがあるらしいです。しばらくして妻とは離婚し、現在は母親（92歳）と弟の３人で暮らしています。母親はアルツハイマー型認知症で通所介護や短期入所生活介護（ショートステイ）を利用して自宅で暮らしています。弟は家業の食堂を経営し従業員も複数いるため、仕事が忙しく母親の世話は水野さん自身が行っています。認知症の息子が認知症の母を介護していると笑いながら話していました。

水野さんと話をするなかで、生活障害やサービスの利用状況、地域での活動などは私とは違い、認知症になってから人それぞれの人生や生活があると感じました。認知症とひと括りにされますが、全く違う症状、困りごと、環境のなかで生きているように思いました。

事例７のポイント

- 家族支援のあり方、認知症の人同士の介護
- 家族の介護負担について（身体的、心理的、経済的負担）
- アルツハイマー型認知症と前頭側頭型認知症それぞれの特徴
- 認知症の予防（発症を遅らせる、重度化防止）

関連する章▶第３章、第６章〜第８章

同じマンションの１階に住む高齢者（85歳、男性）が、朝方に外出したまま行方不明になっているという回覧が回ってきました。この男性は認知症の診断を受けており、男性の妻が１人で介護をしていました。男性は健脚で、たびたび「仕事に行く」と出かけて、行方不明になっていました。そのため、男性の妻はふだんは玄関に鍵をかけていましたが、そのときは、妻が翌日のごみを出しに数分間出ていました。通所介護（デイサービス）や短期入所生活介護（ショートステイ）を利用し自宅でみていましたが、介護に限界を感じて認知症対応型共同生活介護（グループホーム）の空きを待っていました。私も妻も他人事ではないのですが何もすることができず、心配していました。

この地域は、春、夏、秋の祭りが盛んに行われ、自治会による自主防災、商店街の地域活性化のイベント、小学校の運動会に自治会の高齢者を全員招待するなど、昔から地域住民同士のつながりが強いです。また、認知症サポーター養成講座が商店街で開かれ、妻はスーパーのパート職員のときにそれを受けたことがありました。

市では「SOS見守りネットワーク」や認知症の人だけではなく、子どもたちの通学途中の見守りを犬の散歩の機会に行う「ワンワンパトロール」というグループがあります。男性はSOS見守りネットワークに登録しており、男性の妻はすぐに市の地域包括支援センターに電話をして捜索を依頼しました。男性は当日の昼頃無事に保護されました。市の事業にはこのほかに、GPSの貸し出し、新聞配達員や郵便配達員による一人暮らしの見守りや、商店街と協働した認知症の人に優しい町づくり事業なども行っています。私も妻もいざというときのことを考えました。

事例８のポイント

- 認知症の人に優しい地域づくり
- インフォーマルな社会資源の活用
- 認知症地域支援推進員と地域ネットワーク

関連する章▶第２章、第４章、第６章〜第８章

65歳　告知から７年が経ち、定期受診で木村医師からは、地域での活動や通所介護（デイサービス）の利用などで状態が安定しており進行が緩やかになっていると言われました。日時や曜日がわからないときは携帯電話で確認しています。道に迷ったり、今いる場所がわからなくなったり、妻とスーパーに行くと出口がわからなくなることがあり、携帯電話の GPS 機能を使っています。長男の嫁や孫の名前が出てこないことがあります。ハサミ、爪切りの使い方がわからなくなるので、爪切りは通所介護で介助を受けています。箸の使い方が曖昧になり、時々手づかみで食べると妻に叱られます。

妻が人間ドックを受けた結果、乳房に腫瘍が見つかり、精密検査を受けたところ悪性腫瘍であることがわかりました。幸いステージ１で抗がん剤の治療となりましたが、頻繁に通院し費用がかかっています。私は、介護支援専門員（ケアマネジャー）の久保さんの勧めで通所介護事業所と同じ法人が運営する小規模多機能型居宅介護というサービスを利用することになりました。小規模多機能型居宅介護事業所は通所介護事業所と同じ敷地にあり、通い、訪問、泊まりを利用できるので、妻が通院や入院時は通いや泊まりを利用して自宅での暮らしを続けられるということでした。私はこのとき、要介護１、認知症高齢者の日常生活自立度Ⅱ b、障害高齢者の日常生活自立度（寝たきり度）A１でした。水野さんをはじめ通所介護の友人たちとは、時々、小規模多機能型居宅介護の通い時に会うことができました。

認知症カフェ（オレンジカフェ）の運営ボランティアを継続しながら、小規模多機能型居宅介護を通して、宅配業者のメール便を配る仕事をすることにしました。毎回、徒歩でメール便をポストに入れるのを小規模多機能型居宅介護の職員とほかの利用者と私の３人で行っています。月に２回の仕事ですが、人の役に立つことはとてもうれしいことです。水野さんは、私のことをよく覚えていて、日時の感覚もしっかりしていました。しかし、周囲のことが気になり落ち着かなくなったり、イライラしたりすることがあるそうです。

また、認知症地域支援推進員の太田さんから「認知症本人ミーティング」への参加の誘いと、福祉大会で体験談を講演してほしいという依頼を受けました。認知症と告知された直後、あらゆる情報には、絶望的なことばかり書かれていました。しかし実際は、認知症とともに生きる私には希望が生まれ、その当時とは変わりました。それは、妻をはじめ多くの人に支えられたおかげだと考えており、周囲に理解者を増やすことは大切なことだと思い、太田さんの依頼を引き受けることにしました。私は、吉田さんという支援するパートナーとともに講演のことや本人ミーティングの参加について考えることになりました。

事例９のポイント

- 家族の体調不良や経済的な負担の増加に対する支援
- 地域密着型サービスを利用し、継続的な支援を受けて在宅生活を続ける
- 小規模多機能型居宅介護や地域での役割をもつ
- 本人ミーティング、「本人にとってのよりよい暮らしガイド」など認知症の人同士の支え合い

関連する章▶第２章、第５章～第８章

福祉大会での講演「認知症とともに生きる」では、私よりはるかに高齢の人が大勢訪れ、私の話を聞いてくれました。最後に「鈴木さんの話はよくわかりました。私は民生委員ですが、認知症の人が困っていたら何をすればいいですか」という質問を受けました。私は「何をすればではなく、一緒に何かしましょうと言ってくれたらうれしいです。私のパートナーの吉田さんのように、一緒に講演会の企画や趣味の写真撮影、山登り、ソフトボール、釣り、居酒屋で一緒に飲むことなどの希望をかなえてほしいです。認知症の人にとって孤立が一番よくないように思います」と答えました。健康な人からすると、認知症の人に何かをしてあげたいという気持ちがありますが、私が望まないことをしてもらうより、希望することを「一緒に」することがいいと思いました。講演の後はひどく疲れ、電池が切れたロボットみたいでした。

最近、妻の顔色が悪く、随分とやせました。妻は自分の病気のこと、私の認知症のこと、子どもたちのこと、お金のことなど悩みがたくさんあると言っていました。買い物、三度の調理と食事介助に後片づけ、ごみ出し、掃除、洗濯、入浴の準備、歯みがきの介助、外出時の準備など、身体的、心理的負担が増えています。私も自分のことは自分で行おうとしますが、失敗が多くかえって迷惑をかけています。通いの機会や泊まりを増やすことで妻の負担は軽くできますが、泊まりは宿泊費や食費がかかるため経済的負担が増えます。

長女は大学を卒業後、家を出て、旅行会社に就職しているため、近くにいないことが多いです。それでも、母親のことが心配で頻繁に連絡が入ります。私は、週3回の通いの日は入浴とリハビリテーション、メール便の配達の活動、通いのない日は訪問で午前・午後の2回、口腔(こうくう)ケア、服薬管理、体調管理を受けることにしました。また、妻の介護負担の軽減と、私が環境に慣れるために月1回の泊まりを利用しています。

事例10のポイント

- 家族の身体的、心理的、経済的な負担軽減に対する支援
- 負担の増加に伴う在宅生活の継続の問題（サービス利用の増加、副介護者の存在、心理的ないし精神的サポートの意義、虐待等のリスクへの対応）

関連する章▶第2章～第4章、第7章～第10章

70歳　告知から12年が経ち、認知機能はさらに低下し生活全般に支障をきたしています。排泄(はいせつ)や入浴、着替えなど複雑な手順の行為はほとんど介助が必要です。下着はパンツ型のおむつを使っています。尿取りパッドを使用していましたが、以前トイレに流して大変なことがありました。ポータブルトイレの利用について検討しましたが、私が拒否したためトイレへの誘導が続いています。認知症カフェ（オレンジカフェ）のボランティアと講演活動は5年前に卒業しました。

ある晩、ひどく頭が痛く右手の力が抜ける、しびれる感じがあったため、様子をみて、妻が救急車を呼びました。受診の結果、軽度の脳梗塞で、ろれつが回らない、右手の握力の低下など後遺症が残りました。ICU（集中治療室）から一般病棟、回復期病棟へ移りました。私が夜間、頻回にナースコールを押すことや、ベッドから降りようとして転倒する危険性があることから、就寝時に眠剤が処方されました。そのため、昼夜問わず頭がすっきりせず、午前のリハビリテーションも集中できませんでした。妻は毎日面会に来てくれましたが、面会時は寝ていることが多いそうです。

回復期病棟を退院したのが入院して1か月後でした。退院前に病院のケースワーカーと小規模多機能型居宅介護事業所の介護支援専門員（ケアマネジャー）の藤田さんは、自宅では妻1人で心配ということで、妻と長男に相談し、病院から直接、介護老人保健施設に入所することとなりました。介護老人保健施設の入所に際しては私の意向は確認されませんでした。

介護老人保健施設の同室の入所者4人は、私以外は80代です。そのうち石田さん（80歳、男性）は、身体的には重度の障害がみられません。ただ、「虫がいる」「床に

人が寝ている」などのほかに意味不明なことをぶつぶつと言う独語があります。午前中に一緒にリハビリテーションとして、棒につかまり歩く訓練をしています。田中さん（83歳、男性）には、3日ごとに息子が着替えや身の回りの物を持って面会に来ます。田中さんは、ほとんど寝たきり状態で会話はできません。田中さんは胃ろうを造設しており、口から食べることができない姿を見ると自分であったらどうするだろうかと、しみじみと眺めていました。

私は脳梗塞の後遺症により、要介護3、認知症高齢者の日常生活自立度Ⅲa、障害高齢者の日常生活自立度（寝たきり度）B1になりました。最近、食事中にむせることや飲み込みが難しくなることがあり、食事や水分を摂ることが怖くなりました。施設の中は段差はありませんが、引きずるように歩くため歩行速度が遅く、時々移動時に介助式の車いすを使っています。右手の力が入らない、言葉が出づらく突然イライラする、悲しくなくても涙が出ることがあります。

事例11のポイント

- 高齢に伴う基礎疾患と認知症の原因疾患が混合する重複障害
- 急性期病棟や回復期病棟から、介護老人保健施設や短期入所生活介護（ショートステイ）などへの利用
- サービス利用時の意思決定支援会議の開催

関連する章▶第3章、第4章、第6章～第10章

介護老人保健施設を退所後、自宅での生活が始まりました。引き続き小規模多機能型居宅介護を利用し、最初の1か月間は泊まりを利用し、その後、徐々に日中は自宅で過ごし、夜間は泊まりを利用するという変則的な生活が続きました。

今後の在宅生活について、私と妻と小規模多機能型居宅介護事業所の管理者の山本さん、計画作成担当者でもある介護支援専門員（ケアマネジャー）の藤田さんで話し合いを行いました。夫婦で有料老人ホームかサービス付き高齢者向け住宅に住み替えたいこと、そのための費用はマンションの売却資金を考えていることを妻が説明しました。マンションは私の名義になっているので、売却の手続きを妻が行うのか、後見人にお願いするのかなどを専門家に相談しました。妻の希望としては、市内の有料老人ホームかサービス付き高齢者向け住宅に住み替えて、引き続き小規模多機能型居宅介護を利用したり、かかりつけ医の佐藤先生に診療をお願いしたりしたいということでした。

マンションの売却前に、サービス付き高齢者向け住宅の入居が決まりました。子どもたちにも手伝ってもらい、マンションを引き払い、夫婦でサービス付き高齢者向け住宅に移りました。私は、脳梗塞で1か月入院して以降、3か月間の介護老人保健施設への入所、1か月間の小規模多機能型居宅介護の泊まりの利用、自宅での生活を経てサービス付き高齢者向け住宅に入居することになったためか、環境が変わるたびに混乱することが多くなりました。まず、ここがどこなのか、なぜここにいるのかがわからなくなり、見慣れた環境を探そうとウロウロします。建物だけではなく、多くの人からケアを受けるため人の顔や名前がわからなくなるなど、目まぐるしい環境のなかで気力や意欲がなくなりました。

妻は、自宅での忙しい日々から解放されましたが、私は、何もすることがなくサービス付き高齢者向け住宅の自室にひきこもることが多くなりました。そのためか、妻も意欲がなくなりました。現在、私は、サービス付き高齢者向け住宅で暮らしながら、小規模多機能型居宅介護を利用し、佐藤先生の訪問診療を受けています。

事例12のポイント

- 同じ地域での住み替えによる生活の継続、サービスの継続（地域包括ケア）
- マンションの売却、サービス付き高齢者向け住宅への住み替えなど成年後見制度の利用による権利擁護（契約、財産の管理、身上保護）
- 入退院、介護老人保健施設への入所、小規模多機能型居宅介護の泊まりなど、短期間に場所、人、ケアなどの環境が変わることによる認知機能の低下の進行

関連する章▶第3章、第4章、第6章、第7章、第9章、第10章

71歳　年が明けて、後見人選任の申し立てをしていた家庭裁判所から、長男を成年後見人に選任したと通知が来ました。その結果、マンションの売却はスムーズに完了しました。小規模多機能型居宅介護は通いを中心に、サービス付き高齢者向け住宅の居室への訪問と糖尿病や高血圧症の管理のため、週1回の訪問看護の利用が始まりました。私はこのとき、要介護4、認知症高齢者の日常生活自立度Ⅲb、障害高齢者の日常生活自立度（寝たきり度）B2でした。

（妻談）

最近夫は意欲が低下し、自室にいるときはベッドで寝ていることが多く、時々夜中に部屋の隅で放尿することがあります。また、食堂から戻るときに間違って別の部屋に入ったり、私とほかの女性入居者を間違ったりします。飲み込みが悪いので食事はペー

スト状、おかゆ、とろみのついた水分を摂っています。移動は車いすで自走しますが、右手は麻痺（まひ）があるため真っ直ぐには進みません。排便の感覚があり、自分でトイレに行こうとしますが、失敗することが多く、夜間はおむつ、日中はパッドを使います。息子のことはわかるときとそうでないときがあります。先日、マンションの売却やお金のことで、勝手に売られた、お金を全部盗られたなどの訴えがあり、私もサービス付き高齢者向け住宅の相談員も説得するのに苦労しました。

（長男談）

長男として後見人の役割を担うことは難しい面があります。後見人の理解と息子が後見人であることの理解ができていないからです。そのため父は、私のことを泥棒だと非難します。

ある日、微熱が続き、かかりつけ医の佐藤先生の往診を受けたところ、誤嚥（ごえん）性（せい）肺炎で入院することになりました。退院後は、食事の形態、食事介助の方法、姿勢や嚥下（えんげ）機能の評価などにより、誤嚥（ごえん）性（せい）肺炎の再発を防止することを小規模多機能型居宅介護事業所やサービス付き高齢者向け住宅の職員、訪問看護師、佐藤先生で共有することになりました。

事例 13 のポイント

- アルツハイマー型認知症と血管性認知症の混合型認知症の重度化に伴う、失禁や神経症状に対する環境づくりや必要なケア
- 生活リズムの障害へのケア（飲水、食事、排尿、排便、睡眠）
- 誤嚥（ごえん）性（せい）肺炎、尿路感染症、転倒などが起こる場合、要因を分析し再発の防止（リスクマネジメント）

関連する章▶第 2 章、第 3 章、第 6 章、第 7 章～第 10 章

72 歳　体調不良による入退院を繰り返してきました。私は脳梗塞の後遺症、アルツハイマー型認知症の進行による失語のため、自分の気持ちや考えを周囲に伝えることが難しいです。妻は自分のことを含め、今後のことについて話し合う会議を希望しました。そこで、佐藤先生、サービス付き高齢者向け住宅の管理者の木島さん、小規模多機能型居宅介護事業所の管理者の山本さん、私と妻、成年後見人の長男がサービス付き高齢者向け住宅の会議室でこれからのことについて話し合いました。

私がこれまで終末期について妻と長男に話してきたこと、希望や願いについて、次のように妻が説明しました。

① 積極的な延命を行わず、できるだけ痛みをとってほしい。
② 理解、判断、決断が難しい場合、妻と長男の意見を参考にしてほしい。
③ 佐藤先生の判断で可能ならば入院しないで最期を迎えたい。
④ 妻に負担をかけたくない。家族に迷惑をかけたくない。

このように、「人生のしまい方」についての方向性を私、妻、長男、関係者と共有することができました。私は、すでに自分の意思を言葉で伝えることが難しくなってきているので、この会議の結果は成年後見人である長男が記録としてまとめ、本日の参加者に加えて、必要に応じて訪問看護師など新たにサービス提供に加わった人たちにも伝わるように残すことにしました。もちろん状況に応じてこの内容は変わります。

事例 14 のポイント

- ACP（アドバンス・ケア・プランニング）
- 医療、介護、生活支援にかかわる多職種や機関との連携方法
- 終末期の支援

関連する章▶第 2 章〜第 4 章、第 6 章、第 7 章、第 9 章、第 10 章

75 歳　入退院を繰り返すなかで、身体機能は低下していましたが食欲はあり、体重減少はみられません（身長 170cm、体重 55kg、BMI19. 03）。日中は車いすに移乗して、サービス付き高齢者向け住宅のロビーで過ごしています。テレビなどを観ても集中できず、傾眠傾向が強いです。また、失語があり意思を伝えることが難しいです。妻は 73 歳で持病があり、私の介護を続けることが負担になっています。

私は、認知症の行動・心理症状（BPSD）は大きくはみられませんが、ADL（日常生活動作）が全介助状態で、サービス付き高齢者向け住宅、小規模多機能型居宅介護と訪問看護だけでは 24 時間のケアが難しくなっています。

そこで、私の今後のことを話し合う会議の場がもたれました。出席者は私、妻、長男、小規模多機能型居宅介護事業所の管理者の山本さん、サービス付き高齢者向け住宅の管理者の木島さん、かかりつけ医の佐藤先生です。山本さんから小規模多機能型居宅介護事業所に併設する認知症対応型共同生活介護（グループホーム）への入居の提案がありました。

グループホームは定員が 9 人で 8 人が女性、私だけ男性です。24 時間の介護が受けられ、認知症に特化したサービスです。終末期ケアについては ACP（アドバンス・ケア・プランニング）の会議の場がもたれ、以前の内容が確認されました。

妻は週に１回程度、長男や娘と一緒に面会に来てくれます。天気のよいときは近くの土手を散歩したり、私の好きなケーキを買ってきて食べさせてくれたりしました。嚥下(えんげ)機能の低下、糖尿病や高血圧症などの基礎疾患があるため、食べ物にはグループホームの職員が注意しています。

事例 15 のポイント

- 認知症対応型共同生活介護（グループホーム）のサービス内容について
- グループホームの介護職員、かかりつけ医、訪問看護師などとの多職種協働
- 終末期医療（ターミナルケア）、看取り介護についての理解

関連する章▶第２章、第３章、第６章、第７章、第８章、第 10 章

78 歳　認知症対応型共同生活介護（グループホーム）に入居して３年が経ちました。６月に妻と長男はグループホームの管理者の田原さん、訪問看護ステーションの所長の若田さん、かかりつけ医の佐藤先生から終末期ケアについての説明とそれについての同意が求められました。

職員も色々と工夫してくれますが、食事が摂れなくなり、栄養補助食品などを飲んでいます。妻と長男夫婦や孫たち、長女夫婦、姉夫婦が入れ替わり面会に来てくれます。「お父さん」「ひろしちゃん」などの呼びかけに目を開いて反応します。姉が「私のこと、わかる」などと声をかけてくれます。

私が亡くなるまでにどのような経過をたどるか、佐藤先生がグループホームの職員に伝えました。徐々に食事だけでなく水分も摂れなくなり、尿量も減少し下顎呼吸、チェーンストークス呼吸（小さい呼吸から大きな呼吸となった後、呼吸が停止するのを繰り返す呼吸）が始まります。７月のある日の未明に家族やグループホームの職員、訪問看護ステーションの所長の若田さん、佐藤先生に看取られて 78 歳の生涯を閉じました。

事例 16 のポイント

- 終末期ケア、職員の負担の軽減
- 家族への心理面の支援
- 終末期ケアを今後に活かすための振り返り（グリーフケア）

第1部
認知症介護
実践者研修の理解

第1章 認知症介護実践者研修とは

目的

認知症介護実践者研修の位置づけとねらい、研修の概要を理解する。「学習成果の実践展開と共有」の科目が、前期研修で学習した成果と、それを踏まえた自施設・事業所での実践を後期研修へとつなげる、重要な位置づけにあることを理解する。

到達目標

1 認知症介護実践者研修の位置づけとねらいを理解する。
2 認知症介護実践者研修のカリキュラム全体の構成を理解する。
3「学習成果の実践展開と共有」の目的および内容を理解する。

1 認知症介護実践者研修の位置づけ

認知症の人の増加が見込まれるなか、適切な認知症ケアを担うことができる人材を質・量ともに確保するために、認知症介護実践者等養成事業が実施されています。この事業は、「認知症介護実践者等養成事業の実施について」（平成18年3月31日老発第0331010号）により通知され、都道府県または指定都市が、その責任のもとに実施しています。

事業の目的は、「高齢者介護実務者及びその指導的立場にある者に対し、認知症高齢者の介護に関する基礎的及び実践的な研修を実施すること、また、認知症介護を提供する事業所を管理する立場にある者等に対し、適切なサービスの提供に関する知識等を修得させるための研修を実施することにより、認知症介護技術の向上を図り、認知症介護の専門職員を養成し、もって認知症高齢者に対する介護サービスの充実を図ること」とされています。

この事業は8種類の研修で構成されており（図1-1）、認知症介護実践者研修（以下、実践者研修）は、認知症介護実践リーダー研修と併せて、認知症介護実践研修と呼ばれ、中心的な研修として位置づけられています。

図1-1 認知症介護実践者等養成事業の全体構造

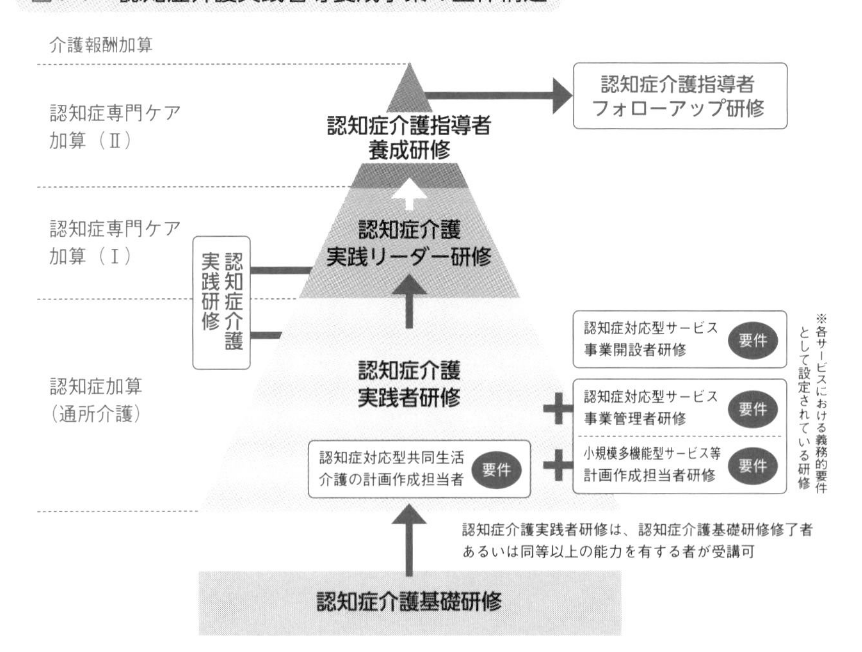

出典：認知症介護研究・研修仙台センター「令和2年度老人保健事業推進費等補助金（老人保健健康増進等事業）認知症介護指導者養成研修等のアウトカム評価に関する調査研究事業報告書」p.14、2021年を一部改変

認知症介護実践者研修のねらいとカリキュラム全体の構成

「認知症介護実践者等養成事業の円滑な運営について」（平成18年3月31日老計発第0331007号）によると、実践者研修は、「認知症についての理解のもと、本人主体の介護を行い、生活の質の向上を図るとともに、行動・心理症状（BPSD）を予防できるよう認知症介護の理念、知識・技術を修得するとともに、地域の認知症ケアの質向上に関与することができるようになること」をねらいとしています。

研修の対象者は、「原則として認知症介護基礎研修を修了した者あるいはそれと同等以上の能力を有する者であり、身体介護に関する基本的知識・技術を修得している者であり、概ね実務経験2年程度の者」とされています。

カリキュラムの時間数は、講義・演習が24時間（1440分）、実習は職場実習の課題設定が240分、職場実習が4週間、職場実習評価が180分です。

科目の構成は、表1-1のとおりです。まずは前期研修で学習した成果を認知症ケアの現場で実際に応用します。その経験をもとに振り返りながら、後期研修で実践に活用できる技術として修得することを目指した構成になっています。

実践者研修は、4週間の職場実習を含めて長期間にわたる研修です。自施設・事業所の介護職員や利用者等の協力を得ながら、また、講師を務める認知症介護指導者やほかの受講者に力を借りながら、研修のねらいの達成に向けて取り組みましょう。

表1-1　認知症介護実践者研修のカリキュラム

科目	目的	内容	時間数
1　認知症ケアの基本			
(1) 認知症ケアの理念・倫理と意思決定支援	認知症の人が望む生活を実現するため、認知症ケアの歴史的変遷や認知症ケアの理念、認知症の原因疾患、中核症状、行動・心理症状（BPSD）の発症要因、認知症ケアの倫理や原則、認知症の人の意思決定支援のあり方について理解を深める。	・認知症ケアの理念と我が国の認知症施策 ・認知症に関する基本的知識 ・認知症ケアの倫理 ・認知症の人の意思決定支援 ・自己課題の設定	180分
(2) 生活支援のためのケアの演習1	食事・入浴・排泄（はいせつ）等の基本的な生活場面において、中核症状の影響を理解した上で、認知症の人の有する能力に応じたケアとしての生活環境づくりやコミュニケーションを理解する。	・生活支援のためのケア ・認知症の生活障害 ・認知症の人の生活環境づくり ・中核症状の理解に基づくコミュニケーション	300分

		・生活場面ごとの生活障害の理解とケア	
（3）QOLを高める活動と評価の観点	認知症の人の心理的安定やQOL（生活・人生の質）向上を目指す活動に関する基本的知識、展開例、評価の観点と方法について理解を深める。	・アクティビティの基礎的知識と展開 ・心理療法やアクティビティの評価方法	60分
（4）家族介護者の理解と支援方法	在宅で介護する家族支援を実践する上で、その家族の置かれている状況や心理、介護負担の要因を理解し、必要な支援方法が展開できる。	・家族介護者の理解 ・家族介護者の心理 ・家族介護者の支援方法	90分
（5）権利擁護の視点に基づく支援	権利擁護の観点から、認知症の人にとって適切なケアを理解し、自分自身の現状のケアを見直すとともに、身体拘束や高齢者虐待の防止の意識を深める。	・権利擁護の基本的知識 ・権利侵害行為としての高齢者虐待と身体拘束 ・権利擁護のための具体的な取組み	90分
（6）地域資源の理解とケアへの活用	関係職種、団体との連携による地域づくりやネットワークづくり等を通じて、既存の地域資源の活用や認知症の人が地域で自分らしく暮らし続けるための地域資源の開発の提案ができる。	・認知症の人にとっての地域資源と実践者の役割 ・インフォーマルな地域資源活用 ・フォーマルな地域資源活用 ・地域資源としての介護保険施設・事業所等	120分
2　認知症の人への具体的支援のためのアセスメントとケアの実践			
（1）学習成果の実践展開と共有	認知症介護実践者研修におけるこれまでの学習成果を踏まえ、自施設・事業所での自らの認知症ケアを実践することにより、研修で得た知識を実践において展開する際に生じる気づきや疑問・課題を明らかにする。それらの自分自身の認知症ケア実践の課題や取り組みの方向性を検討し、他の受講者と共有することにより、知識の活用に関する幅広い視点を得る。	・認知症の人本人の声を聴く（自施設・事業所における実践） ・事例収集（自施設・事業所における実践） ・中間課題の発表と共有	60分
（2）生活支援のためのケアの演習2（行動・心理症状）	認知症の行動・心理症状（BPSD）が生じている認知症の人に対して、行動の背景を理解した上で生活の質が高められるようチームで支援できる。	・行動・心理症状（BPSD）の基本的理解 ・行動・心理症状（BPSD）の発症要因とケアの検討（事例演習） ・行動・心理症状（BPSD）の評価 ・生活の質の評価	240分
（3）アセスメントとケアの実践の基本	認知症の人の身体要因、心理要因、認知症の中核症状のアセスメントを行い、具体的なニーズを導くことができるようア	・認知症の人のアセスメントの基礎的知識 ・観察の方法とポイント	300分

	セスメントの基本的視点を理解する。アセスメントを踏まえた目標の設定と、目標を実現するためのケアの実践計画の作成・立案・評価ができる。	・アセスメントの実際（事例演習） ・実践計画作成の基礎的知識 ・実践計画作成の展開（事例演習） ・実践計画の評価とカンファレンス	
3 実習			
（1）職場実習の課題設定	認知症の人が望む生活の実現に向けて、適切にアセスメントを行い、課題と目標を明確にした上で、ケアの実践に関する計画を作成することができる。	・職場実習のねらい ・対象者選定 ・課題設定 ・4週間の行動計画の作成	240分
（2）職場実習（アセスメントとケアの実践）	研修で学んだ内容を生かして、認知症の人や家族のニーズを明らかにするためのアセスメントができる。アセスメントの内容をもとに、認知症の人の生活支援に関する目標設定、ケア実践計画及びケアの実践を展開できる。	・実習の準備 ・実習の開始 ・報告準備	4週間
（3）職場実習評価	アセスメントやケア実践計画の実施結果を整理した上で、客観的に評価、分析し職場および自己の認知症ケアの今後の課題を明確にすることができる。	・職場実習報告 ・ケア実践計画の評価 ・職場への報告と展開	180分

出典：「認知症介護実践者等養成事業の円滑な運営について」（平成18年3月31日老計発第0331007号）

3 学習成果の実践展開と共有

前述のとおり、実践者研修は、まずは前期研修で学習した成果を認知症ケアの現場で実際に応用し、その経験をもとに振り返りながら、後期研修で実践に活用できる技術として修得することを目指した構成になっています。

そのなかで2021（令和3）年4月のカリキュラム改訂によって新たに設けられた科目「学習成果の実践展開と共有」は、実践者研修の要となる科目です。

1 科目の目的および到達目標

認知症介護研究・研修センターが作成した「認知症介護実践者研修シラバス」には、この科目の目的は、「認知症介護実践者研修におけるこれまでの学習成果を踏まえ、自施設・事業所での自らの認知症ケアを実践することにより、研修で得た知識を実践において展開する際に生じる気づきや疑問・課題を明らかにする。それらの自分自身の認知症ケア実践の課題や取り組みの方向性を検討し、他の受講者と共有することにより、知識の活用に関する幅広い視点を得る」とされています。また、到達目標が次のように示されています。

1．本科目までの学習成果を実践に活用することができる。
2．自分と認知症の人のこれまでのかかわりのあり方を振り返ることができる。
3．自分自身の認知症ケア実践の課題や取り組みの方向性を明らかにすることができる。

具体的には、前期研修で学習した認知症ケアの基本を踏まえ、この科目の前に自施設・事業所において、二つの課題、①認知症の人とのコミュニケーション、②これまでの学習を踏まえた認知症ケアの実践とその場面の記録に取り組みます。そして、後期研修の最初に実施する「学習成果の実践展開と共有」の時間に、課題①および②の結果と、結果からの学びを受講者間で共有します。これにより自分自身の認知症ケア実践上の課題や取り組みの方向性を明らかにします。

このように「学習成果の実践展開と共有」は、前期研修で学習した成果と、それを踏まえた自施設・事業所での実践を後期研修へとつなげる、重要な位置づけにある科目です。

2 自施設・事業所において取り組む課題

認知症の人とのコミュニケーション

前期研修に受講する科目「生活支援のためのケアの演習1」（第4章）の到達目標の一つは、認知症の人の有する能力に応じたコミュニケーションが実践できるようになることです。この科目では、心理面や加齢による影響も踏まえつつ認知症の人の有する能力を評価し、認知症の人がコミュニケーションの場面において抱えている困難さや、それに対しての工夫や留意点について演習を通じて考えます。そして、自分自身がこれまでどのようなケアを行ってきたか振り返り、受講者間で共有します。

「生活支援のためのケアの演習1」で学習した成果を実際に応用することが、自施設・事業所において取り組む、一つ目の課題です。

自施設・事業所のサービスを利用する認知症の人とコミュニケーションをとり、その結果を思い出して記録します。また、実践して自分自身がどう感じたかといった感想も記録します。自分と認知症の人の言葉、表情、反応等を思い出し、具体的に文章で記録するよう心がけましょう。

これまでの学習を踏まえた認知症ケアの実践とその場面の記録

前期研修に受講するその他の科目「QOL を高める活動と評価の観点」(第5章)、「家族介護者の理解と支援方法」(第6章)、「権利擁護の視点に基づく支援」(第7章)、「地域資源の理解とケアへの活用」(第8章) では、それぞれの科目で学んだことを整理しながら、自施設・事業所で実践してみたいことを考えておきます。それらを実践してみることが、自施設・事業所において取り組む、二つ目の課題です。

前期研修中に実践してみたいと考えていたことに実際に取り組み、場面を思い出して記録します。認知症の人とコミュニケーションをとった記録と同様に、具体的に文章で記録するよう心がけましょう。

実践した結果、思っていたよりもうまくできなかったと感じたり、もっとこうすればよかったと感じたりするかもしれません。そのような結果も、成果の一つです。実践して自分自身がどう感じたかといったありのままの感想も記録します。

また、これらの実践を踏まえて、後期研修の「職場実習の課題設定」「職場実習 (アセスメントとケアの実践)」「職場実習評価」(第11章) で取り組みたいと思う事例を考えておきます。

3 後期研修「学習成果の実践展開と共有」で取り組む内容

後期研修の最初に受講する科目「学習成果の実践展開と共有」では、自施設・事業所で取り組んだ二つの課題の結果と、結果からの学びを受講者間で共有し、自分自身の認知症ケアを実践するうえでの課題や、今後の取り組みの方向性を明らかにします。

実践した直後に記録した内容を少し時間が経過してから読み返し、振り返ってみると、改めて気づくことや疑問に思う点等が生じる可能性があります。その気づきや疑問点も、ほかの受講者と共有しましょう。

また、ほかの受講者の実践の結果や気づいたこと、疑問点を聞くことで、さらに学びが深まります。ほかの受講者の施設・事業所で、どのような場面が展開されたのかイメージしながら聞くように心がけましょう。

この科目において自分自身の認知症ケア実践上の課題や取り組みの方向性を明らかにしたうえで、この後の「生活支援のためのケアの演習２(行動・心理症状)」(第９章)、「アセスメントとケアの実践の基本」(第10章)、そして、「職場実習の課題設定」「職場実習（アセスメントとケアの実践)」「職場実習評価」(第11章）と学習を進めることで、認知症ケアの実践者としての知識・技術が向上していきます。

4 認知症介護実践者研修を受けての変化

実践者研修修了者にみられる変化や修了者が施設・事業所にいることの利点等について、2020（令和２）年度に認知症介護研究・研修仙台センターが実施した、「令和２年度老人保健事業推進費等補助金（老人保健健康増進等事業）認知症介護指導者養成研修等のアウトカム評価に関する調査研究事業」の結果を紹介します。

この調査は、認知症専門ケア加算・認知症加算（通所介護）の対象、もしくは研修修了者配置が要件となっている介護保険施設・事業所の施設長・管理者や人材育成担当者を対象に実施されました。

調査の結果、実践者研修修了者にみられる変化として、「利用者本人の意思を確認しながらサービスを行えるようになった」「業務の都合等ではなく、利用者の尊厳を重視した関わりが行えるようになった」が高い割合となり、実践者研修の受講により、知識・技術が確実に向上することが明らかになりました。

また、研修修了者が施設・事業所にいることの利点について、「利用者個人個人に向き合い、その方にあったケアができるようになった。ケアに対する積極性が生まれ、他職員も巻き込みチームケアが向上した」「認知症の利用者への対応に研修で学んだことが活かされている。その様子を他職員も見ることにより、利用者に対してよい効果が表れている」といった回答が寄せられました。このことから、個人の能力向上のみならず、チームや組織にさまざまな効果がもたらされていることが確認できます。

関連リンク先 ……………………………………………………………………

＊ 認知症介護情報ネットワーク「認知症介護研修に関する資料」 https://www.dcnet.gr.jp/study/syllabus/

第2章
認知症の人について知る

目的

認知症の人の心情・心理や心理的ニーズなど、ケアの対象として重要性の高い領域への視野を拡大し、認知症の人についての理解を深める。認知症ケアが認知症の人の視点・立場に立って行われ、本人にとって役立つものとなるように学習する。

到達目標

1 認知症の人特有の心情・心理を理解し、認知症の人との信頼関係が構築できる。
2 認知症の人の苦悩の一因となる過度に悪い認知症観の改善の説明ができる。
3 自分自身のなかにある認知症の人への「負のレッテル」の存在に気づき、その状態から脱却できる。
4 認知症の人の心情・心理を理解し、その人の視点・立場に立ち心理的ニーズを満たせるようになる。

特に関連する章

第3章 認知症ケアの理念・倫理と意思決定支援
第4章 生活環境づくりとコミュニケーション
第6章 家族介護者の理解と支援方法
第9章 生活支援のための認知症の行動・心理症状（BPSD）の理解

第1節

認知症の人とかかわるときの課題と心構え

1 認知症の人に初めにかかわる医療の課題（告知のあり方など）

1 認知症医療における告知と心理的アプローチの課題

認知症の告知の課題

認知症の人と初めにかかわることが多い専門領域は医療です。本書の冒頭の事例1では鈴木さんへ診断・告知が行われていました。その際、告知によるショックから、木村医師の話が全く頭に入っていないという状況になっています。鈴木さんと同様に、この状況のままで診療や支援をすませてしまえば、おそらく「早期診断・早期絶望」といわれる状態になってしまうでしょう。今の認知症医療の現場では、本人がこのような状態に至ってしまう場合が少なくないのが現状です。この事例でもそうですが、告知の前後にそのショックを和らげるようなかかわりが何かできなかったのか、またそれ以前に告知の是非を適切に判断できていたのか、といったことを考える必要があります。

鈴木さん夫婦の場合は、認知症観の改善の説明など、告知のショックを和らげるためのアプローチを受けられていなかったようです。詳しくは後述しますが、告知後の苦悩が生じる大きな要因として、実際よりも悪いほうへ偏った認知症観があります。本人や家族の多くがもつこの過度に悪い認知症観を専門職が看過することによって、その悪いイメージをそのまま本人が自分に当てはめてしまうことになります。これでは「自己スティグマ」、すなわち自分自身への偏見が生じ、「自己差別」ともいえる状態となります。

また、初診時の告知の是非や進め方についても、本人のもつ認知症観、認知症への不安感、あるいは性格や人間観などを可能な限り確認してから判断すべきです。そして、診断・告知後も本人が絶望状態に至らず、生きる意味や意欲を失わないような支援が最も重要であり、これこそが認知症医療の本来の使命・役割です。「認知症は不便だが不幸ではない」と語る認知症の人がいます。その言葉どおりに、楽しみややりがい、生きがいをもって生きている認知症の人もまれではなく、誰もがそうなる可能性をもっているのです。認知症の人がそのような状態になっていくための医療であり介護であるべきでしょう。

これまでの認知症医療の状況

これまでの認知症医療では、診断や投薬の実施と、疾患、薬や生活活動などについての説明･指導は行われてきました。しかし、説明をする際、主に認知機能障害、ADL（日常生活動作）の低下や認知症の行動・心理症状（BPSD）など、本人の主観的なこころの内面などではなく客観的・外面的で見えやすい部分ばかりに着目し、説明・指導を行っていることがほとんどです。もちろん、生活に影響のある事柄（生活上のリスク防止、健康維持の方法など）についてはしっかりと説明する必要があると思いますが、それらの説明だけでは、本人にとっての支援が十分とは考えられません。なぜなら、それらだけではただ安全に暮らすことはできても、本人の不安や混乱など苦悩の部分の軽減や、自分らしくよりよく生きることへの支援は到底できないからです。残念ながらこれまでは、見えにくいが重要な部分である本人のこころの内面にはあまり目が向けられてこず、心理的なアプローチの実践も乏しいという状態が続いてきました。実際に、認知症専門医であっても、認知症観の改善など本人への心理的支援はほとんど行われていません。そのため、診断後の絶望状態という、非常につらく過酷な体験から本人を救うことができていませんでした。

認知症医療における心理的支援の重要性

最近では、認知症の精神療法の専門書が発刊されるなど、本人への心理的支援への関心や注目が少しずつ高まってきています。そして、本人のこころの内面に目を向け理解し、それをさらに掘り下げていくための想像力、洞察力、共感力などを活かした心理的アプローチやかかわりが、ごく少数の医療機関ではありますが行われるようになってきました。今後、このような医療機関が増えてくることが大きく期待されるところです。

認知症医療においてよい変化の兆しはありますが、まだまだ十分ではありません。当たり前のことをいうようですが、認知症医療は本来、本人の幸せのためにあります。そして、本人の苦悩を軽減することができれば、その幸せへの第一歩となります。その苦悩を軽減するための心理的支援が、本来は認知症医療で優先順位が高くあるべきですが、重視されておらず、まだ実践ができていないのです。この認知症医療の現状を変えていくために、まずこの問題を問題としてしっかりとらえられるようになることが、現在の認知症医療に求められる最初の課題といえるでしょう。

2 過度に悪い認知症観を改善するアプローチ

認知症のイメージは人によって多少の違いはあるものの、世の中全体としては「なれば人生終わり」など実際よりもだいぶ悪いほうへ偏っているのが現実です。そのため、過度に悪い認知症観をもつ人が多く、専門職ですら同様のイメージをもっていることがまだ多いといえます。そして、認知症と診断された人のことを、その偏見、先入観、固定観念ともいえる認知症観でみてしまっていることが多いでしょう。

しかし実際には、認知症になっても楽しみややりがいをもって自分らしく生きている人も少なからずいて、事実とのギャップがあります。すなわち、進行した重度の人や悪い状態にある人のイメージを認知症に対してもち、そう思い込んでいる場合が少なくないということです。

ですから、告知を受けると事例の鈴木さんのように、その過度に悪いイメージを自分に当てはめてしまいます。そして、これからの自分の人生に希望や可能性を感じられなくなり、絶望に至るのも無理はないといえます。では、このように告知によって、自己イメージや自己将来像がきわめて悪くなることに対し、どのようなアプローチができるのでしょうか。筆者の場合、以下に述べるような説明によって認知症観の改善に努めてから、本人の反応を見つつ、告知を行うようにしています。

・「最近の日本の統計では、実は認知症は80代後半で44.3％の有病率で、90代前半で約6割、90代後半では約8割の人が認知症になっているとされています。人生百年時代といわれますが、そこに向かうなか、認知症になる人は増えてきていて、早いか遅いかの違いはあっても誰でも認知症になり得るということです。一部の人だけがなると勘違いしている人がまだ多いようですが、長生きできるようになり一部の人がなるという時代ではもうないのです。この事実をしっかり認識していただきたい」

図2-1 日本の認知症有病率

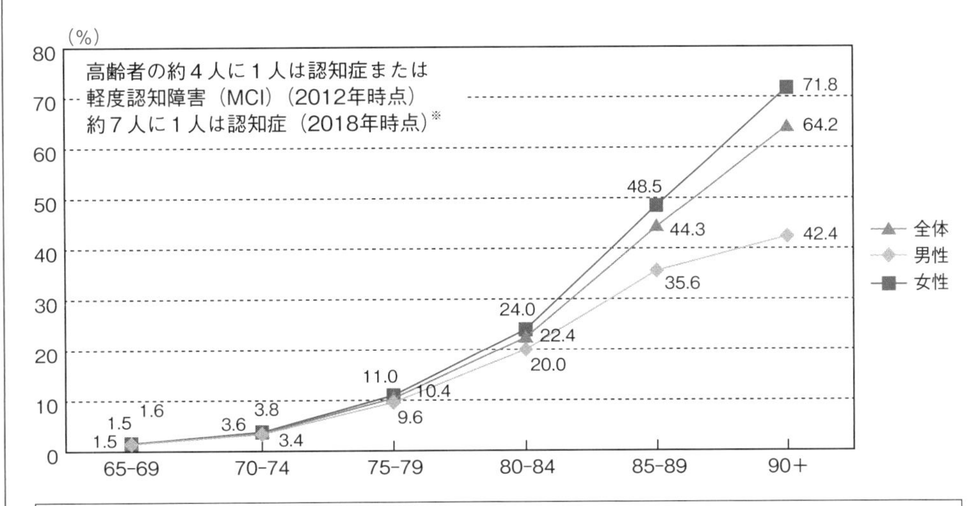

※ 2012 年時点の推計は厚生労働科学研究費補助金 認知症対策総合研究事業「都市部における認知症有病率と認知症の生活機能障害への対応」平成 24 年度総合研究報告書による。2018 年時点の推計は日本医療研究開発機構 認知症研究開発事業「健康長寿社会の実現を目指した大規模認知症コホート研究（研究代表者二宮教授）」において開始時に悉皆調査を行った福岡県久山町、石川県中島町、愛媛県中山町のデータ解析の当初の結果である。

出典：厚生労働省「認知症施策の総合的な推進について（参考資料）」2019 年

・「2025 年には、65 歳以上の高齢者の約 5 人に 1 人が認知症になり、その数は約 700 万人になるといわれていますが、現在でも高齢者の約 6 人に 1 人が認知症になっています。すでに 600 万人以上になっていて、小学生全体の数よりも多くなっています。ですが、ご近所で認知症になられている方はそんなにおられますか。そうは思えないのではないでしょうか。それは、まだ世間の認知症イメージが悪いほうに偏りすぎているのが原因の一つだと思います。〇〇さん（本人）もそうではないですか」
・「これまでテレビや書籍などで紹介されていた認知症の人は、認知症が進んだ人や状態の悪い人が多かったです。そのため、世の中の人は認知症の人をそういう人とイメージしているので、認知症へ過度に悪いイメージをもっていることが多いのです。しかし、実際はそれほど悪くなく楽しく暮らしているよい状態の方たちも、私たちはよく存じあげており、その数は少なくはありません。認知症の人の状態や認知機能のレベルは、世間一般に考えられているよりもだいぶ幅広いものです。認知症に見えないような人も多くいて、そういった人々を含め、いろいろな状態やレベルの人がいるのです。また、近年は薬やよいサポートなどによって、進行がゆっくりな人が増えてきています。診断から 5 年、10 年、それ以上経っても軽症のままの人もいます」
・「きんさんぎんさんも認知症であったと聞きますが、認知症には見えず楽しそうに暮らしていました。同じように認知症に見えないような認知症の人で、楽しく暮らしている人が実は少なくないのです」

・「超高齢社会になりましたが、まだ平均寿命は延びています。今後も、認知症になる人はもっと増えていき、多くの人が順番になっていくことになります。ですから、長寿社会では認知症になることは普通のことであって、恥ずかしい、情けないなどと感じる必要がないことだと思います。堂々としていてよいのではないでしょうか。お世話になるときも堂々とお世話になっていただきたい」
・「お世話になりたくない、迷惑をかけたくないという人がいますが、もうとっくの昔にお世話になって迷惑をかけていると思います。私もそうですけれど。人間は小さい頃にお世話になって、大人になってお世話をして、歳をとってまたお世話になる。子どもの頃に迷惑をかけて、そして迷惑をかけられて、また迷惑をかけるというのが、本来人間の自然な姿でこれは順番なのです」
・「もの忘れや失敗などにこだわりすぎると、イライラが増えどんどんつらくしんどくなり、やる気や意欲もなくなって残念なことになってしまいます。なので、もの忘れや失敗などご自分の能力低下の部分に対しては、できるだけこだわらず、仕方がないと考えるなど大らかになっていただけませんか」
・「これからのあなたの人生には、もの忘れやできないことが多いか少ないかより、楽しみや満足感が多いか少ないかのほうが重要だと思います。もの忘れなど悪いところにこだわり続けるより、楽しみややりがい、満足感を感じることを大切にしてください。そちらが増えていくように、ご家族にも協力していただいて、みんなで探していきましょう。もの忘れがひどくても、楽しく暮らしている人を私たちは多く知っています」
・「楽しいこと、喜び、心地よいこと、やりがい、満足感などをもち続け、増やしていってください。それらの体験が増えると、今まで気にしてこだわってきた自分のだめな部分が、以前ほど気にならなくなる人も少なくありません」等々。

説明のポイント

・一部の人が認知症になるのではなく、早いか遅いかの違いはあっても多くの人がなる時代となり、今後は家族もなり得る超高齢社会に生きる日本人全体の問題であることを伝える（一部の人だけがなると勘違いしたままではとてもつらくなるので、自分だけではなく、順々に家族も含め多くの人がなっていくと感じてもらうこと。それによって、「情けない、恥ずかしい」と感じる「自尊心の傷つき」や、「お世話になって申し訳ない」と感じる「負い目」を緩和することが重要）。
・薬や適切な支援によって、以前とは異なり進行のスピードが遅くなっている人が多いことを伝える（認知症になるとすぐに、これまでイメージしてきたような、認知症の進んだ悪い状態になるわけではないと知ってもらう）。
・よい状態の認知症の人の説明をする（認知症になっても楽しく暮らしていくこともできると感じてもらう）。

・これからの人生で、大切にしてこだわるべきところを伝える（もの忘れなどの能力低下にこだわるのではなく、楽しみ、うれしいこと、満足感、やりがいのほうを維持し増やすことにこだわる。周囲の協力も必要。能力低下は変えられなくても、能力低下へのとらえ方・考え方やこだわりは変えられる）。
・説明が本人に安易な気休めととられないように、介護職員自身も将来、認知症になり得る時代であり、長い目で見れば同様の立場にいるという気持ちをもって、その気持ちが相手に伝わるような表情・態度や言葉の表現を交え、説明する。

以上のような説明によって、まず本人の過剰な不安や混乱の発生を防ぐように努めます。これらの説明を行うと、「少し気分が楽になった」「そういう考え方でいいのですね」「話が聞けてよかった」などと話す認知症の人が少なくありません。これは、能力低下が生じだめになったと感じてしまう自分に対して、少しですがOKを出せるようになるからだと考えられます。すなわち、自己否定感が緩和されるのです。これにより、こころの余裕が少し出てきて、いら立ちや易怒性などネガティブな感情も軽減することが少なくありません。そして、こころの余裕が出てきたところで、さらに希望を感じて前を向いて生きていけるような支援を行っていくことになります。また、これらの説明は家族にも聞いてもらうことで、家族も気持ちの余裕をもちやすくなります。家族の動揺や焦りが和らぐことで、もの忘れへの指摘・注意など不適切なかかわりが減り、本人の立場にも立ちやすくなるでしょう。

3 認知症の人の心情・心理の家族などへの説明

通常は認知症観の改善の説明の後に、家族など周囲の人に認知症の人の心情・心理についての説明も行います。周りだけでなく本人もつらい状況であることを、家族などが理解できるように努めます。そして、もの忘れやできていないことなどへの指摘、注意や叱責をできるだけ控えるように依頼します。これらが多いと、本人の不安が増大し精神的に不安定になり、BPSDの発生や増悪にもつながります。これを防止するためにも、初診時から家族など周囲の人への説明を行うことが多いです。周囲の人の心情にも理解を示しながら、可能な限り本人の心情・心理を代弁し、本人がおかれている状況の理解を促すように努めます。

認知症観の改善や本人の心情・心理についての説明と周囲への心理的指導が、認知症医療では本来重要な役割と考えられます。しかし、まだ多くの医療機関で行われていないのが現状です。

認知症観の改善の説明は、本来初めにかかわる医療が行うべきものですが、実際には医療職でなくてもできるはずです。医学的専門知識が必要なものではなく、説明内容はさほど難しいものではありません。ですから、認知症の人にかかわる専門職であるなら、これらの説明を一度試みて、本人の様子とその変化を感じてみるのがよいでしょう。

ただし、説明する際には、支援する側の認知症観が適正なものへ変わっていることが必要で、説明内容を本当にそう思って本気で話さないと伝わらないという面があります。自分自身の認知症観がどのようなものなのかを振り返ってみて、変えることが必要な部分は改めていきましょう。

考えてみよう！（鈴木さんの事例から）

事例１の鈴木さんは、告知を受けた後、どのような気持ちになったのでしょうか。また、その気持ちをよいほうへ向けるためには、どうかかわっていけばよいのか考えてみましょう。

2 認知症の人への介護はなぜうまくいかないのか

認知症の人への介護は難しいと感じている人は多いと思います。その原因の一つとして、初めのかかわりから介護職員自身が気づかない間に、認知症の人との関係づくりに失敗しているということが考えられます。そうならないように、かかわる以前に知るべき知識や理解しておくべきことがいくつかあります。

1 重度の人でも職員の印象のよし悪しは記憶している

認知症の人は重度になってからでも、身近にいる10人ぐらいの人のことを覚えられるといわれています。これは、その人がどういう職種であるかなどではなく、自分にとってよい人かよくない人か判断できるということです。相手の顔に結びついたそのよし悪しの印象の記憶は残るのです。そのため、会って顔を見たときによい人か悪い人かが判断され、その職員に対する態度もずいぶん変わってくるでしょう。すなわち、最初のかかわりの際に悪い印象を与えてしまうと、こちらが気づかないうちに介護に支障が生じる状態がつくられてしまうのです。そうした介護困難な状況は自分がつくってしまったものと考えるべきでしょう。認知症のせいだけにしてはいけません。たとえ認知症が重度でも、十分に相手の気持ちに注意や配慮をする必要があります。そして、丁寧に接し、よい印象を与えるようなかかわりができれば、介護を行いやすくなります。

2 周りの困りごとを優先している

周りが困ることへの対応や身体介護ばかりに仕事のエネルギーが注ぎ込まれてしまうと、認知症の人の気持ちは置き去りにされてしまいます。本人の困りごとや不安定で苦しいこころの状態が、気づかれることなく放置されれば、それらはやがてBPSDへと結びつくことが多くなります。そして、後で現れる介護の困難さや職員の負担を知らぬ間に増やすことになります。また、周囲の困りごとの解決や業務的内容の介助だけでは、認知症ケアに本当の意味でのやりがいや価値を感じられなくなってしまいます。これは介護職として、とてももったいなく残念なことです。ですから、認知症の人の困りごとについてもよく知り、学ぶことが大切です。

その学ぶべきところとは、認知機能障害、ADL障害、BPSDなどだけではなく、これらと比べ見えにくいものですが、本人のこころの内面への理解です。このことに対する知識や理解の不足があることに気づく必要のある介護職員がまだ多いと考えられます。この領域への理解を深めていくことが、結果として本人の状態をよい方向に導き、本人の想いに添った適切な認知症ケアへの近道になります。

3 対応方法から入ろうとして失敗する

認知症ケアを学ぶ際に、手っ取り早く対応方法を知ることから入ろうとする介護職員がいるというのも、大きく懸念されるところです。認知機能障害、ADL障害、BPSDなど客観的症状ばかりに関心が高まり、それらへの対応だけに目が行ってしまうのでは、認知症の人は幸せなよい状況にはならないといえます。特にBPSDは早く何とかしたいと思っていても、対応方法をいくつか知るだけで、認知症の人一人ひとりのこころの状況を理解せずにそれらを当てはめても、うまくいかないことが多いでしょう。本人にとってよいケアにもならず、正しい解決には至りません。

本当に対応やかかわり方をよくしたいのであれば、まず本人との信頼関係を築いていくことが必要不可欠です。これを築けていない状態のままでは、いくら対応やコミュニケーションなどの知識や方法を学んでも活かせません。その信頼関係の構築のためには、やはりここでも、認知症の人のこころの内面、特有の心情・心理についてよく理解することが必要となります。それによって、介護職員が本人のこころの「苦悩」や「可能性」を感じ取れれば、それが自然と介護職員の表情や態度となって表れ、その気持ちが本人に伝わりこころの扉を開くことにつながります。

また、対応方法の習得だけでは、認知症ケアの本当の価値や意義を感じ取ることができず、介護職員としての自信や使命感、満足感ややりがいなどを獲得する機会を逃してしまうことになります。

4 わかっていないことに気づいていない（失敗体験から学べていない）

筆者も、以前は認知症の人とのかかわりのときに、多くの過ちを繰り返していました。そのため、もの忘れ外来で2回目以降に本人が来ないということが少なからずありました。時には、「(本人が) 家では怒っていた」と家族から聞かされることもありました。当時の筆者は、失礼なことを言った覚えもなく、その訳がよくわかっていませんでした。非常に恥ずかしいことですが、その原因は、認知症の人の心情や心理についてほとんど理解できていなかったことでした。そのために、診療や支援に大きな支障を与えてしまっていたのです。認知症についてある程度知識がある分、自分が知っている視点、視野だけから認知症の人を見て、「わかったつもり」になっていたのでしょう。

このように、認知症の人とかかわるなかでうまくいかないことがあった場合、それを自分の失敗や理解不足であるととらえることが大切です。そこに気づき学ぶことで、自分を成長させていくことや、介護のレベルを高めていくことにつながります。

3 かかわる前の自分の状況の確認

認知症の人とかかわる前に、認知症の人に対する姿勢、とらえる視野、あるいは介護の価値観（どこを重視しているのか）などの自分の状況を確認することが必要です。

1 認知症の人の視点・立場に立とうとしているか

自分のケアを振り返る

認知症の人の視点や立場に立てていないことへの違和感がなく、自分の介護のあり方、考え方について疑問をもてていない介護職員がまだ多いかもしれません。これからの介護職員自身の適切な成長のために、「自分は本人の気持ちを察しようとしているか」「周囲の困りごとのほうを優先している自分がいないか」など、自己チェックをして確認していく必要があります。そして、自分が今どういう状況なのかを客観的にしっかりと確認し、気づいたことがあればそれを活かして、今後どうあるべきなのかを検討してみます。

また、本来「誰のための何のための認知症ケアなのか」を、一度原点に返って考え直してみることも、これまでの認知症ケアのとらえ方や考え方が本来あるべき姿とズレていることへの気づきにつながります。そして、そのズレを解消できるように努めていき、本人の視点・立場に立てる自分を育てていきましょう。

実際のケアにおいても、本人の視点・立場に立てなければ本人の困りごとなどがわからず、本当は理解できるはずのことも理解できなくなります。そして、理解ができなければ、本人の想いへの関心や興味が薄れやすくなり、本人の視点に立とうとする意欲もさらに出てこなくなります。これでは悪循環になってしまい、本人の想いや希望に添ったケアの実践が難しくなります。

認知症の人の視点・立場に立とうとする想い

本来の意味で役に立つ仕事と感じられていないのなら、やりがいをもちにくくなります。認知症ケアにあまりやりがいを感じられていないなら、自分が必要と考えるケア内容が本当にそれだけでよいのかを、一度考え直してみる必要があります。視野が広がらず認知症ケアの仕事をしていても、達成感、貢献感、満足感などがあまり得られなくなったり、仕事への意欲やケアの質向上へのエネルギーも生まれにくくなってしまうからです。

あきらめの感情のほうが強くなってしまうと、しだいにその状態が常態化して、おかしいことにもさらに気づきにくくなっていきます。仕事もネガティブなほうへ悪化していき、介護職員としての自己肯定感、介護肯定感も感じられなくなっていくでしょう。そして、認知症ケアへのモチベーションややる気を失うことにつながります。

ですが、認知症の人の視点や立場に立とうとする気持ちをもつことで、認知症の人の心情・心理への関心が高まり、その知識を得ながら、それぞれの認知症の人の想いを想像・洞察しようという状態が生まれます。そして、心情・心理への理解が深まると、共感力も身についていきます。そこから、認知症の人一人ひとり、一つひとつの介護において、想いに応えるための工夫や改善への意欲が、自分のなかに出てくる状況へと変わっていくでしょう。今まで理解ができていなかったことへの気づきや新しい発見によって、充実感や達成感をもつことができて自信が高まり、さらに理解を深めたいという意欲・自発性も生まれ、またさらに新たな気づきや発見が出てきやすくなります。

このようによい循環となっていき、自然と介護職員としての自己肯定感、介護肯定感も高まっていきます。また、本人の視点や立場に立とうとする気持ちが相手に伝わってその人とのこころの壁が低くなり、フラットな二人称の人間関係をもちやすくなるなど、認知症の人との関係性もよくなっていきます。

2 認知症の人への「負のレッテル」に気づけているか

旧来の認知症観など認知症への「負のレッテル」をもったままでは、認知症の人の想いを理解し聴こうとすることなどに大きな支障が生じる、という課題があります。この負のレッテルとは、認知症の人は「話をしてもよくわからないだろう」「話せることやできることはあまりないだろう」などと思い込んだり、認知症の人のこころのなかの理解は難しいと勝手に判断したりして、そう決めつけてしまっている状態です。この負のレッテルによって、認知症の人のわかること、感じられることやできることを実際より低くみてしまうことになります。これは認知症の人への適切なかかわりを行うための、正しい評価や判断をするのに大きな障害となります。また、この負のレッテルが強ければ、認知症の人の視点・立場に立って考えようという気持ちがそもそも出てこなくなってしまうため、これも大きな問題となります。

そのため、自分のなかに認知症への負のレッテルがあるかどうかも、自己チェックすべき重要な確認ポイントとなります。現実に、強弱の違いはあっても、介護職員でもこれをもっていることが多いと考えられるため、早く気づく必要があります。この負のレッテルから脱するためには、まず自分自身のなかにあるということに気づくことが大前提となるからです。

介護職員のもつ負のレッテルについては、すでに世の中にある「何もわからなくなる」「なれば終わり」などの、過度に悪い認知症観によって影響を受けている部分が大きいと考えられます。また、そういった状態にある介護職員に対して、医療・介護の領域で適切な説明や教育が行われてこなかったことも、負のレッテルの存在に影響しているでしょう。これまでは、教える側の多くにも同様のネガティブな認知症観があり、認知症の人の苦悩など、こころの内面への関心や知識が乏しかったため、教えることができなかったのではないでしょうか。しかし、本来はもっと早くからこれらの説明や教育は必要だったはずです。いずれにしても、介護職員でありながら正しい認知症観をもたず、負のレッテルに気づかぬまま認知症の人とかかわっていくというのでは、適切でよりよい認知症ケアはできないと考えられます。

3 認知症の人の心情・心理に関心をもつことができているか

認知症の人の心情・心理に関心がもてなければ、当然ながら心理状況の十分な把握や本人の本当の想いを感じ取ることが困難になります。そして、認知症の人一人ひとりの全体像の把握も困難となり、本人の状況に合っていない不適切なかかわりを気づかないまま、繰り返し続けてしまうことにもつながります。

そして、心情・心理への「関心の乏しさ」が心情・心理についての「知識・理解の不足」を生み、その「知識・理解の不足」が認知症への「負のレッテル」が改善されない状況の放置につながります。さらに、その「負のレッテル」が「関心の乏しさ」を助長するという悪循環になっていきます。これをどこかで止め、そしてよい循環へと変えていくことが必要です。そのため介護職員には、自分自身のなかに認知症の人への負のレッテルがあると気づいた後に、認知症の人の心情・心理に関心をもち、その知識や理解を深めていくことが求められます。この関心をもてるようになることが、本当に役に立つ価値の高い認知症ケアへの出発点となるでしょう。

4 初めてかかわるときの心構え

自己状況の確認ができたら、次は実際に認知症の人と出会ってかかわりをもちはじめる際の、心構えや留意点について学び考えていきましょう。

1 認知症の人は敏感で傷つきやすいことに気をつける

こころの内面も意識する

認知症の人はもの忘れや失敗が増え自分の能力が低下してくると、自分の変化に対しての不安がとても強くなります。そのため、自分の変化と、その変化に気づかれているかもしれないと感じる周囲の目の、両方に対し敏感になっていることが多いといわれています。自分に自信がなくなってくると、「周りから変に思われているのではないか」「馬鹿にされているのではないか」などという、猜疑心(さいぎしん)や不安などが生じやすくなるのです。

周りにはその変化をできるだけ気づかれないよう、取り繕おうとする心理状況となります。そのため、認知症の人のこころの内面は周囲には非常に気づかれにくくなりますが、その内面は言うに言えないとてもつらい状態にあることが多いということを理解しておかないといけません。つらさを語らないからつらい体験や苦悩するこころがないとは限らないのです。認知症の人とかかわる際には、このことをしっかりと意識し続け、忘れないようにしなければなりません。

不用意な言動・態度には気をつける

認知症が進み一見ぼうっとしている、話しかけても返事がないなど、鈍感な感じのする認知症の人でも、「以前の自分とは違う」という感覚はもっていて、周囲からの自分への見方や扱い方には鈍感にはなっていないと考えられています。

ですから、もの忘れや失敗などへの指摘や助言程度でも、不用意な言動・態度になりかねません。本人の自尊感情を傷つけて憤りを感じさせてしまったり、気持ちを落ち込ませてしまったりしないように、十分心がけて接することが必要です。例えば、質問をしてもうまく答えられなかったり、つじつまが合わない返答であったりしても、誤りを指摘したり表情や態度を変えたりしないように留意します。介護職員は、認知症の人から「自分のだめなところを見せても、全く態度が変わらず、自分を尊重してくれる人」として認められるように心がけることが大切です。

2 外見上の様子だけから決めつけない

認知症の人は些細(ささい)なことで怒るようになる人が少なくありません。その状況に対し、認知症による脳の障害のために感情の抑えが利かなくなったからなどと、決めつけてしまう介護職員もまだ多いのではないでしょうか。認知機能障害など脳病理学的な観点だけからしか認知症の人をみないというのは、問題があると考えるべきです。

また、認知症の人の「もの忘れはたいしたことない」などと訴える言動から、「病識がない」「何もわかっていない」と考えてしまう介護職員もまだ多くいます。しかし、実際には、その言動の背後には本人の表現しがたい心情や心理状況が隠れている場合が少なくありません。そのために、実際に本人がふだん感じていることとは違った言動となってしまうことも少なくないのです。なかなか周囲へは語ることができない、特有の体験をしていると考えられています。それにより、もの忘れを否定したり、矮小化(わいしょうか)したりする言動につながっている可能性があるという見方をすることが必要です。

このように、易怒的になるのも病識がないようにみえるのも、その言動の裏には本人のさまざまな想いや心理的な反応が存在しています（第2節参照)。

3 認知症の人が安心して話せる状況をつくる

もの忘れや失敗など本当に恥ずかしいと感じていることを、自分から話す人は通常まれでしょう。恥ずかしい部分を隠そう、考えないようにしようとするのは、認知症であるなしにかかわらず人間ならあるはずの、自然なこころの動きです。認知症の人も、自分の能力低下についてどこかで感じていても、それを隠そうとしたり考えないようにしたりしている場合が多いでしょう。

では、もし、「もの忘れや失敗をしても、人間としての普通で自然なことである」という雰囲気があるところや、「遅かれ早かれそうなるのは人として当たり前で、恥ずかしいことでも情けないことでもない。堂々としていてよい」という考えの相手であれば、本人の態度や言動はどうなるでしょうか。状況が変われば、恥ずかしいことでもその恥ずかしさが軽減し、話そうとするハードルも下がります。かかわる介護職員がこのような考えをもっていれば、本人にとって安心して想いを話せる相手となっていきます。

また、当事者同士が集うピアサポートの場を設けることによって、安心して話せる雰囲気の場所が生まれます。ただし、本人の認知症観が過度に悪いなど、話すハードルが高い状態のままでは、当事者同士が集まってもその雰囲気にはなりません。そのため、集まる前に前述の認知症観の改善などのアプローチが求められたりします。こうした安心して話せる状況をつくることは、話せる・話せないという問題の解決だけではなく、本人のつらい心情が和らぐ重要性の高い支援となります。

4 認知症の人に対する「感謝」と「敬意」の気持ちをもつ

認知症の人と相対する際、自分がどう扱われるかについて敏感な相手に、表面的に取り繕って上手にかかわるというのは逆に難しいことでしょう。表面的なかかわりでは、どこかで自分のなかにあるネガティブな見方や気持ちが表情や態度に出てしまう可能性があり、それが相手にも伝わります。ですから、外面からではなく、自分のこころのなかから変えていくことが、時間はかかっても大切です。

認知症の人にとっては、今の状況がよくわからない場合や、自ら望んで現在のおかれている状況になったわけではない場合もしばしばあります。特に初めのうちは、こちらの支援やかかわりを希望していないことも多いでしょう。まずは、必ずしも望んでいない状況でのかかわりに協力してくれることに対して、認知症の人に「感謝」の気持ちをもつようにします。

そして、おそらく望んでいるわけではない支援に穏やかに応じる姿勢や態度などに対して、「敬意」を感じるように心がけます。この「感謝」と「敬意」の気持ちが相手に伝わり、信頼関係へとつながっていきます。

5 「あなたを理解し、役に立ちたい」という気持ちをもつ

介助行為を行うことは、当然ですが介護の手段であり目的ではありません。介護の目的は、その人の生活や人生を楽しく豊かでより幸せなものにしていくことです。「自分が大切にされている」という、本人の心理的ニーズが満たされている状況をつくることは、その目的に合致します。一方、認知症の人の想いへの配慮が乏しい介助行為は、その目的に背を向けるものとなります。したがって、単に介助行為などADLの支援を行うだけでなく、「あなたのよりよい楽しく豊かな生活や、人生のために役に立ちたい」という想いをもってかかわっていくことが大切です。そして、そのために、「あなたという人をもっと理解したい」という想いをもってかかわります。

同じ人間として、本人がどのような人なのかを、まず知ろうとする姿勢が重要です。その自分の想いが相手にも伝わるように、その想いを表情、態度や言葉などで表現できるように努めていきましょう。

考えてみよう!（鈴木さんの事例から）

事例の鈴木さんと初めてかかわる際の心構えとして、どのようなことが重要か考えてみましょう。

5 信頼関係の大切さ

認知症の人との信頼関係は、認知症の人のさまざまなニーズを満たしていくことや、介護職員のかかわりや支援、やりがいなどにも大きな影響を与えます。信頼関係が築けないと、本人と介護職員両方のニーズを満たすことが難しくなります。信頼関係の構築は、適切な支援をするための前提として必要不可欠なものです。

1 認知症の人のニーズを満たすために必要な信頼関係

認知症の人のニーズ

認知症の人のニーズを満たすことは、介護職員の役割、あるいは介護の目的そのものともいえます。認知症の人のニーズには、生命の維持や安全の保持以外にも、いくつか重要なものがあります。例えば、キットウッド（Kitwood, T.）が提唱したパーソン・センタード・ケアでは、認知症の人の心理的ニーズとして「くつろぎ」「愛着・結びつき」「共にあること」「自分が自分であること」「携わること」があげられています。また一方、心理学者マズロー（Maslow, A.）の「人間の欲求」についての説では、人間には生理的欲求や安全の欲求以外にも、所属と愛情の欲求、承認（自尊）の欲求、自己実現の欲求などがあるとされています。これらは認知症の人の心理的ニーズと重なるところがあり、同じ人間としての欲求が認知症の人にも同様にあるということを示しています。とはいえ、よりよく生きるために重要なそれらのニーズを、自分ではなかなか満たせないという点が認知症でない人と大きく異なっています。

信頼関係によるニーズの充足

ニーズの充足にあたっては、介護職員が認知症の人に代わり、その人のニーズについて、得た知識や情報、そして洞察力、想像力などを活かして探り、これを満たす方法を考える必要があります。そして、その際に信頼関係が構築されていれば、ニーズの充足の支援をしやすい状況となります。本人とのこころの壁が低くなって、その想いを聴く、察することなどがしやすくなり、また身体介護についても拒否ではなく協力を得られやすくなります。そして、認知症の人にとって、自分のケアを安心して任せられる存在へと介護職員が変わっていけるのです。

さらには、認知症の人が周囲との信頼関係を築けること自体が、「愛着・結びつき」「共にあること」などの心理的ニーズを満たすことにもなり、大きく役立つ心理的支援となります。これは、本人との間にフラットな二人称の関係がつくられることにもつながり、認知症ケアにおける大切なこと、ケアの意義や価値を、本人とのかかわりから感じ、学べる機会が増えていくでしょう。

2 初めのかかわりの際の認知症の人のこころの状況と信頼関係の構築

認知症の人と介護職員両方にとって非常に重要となる信頼関係を、初めのかかわりからどう構築していけばよいかを考えていく必要があります。

病院でも施設でも、認知症の人が初めて訪れるきっかけは、本人がそれを望んだ場合よりも、やはり周囲の意向による場合のほうが多いです。本人が望んでいない状況でかかわることで、ここでどうなるのか、どう扱われ何をされるかわからない、などという不安をもってしまうことも多いはずです。こうした場合、本人はお世話になりたくない、介護職員はお世話しないといけないという、ニーズが相反している構図により、初めのかかわりの際に信頼関係が築きにくい状況になっています。

この最初の難しい状況で信頼関係を築いていくためには、自分のかかわりの姿勢や心構えなどの状況をチェックし直し、改善すべきところは改善していきます。そして、やはり認知症の人への「感謝」と「敬意」の気持ちや「あなたを理解し、役に立ちたい」という想いをもって、かかわっていくことが非常に重要なのです。その大切にしたいという想いが相手に伝わっていき、信頼関係の構築を大きく後押しします。さらに「あなたの人生がよりよくなっていくことを、一緒に目指しましょう」という想いをもち、かつそれを示していくことで、認知症の人と同じ方向を向くことができ、信頼関係を高めることにつながります。

3 特有の心情・心理を理解し信頼関係の構築へ

みえにくくわかりにくいですが、認知症の人のこころは、家族など周囲の人からのもの忘れなどへの指摘や注意・叱責によって、すでに自尊心が傷ついていることが多いです。そのため、周囲との対人関係の感覚が認知症になる前とは大きく変わっている人も多く、「また自分のだめなところばかりをみてくるだろう」などの猜疑心(さいぎしん)が生じやすく、相手の言動を被害的に受け取りやすくなっていることも多いです。また、「どうせだめな人と下にみられるだろう」などという、これまでの対等な関係をあきらめてしまった感覚や感情をもっている人も少なくありません。したがって、相手の言動に対して上から言われているように感じやすい面があります。

その面でも信頼関係をつくるハードルが高くなっていると考えられます。人にもよりますが、介護職員が前述のようなアプローチで信頼関係を築きたくても、そう簡単にはいかず時間がかかる場合もまれではありません。

これには、能力が低下し自己イメージが悪化することによって「ぞんざいに扱われている」と感じやすくなり、自分自身をだめな人間と感じることで「だめ人間扱いをされる」といった不安、疑念が生じやすいという心理的背景があります。ですから、この状態の認知症の人には、初めの出会いから接し方に十分注意し、上から言われていると感じさせないように自分の言動・態度に気をつけることを心がけます。そして、傷つけられた対人関係の感覚をできるだけ元の状態に修復することが重要です。前述の姿勢、心構えをもち続け、粘り強くかかわっていくことが求められるでしょう。

認知症の人はしばしば以上のような状態になりますが、介護職員との信頼関係が構築できれば、本人が他者への信頼感を取り戻すチャンスを得ることにつながります。すなわち、本人がしばらく失っていた、人と人との普通のフラットな関係の感覚の再獲得が可能になってくるわけです。あきらめなどからこころに壁をつくり、そのなかに閉じこもっていた認知症の人の、そのこころの壁を少しずつ取り除いていくことになります。そして、さらに信頼関係を高めつつ、その人が人生に生きる希望や意欲をもつことができ、可能な限り前を向いて生きていけるようにサポートしていくことが大切です。このサポートによって、認知症の人の「人生の再構築」も可能となるでしょう。

第2節

認知症の人が想っていることとは

1 認知症の人が感じている想いを理解する

一般に認知症の人のこころのなかはわかりにくいと考えられています。それには、これまでそのこころの状態について、客観的、外面的な視点からの説明ばかりで、主観的なこころの内面はあまり詳しく説明がなされてこなかった背景があります。ここでは、認知症の人がふだんの生活や他者とのかかわりのなかで、どのような想いを感じているのかについて述べていきます。

1 発症時からのこころの体験

発症時の心情・心理

認知症の人もさまざまであり、ひと括りにはできませんが、多くの認知症の人には共通する特有の心理状況があるといわれています。例えば、些細(ささい)なことを指摘されただけで怒る、失敗を認めなくなる、好きな趣味活動の場へ行かなくなるなどの本人の変化の背景には、認知機能障害のほかに、この特有の心理があると考えられています。以前なら失敗を指摘されても笑って謝ることができていた人でも、そうではなくなるこころの変化が生じているのです。どういう心理がはたらきそのような状態に変わっていってしまうのか。認知症の人の心情・心理を知るためには、そこからよく理解していくことが大切です。

まず、発症時の認知症の人の心情・心理を説明していきます。発症初期の心理的体験としては、忘れるようなことがなかったはずのことを忘れたり、ミスが増えて以前なら簡単にできていたことがそうでなくなったりする、などの体験をするようになります。今までなら八分ぐらいの力でできていたことも、全力でしないとできなくなっていきます。それに戸惑い不安を感じながらも、きちんとできるように頑張って努力していく人が多いです。また、疲れやすくもなり、自分自身へのはがゆさ、もどかしさ、情けなさ、いら立ちなどを感じやすくもなります。人によっては、抑うつ症状が出てくる場合もあります。

周囲からの視線

これまではあった自分自身への自信に揺らぎが生じると、周囲からの目も気になるようになります。そして、以前より能力が衰えてきている自分のことを、周りの人に知られたくないと思うでしょう。しかし、何となく周りからの自分を見る目が変わってきているように感じることが多くなります。自分のよくないイメージを、周りの人から見られている自分のイメージに無意識のうちに重ねてしまうためです。「変に思われてはいないだろうか」「馬鹿にされているのではないか」などと勘ぐってしまうようにもなります。

そのような猜疑心（さいぎしん）や不安が生じると、さらに自分のなかに出てきただめなところを悟られないよう気づかれないよう、よりいっそう努めるようになります。気づかれないようにと気を張るために、人と会っていると疲れやすくなります。一生懸命に取り繕うのはとてもしんどく感じられるようになり、人と会うのがおっくうになってくるでしょう。認知症になると、今まで楽しく参加していた趣味の会に行かなくなる人が多いですが、その理由にはこのような心理状況があると考えられます。

しかし、取り繕いの努力を続けていても、認知機能障害は徐々に進行するため、失敗などは増えて周囲の目にも明らかになります。家族など周囲の人は心配し、よかれと思って助言や指摘をするようになります。簡単なことをできなかったり忘れたりするだけでも本人は動揺しますが、これに周囲からの指摘などが加わると、さらに動揺して不安や混乱が強まります。ですから、些細（ささい）なことを言われただけでもショックを受けたり、気持ちが動転して思わず反論や否定の声を、いら立ちとともに上げてしまったりするようになるのではないでしょうか。認知症の人の、些細（ささい）なことで怒る、失敗を認めなくなるなどの変化も、このような心理的背景に基づくものではないかと理解することが大切です。

2 認知症の人の心情・心理について同じ人として考え感じてみる

認知症でなくとも人間であれば、失敗続きなどで自信や余裕を失っているときには、小さなことを言われただけでもそれを大きくとらえてしまわないでしょうか。その状況では些細（ささい）なことを注意されただけでも、自分を否定されたように感じいら立ってしまったり、認めたくなくて言い訳をしてしまったりするように思います。人は自分自身への信頼、自信が揺らぐと、否定的にみられているような猜疑心（さいぎしん）が生じてきてしまい、被害的な感情が生じやすくなるという面があります。もちろん人にもよりますが、このような状況では認知症であってもなくても、怒りっぽくなるのはさほど不思議ではないでしょう。

ですから、これは認知症のあるなしにかかわらず、人間として普通に生じる心情・心理ではないかと考えられます。もし同じ障害をもち、同様の状況になれば、自分も同じようなことを言ったりするのではないか、とまずは考えてみましょう。自分もこうなれば同じようになるだろうと感じられたときに初めて、本当に認知症の人のこころを理解し、共感できたといえるのではないでしょうか。

3 認知症の人が感じている「不安」と「いら立ち」

ここからは、認知症の人が感じている想いについて具体的なものをいくつかあげ、鈴木さん以外の事例を示して説明していきます。

認知症が発症すると、もの忘れや失敗などが繰り返され、できていたはずのこともできなくなるようになります。そのため、自分自身でもこれまでと違う、おかしいなどと感じるようになります。そして、「ままならなさ」や「不安」なども徐々に強く感じるようになっていきます。

一方、家族なども本人の様子がおかしいことに気づき、不安になってしばしば指摘や注意をするようになると、本人の自尊心が大きく傷つき「いら立ち」や「悔しさ」などが強まっていくことになります。本人は周囲からどう思われているのかに敏感になり、周囲からの目や言動に大きな影響を受け、これらによっても「不安」や「いら立ち」を強く感じるようになります。また、今後の自分がどうなっていくのかという、将来への「不安」も強く感じているでしょう。

この「不安」や「いら立ち」の大きさには何が影響するのでしょうか。前述の告知の仕方の問題もありますが、主に本人の性格、人間観、認知症観、家族など周囲のかかわり方などが影響を与え、これらによって「不安」の程度が変わってくると考えられます。前者二つは変えにくいですが、後者二つは専門職の介入によって変えることが可能です。後者はいずれも告知の際の心理的支援とも関連があることはすでに説明したとおりです。

認知症観については、実際より過度に悪いことが多いです。しかし、この過度に悪い部分については専門職の説明や当事者同士の交流・会話などによって改善可能といえます。また、家族などのかかわり方への説明や指導によっても、「不安」や「いら立ち」が軽減し状態が改善する場合があります。その事例を提示します。

【事例２－１】
Ａさん(80代、女性)は、２年ほど前より、話したことを忘れることが多くなりました。親戚などからももの忘れを指摘されて、Ａさん自身も不安を感じるようになりました。昨年には、同じことを何度も繰り返し言ったり尋ねたりするようになりました。今年に入ると、夫からのもの忘れへの指摘に腹を立てて怒るようになったため、夫とともに病院を受診しました。

医　師：「今日こちらにはどのようなことで来られたのですか」
Ａさん：「『よう忘れる』って言われて」
医　師：「もの忘れで受診されたのは、周りに言われてですか。ご自身で感じられてですか」
Ａさん：「半分半分かな」
医　師：「どのようなもの忘れがありますか」
Ａさん：「あれ。さっきしたかな、とか」
医　師：「もの忘れがあると不安になりますか」
Ａさん：「そう不安に……。やっぱり周りから言われたら余計にね」

検査の結果、医師は、軽度のアルツハイマー型認知症と診断し、認知症観の改善などの説明の後に、本人と夫に病名告知を行いました。告知の後に、Ａさんのつらい心情について、推測しつつ代弁のような形で提示していきます。そして、その是非を本人に確認しながら把握していきました。そのやりとりの状況を夫に見てもらうことで、本人の心情への夫の理解も進むように図ります。

医　師：「もの忘れが増えてくると、自分がもどかしい、情けないと感じる人が多いのですが、そういう気持ちになるときもあるのではないでしょうか」
Ａさん：「そうやな、あるな」(少し恥ずかしそうな表情で返答)
医　師：「そういう気持ちがあるのに、ご主人からもの忘れなどでいろいろと言われて、時々イラッとすることもあるのでは」
Ａさん：「……するな。なんでもよく叱られるから」

そして、医師がさらにＡさんに尋ねていくと、勘違いや家事の不備などについても、夫からいろいろと指摘されて不安や戸惑いを感じたり、またイライラもして怒ってしまうと答えてくれました。

このやりとりの様子を見ていた夫に対して、夫の心情への理解や配慮も示したうえで、医師が「周りにとっては何でもないような些細(ささい)な指摘を受けても、本人からすると『叱られている』と感じてしまう認知症の人が案外多いのです。ちょっとした注意や指摘でも、自分が否定されているように感じるのです。それで、イライラしてしまって怒ってしまう人が多いのです。ですので、なるべくもの忘れやできていないことへの指摘や注意は控えてください」などと説明して指導を行いました。

家族へは「もの忘れなどへの指摘や注意を控える」という助言だけでなく、本人の不安、いら立ちや怒り、傷ついた自尊感情など心理的背景についての説明もできるだけ行います。本人の心理状況をできるだけ理解してもらったうえで、かかわり方の指導に移ることが望まれます。その後、夫はもの忘れなどへの指摘を控えるようになり、Aさんが怒って夫婦のぶつかり合いになることがなくなっていきました。

4 認知症の人が感じている「負い目」や「あきらめ」

認知症の人のなかには、家族など周囲の人に対して、「お世話になっているから申し訳ない」という「負い目」を感じている人がいます。また、「迷惑をかけているから素直に意見が言えないのも仕方がない」「わかってくれそうもない」などという「あきらめ」を感じている人もいます。このように周囲に対して弱い立場であることを感じている認知症の人も少なからずいます。そのために、認知症の人は認知機能の低下、人間関係や環境の変化などで生じる困りごとや苦しい想いがあっても、伝えることを遠慮し躊躇(ちゅうちょ)してしまうのです。このように、言語障害など認知機能障害だけが語れない理由ではありません。

ですが、この状態では周りの人も何に困っているのか、何がつらいのかがわからず、適切なかかわりができにくいという状況が生まれます。周囲がよかれと思ってしたことが本人の想いと大きくズレているという、すれ違いが生じることもまれではありません。また、本当はしたいことや楽しめることがあるのに、それが伝わらずできなくなるために意欲や活動性が低下し、満足感の乏しい退屈な生活につながります。そして、生きる希望や活気が乏しい人生に向かっていくことになってしまいます。家族や専門職にとっても、これは本来望む状況ではないでしょう。ここでは、本人と家族の想いのズレが軽減するようにアプローチを行った事例を提示します。

【事例2－2】

Bさん（80代、女性）は、2年前より健忘症状など認知症の症状が出現しました。その後も認知症は進行し、一人暮らしの継続が難しくなって、妹家族の家へ移ることになり同居となりました。そして、今年になって病院を受診し、改訂長谷川式簡易知能評価スケール（HDS-R）16点で中等度アルツハイマー型認知症と診断されました。

以後、通院となり、通所介護（デイサービス）の利用も開始しました。認知症の行動・心理症状（BPSD）はみられず、再診時にも本人は穏やかな表情で笑顔が多く見られます。困っていることなどを本人に質問しても、「どうもないです」という返答が多いです。同居の妹は、「私の言うことを何でも『はい、はい』と聞いてくれて、全然問題ないのです」とうれしそうに話し、困っていないと言います。

通常このような認知症の人であれば、状態がよく介護上の問題もないので、家族は今のままでよいと考えるでしょう。介護職員も、サービス利用などで安定した生活が成り立ち、周囲が困った状況でもなければ問題はないと判断するのではないでしょうか。しかし、問題がないのは周囲にとってです。本人の視点や立場に立って、その想いを想像することが大切です。

医師は、「何でも言うことを聞いてくれるので問題ない」という妹の言葉には、Bさんのこころの状況への理解不足の可能性を感じました。すなわち、Bさんが妹家族にお世話になっているからと我慢をし、一方的な指示や援助にも文句を言えない状態になっているかもしれない、またその状況に妹が気づいていないと感じられたのです。そのため、隠れた心情があるならそれを伝えるべきと考え、Bさんの隠れた心情を想像し代弁するような形で、以下のように妹に対し説明を試みました。

「認知症の人は、家族に対してお世話になって申し訳ないと思ったり、負い目や罪悪感を感じたりしていることがあります。お姉さんもそうかもしれません」

「思ったことを言って迷惑かけたくない、心配かけたくない、という気持ちになられることもあるでしょう」「また、自分の想いなどわかってもらえそうもないと、話すことをあきらめてしまっている方も多いと思います」

「もちろん、妹さんには感謝されていると思います。ですが、これらのことで素直に気持ちを出せなくなり、いろいろな想いがあっても話すのを躊躇（ちゅうちょ）されている認知症の人も多いのです」

以上のように医師が説明しているとき、それまでずっと微笑んでいたBさんの目から涙が流れてきました。妹はその涙を見て驚き、Bさんのこころの奥に隠れているつらい想いを感じ取った様子でした。そして、妹は「私、どうしたらいいのでしょう」と質問してきました。

その質問に対し、「どういうことをしてもらいたくないか、またしてもらいたいかを、聞いてみてください。1回や2回では答えてくれないと思いますから、10回でも20回でも何度でも聞いてください。それと、言葉が出にくいので、答えてくれるまでゆっくり待つようにしてください」と説明しました。

その後、妹は本人の想いを聴くために、何度も「してもらいたくないこと」や「してもらいたいこと」を粘り強く尋ねるなど、努力をするようになりました。また、本人が望むことを一緒にするようにもなりました。それからは、Bさんが家で少し主張をするようになりました。本人の想いを粘り強く聴こうとする妹家族の姿勢と努力により、「負い目」から生じる躊躇(ちゅうちょ)の気持ちが変化し、あきらめではなく、希望や家族へ期待する想いが生まれてきたと考えられます。

5 認知症の人が感じている「猜疑心」や「不信感」

認知症の人は認知機能の低下によって、いろいろなことが不確かでわかりにくいといった状況になります。その状況では当然不安も生じやすいでしょう。その不安はさまざまな形で行動に現れますが、例えば家族の姿が見えなくなると、すぐその家族を呼ぼうとする人がいます。それは状況がわからず、家族がいなくなってしまうのではないかという不安や疑念が生じるからといわれています。そして、その呼ぶ行動に対して相手をしないと不安や混乱が強くなり、場合によっては被害的になり不穏な状態となって対応が難しくなることもあります。このように、本来は抱く必要のないはずの相手にも、疑いのこころである「猜疑心(さいぎしん)」や「不信感」を抱いてしまうようになる人もいます。

そして、もの盗られ妄想や嫉妬妄想などと呼ばれる、被害的な妄想あるいは妄想的誤認がみられることがあります。これらは本人の苦悩を示す表現であり、周囲の介護負担の大きな要因ともなるでしょう。そのため、被害的、攻撃的な言動に至るその原因や背景について、一度考え洞察を深めることは、介護職員として大切なことです。

この「猜疑心(さいぎしん)」や「不信感」が夫に向かい、嫉妬妄想が生じた事例を提示します。

【事例２－３】
Ｃさん（70代、女性）は、１年前の春頃より、同じ話の繰り返しがみられるようになり、また怒りっぽさも出現しました。同年秋には外出準備に手間どるようにもなりました。また、「言われたことが頭に入らない」と本人も感じるようになりました。そのため、病院を受診したところ、アルツハイマー型認知症と診断されました。その後、通院を継続していますが、今年に入り「夫が浮気をしている」という嫉妬妄想がみられるようになりました。夫に激怒して興奮するようになり、服薬の拒否も出現しました。

まず、医師はＣさんとの信頼関係の構築に努めました。その効果もあり、外来診察時には「私がおらんほうがいいみたいで……」「私がいろいろ言っても、『ありもせんことを言う』と言われて……」などと、率直に夫への不満を語ってくれました。Ｃさんの話の内容や口調からすると、Ｃさんは夫から相手にされていない、放っておかれている、見捨てられそう、といった孤独感、疎外感を強く感じているようでした。Ｃさんの場合、夫に対するこれらの感情が強くなっていくことで「見捨てられ不安」や「猜疑心（さいぎしん）」「不信感」などが生じ、嫉妬妄想が誘発され出現したと考えられました。

しかし、元来からの夫との関係は悪くはないものでした。また、受診が早かったこともあり、夫の負担感はまだ強くはなくこころの余裕もありました。そのため、夫に対しては、もの忘れや誤認などへの指摘を控えること、Ｃさんが夫から見放されていない、大切にされていると実感できる状況をつくることの必要性を説明しました。そして、Ｃさんの楽しみや喜び、満足感を増やすことの重要性を説明し、Ｃさんとともに楽しむ機会を増やすことを助言・指導しました。

助言後には、夫はＣさんとよく会話をするよう心がけるようになりました。また、診察時に夫は、「放っておかれることが不安という気持ちを理解しました」とも語りました。すると、その発言に対しＣさんは「こころは見えないけど、心配りは見えるもの」と夫に返していました。その後は夫への被害的な発言や易怒・興奮が減少していき、嫉妬妄想の訴えは全くなくなりました。

被害妄想的な愁訴がなぜ生じるのか

このような被害妄想的な愁訴の背景がどのようなものなのかを考えてみます。被害妄想的な愁訴のもととなる嫉妬妄想やもの盗られ妄想などの背景には、認知症の人特有の「猜疑心（さいぎしん）」があるといわれています。その猜疑心（さいぎしん）がどうして生じてくるのかを知ることが必要です。

認知症の人はもの忘れや失敗が増えると、自分に対するもどかしさ、情けなさ、いら立ちといった、自分がだめになっていくような自己否定感を感じるようになります。そして、だめになった自分を感じると、「周りからもそうみられているのではないか」という「猜疑心（さいぎしん）」や「不安感」を、普通はもってしまいます。このように、自分への否定的な思考や感情が「自分からみた自分」だけでなく「周りからみられている自分」に対しても生じ、猜疑心（さいぎしん）などを生むと考えられます。

Cさんの場合も、認知症と診断されて自分のイメージがさらに悪化すると、夫など周囲からもだめにみられている感覚を強くもったと思います。そして、外来での発言からも、夫からはお荷物とみられているように感じ、要らん者扱いされるのではないかと勘ぐるようにもなったと推測されます。そして、夫にとっては魅力のない人間、役に立たない不要な人間になってしまったのでは、と感じるようになったと想像されます。

そのような状況でいるとき、自分以外の人たちで仲よく楽しくしているのを見れば、仲間はずれのように疎外感を感じてしまうでしょう。そして、お荷物とみられていると感じているので、「見捨てられて逃げられてしまう」という、いわゆる「見捨てられ不安」が生じてくることになります。そのような状態で、夫が女性と仲よくしているのを見ることがあれば、嫉妬妄想への発展につながり得るでしょう。しかし、Cさんの夫のように周囲が本人のこころの状況を理解して、疎外感や「見捨てられ不安」などの不安を軽減するアプローチを行えば、嫉妬妄想の改善が可能になると考えられます。

6 認知症の人が感じている「喜び」や「満足感」

認知症の人の「楽しさ」「喜び」「心地よいこと」「やりがい」「満足感」などは、その人の生きがい、生きる意味と価値につながるとても重要なものです。認知症の人は、認知症とともに自分らしくよりよい人生を、前向きな気持ちで過ごせる「可能性」があるのです。そして、認知症の人には人生の再構築の可能性があり、その「権利」があるといわれています。これからの専門職は、前述の認知症の人の「苦悩」と、この「可能性」の両者を十分理解していく必要があります。

したがって、個々の認知症の人の楽しみ、喜び、やりがいなどポジティブな感情や体験について理解することは、その人の生活や人生を価値あるものにするという、認知症ケアの本来の目的として非常に重要なものといえます。これについて、事例を提示します。

【事例2－4】
Dさん（70代、男性）は、7年前から、車で道に迷う、計算を何度も間違えるなどの認知症の症状が現れました。翌年の春、かかりつけ医にて血管性認知症と診断されました。ほかのいくつかの病院を受診するも同じ診断を受け、その後うつ状態となりました。そして、同年の夏に現在の病院を受診し、以後、通院を継続し、うつ状態は改善していきました。また、5年前から病院内の認知症カフェにも参加するようになりました。そして、4年前から同カフェにて認知症の当事者相談員として、当事者同士の支援を行うピアサポートの活動を本格的に開始しました。

Dさんは診断後に絶望状態となり、3か月で体重が20キロ以上減少するなど非常につらい経験をしています。その当時の自分自身の不安、混乱や苦しい体験を、認知症カフェを訪れた診断後間もない認知症の人にまず語ります。そして、共感を得ながらそのこころを解きほぐしていきます。その際には、「次々と忘れるけれど、それをいちいちだめと思うと本当にだめになるから、そう思わないようにしている」「もの忘れはあってもできることはある、できることを楽しめばよい」などと、訪れた認知症の人の不安が少しでも和らぐように話していきます。

この認知症カフェでは、Dさんが相談員を務めることにより、認知症の人たちの笑顔が多く見られています。初めて訪れたときは元気がなく下を向いていた人が、顔を上げて、明るく元気になり自分を取り戻していく姿を見て、Dさんは達成感を感じ元気をもらっていると語っています。自分が必要とされ役に立っているという貢献感ややりがいが、Dさんの大きな喜びとなり、生きがいとなっています。ここで、Dさんのサポートによって、自分を取り戻すことができた認知症の人の事例を提示します。

【事例2－5】
Eさん（70代、男性）は、夏頃から妻と一緒にしていた家事をしなくなり、意欲が低下して外出もしなくなりました。秋になると日付もわからなくなったため、受診となりました。HDS-R16点でアルツハイマー型認知症と診断されました。診察時には、困っていることを尋ねても、「困ったことはない」「全然問題はない」などと返答することがほとんどでした。自ら話すことは少なく、自分の想いを語ることもありませんでした。

診察時、Eさんの妻は本人への質問時にも、本人に代わって話をしようとしました。一方、Eさんは余り語ろうとせず、初めの頃の診察では表情の変化も乏しかったです。しかし、妻に対し「もの忘れなどへの指摘や注意を控えるように」と説明するときだけは、Eさんはにんまりと笑顔を見せていました。医師は、この表情の変化からも、妻からの指摘などによって、Eさんがふだんつらい気持ちになっているのではと想像しました。しかし、おそらく前述した自尊心、羞恥心、負い目、あきらめや猜疑心などのいずれかによって、もの忘れやそのつらさを語れず苦悩の状態が続いているのだろうと感じました。Eさんの場合、専門職による心理的支援のアプローチはこの時点では効果が出ていないと判断し、当事者本人からのサポート、いわゆるピアサポートが受けられる認知症カフェの利用を勧めることにしました。

認知症カフェを訪れた際、やはりEさんは黙ってうつむいており、妻のほうばかりが話をしていました。しかし、Dさんが自分の診断直後の苦しい体験を語り、また「周囲から指図をされると、プライドが傷ついて腹も立ちますね」などと話をしていくと、Eさんは涙を流しながら大きくうなずくようになりました。そして、「気持ちが落ち込んでいるときに無理をすることはない」「だんだんと気持ちが前向きになってきたら、自分から『これしようかな』というのが浮かんでくるから」などのDさんの言葉には、「そうやな」と言葉も発し、安堵の表情を浮かべていました。Dさんの言葉に共感し、喜びや安心感、満足感などを得られたのではないでしょうか。その後のEさんは、認知症カフェ訪問前とは表情や態度が全く違って、明るくなり、認知症カフェにも自ら進んで行っています。そして、近所の人からも「最近元気になったね」と声をかけられるようになりました。Eさん自身がありのままの今の自分を少しずつ受け入れられるようになり、前向きな気持ちに変わってきたと感じます。

また、このEさんの変化によってDさんも喜びや満足感を感じ、やりがいや自己効力感が高まり、生きるための元気をもらっています。サポートしている側の人がサポートされている人にサポートされているという、双方向での支え合いが生まれているのです。このピアサポートの特徴や効果が大いに発揮され、安心感とともに喜び、楽しみ、やりがい、満足感等々、さまざまなポジティブな感情と意欲が生まれています。この状況は、認知症の人が変わることができるという、大きな「可能性」を示しているともいえます。

2 認知症の人だからできること

1 認知症の人だからこそわかること、認知症の人同士だからできること

専門職が認知症の人の体験や想いを理解しようとしても、実際に認知症になってからの経験をできるわけではなく、そのつらさや困難を体感できるわけではありません。認知症の人の心情・心理をある程度理解できるようになったとしても、本人でなければわかり得ないところがあるでしょう。認知症の人のこころのなかには本人にしかわからないことがあり、それがわかるのが同じ認知症の人といえます。

また、そうした想いを認知症の人自身が感じていることが多いでしょう。前述のＥさんの場合もそうでした。そこでも説明しましたが、同じような苦悩を体験している認知症の人同士なら、本音で話し合えてお互いの言葉に共感し、安心感や連帯感などをもつことができるのではないかと考えられます。このようなピアサポートの場では、苦しくつらい想いを打ち明けるこころのハードルが下がります。そして、抑えてきた自分の想いを吐き出すことで、ストレスが発散され苦悩する気持ちが少しずつ和らぎ、楽になっていったりします。さらに、想いを語り合うことによって、互いをよく理解できるようになり、自分の想いを理解してもらえたと感じるようにもなります。認知症である今の自分の状況を受け入れやすくもなっていくでしょう。これらは、認知症の人同士であるからできることだといえます。

2 認知症観や能力主義的人間観を変えることができる

筆者は初診の後半に、しばしば認知症の人自身に頼んでいることがあります。それは「堂々とお世話になって、堂々と迷惑をかけてください」ということです。これを頼む前には、第１節で述べた年齢層別認知症有病率を含む認知症観の改善の説明を行うようにしています。そのうえで、以下のように説明を続けます。

「これは順番なのではないでしょうか。医療が非常に発達して多くの人が長生きできるようになり、その恩恵を受けています。これからはさらに寿命が延びて、早いか遅いかの違いはあっても、順番に認知症になり得る時代になってきています。以前のように60代、70代で亡くなるのが普通で、一部の人しか認知症にならない時代なら、恥ずかしい、情けないと感じるのはわかります。しかし、もうそういう時代ではないのです。なのに、長生きして順番に、お世話になるのは恥ずかしい、情けない、申し訳ないという気持ち

になっていかないといけないのでしょうか」などと説明していきます。

そして、多くの場合は子や孫がいますので、「認知症になって、恥ずかしい、情けない、お世話になりたくない、迷惑かけたくないと思っていては、将来もっと長生きできるお子さん、お孫さんたちも同じ気持ちにならないといけなくなります。それでもいいですか。それは嫌ではないですか」と問いかけます。すると、もちろん「嫌だ」と言う人がほとんどです。

そこで、「嫌でしたら、そういう考えは今変えていただかないと続いていきますから、ご子孫が困らないように変えてください。このままですと、みんな安心して長生きできません。でも、もしそういう考えを変えてくださったら、お子さんもお孫さんも、また私たちも、将来そう考えなくてもいいので大変助かります。ですから、堂々と迷惑をかけて、堂々とお世話になっていただきたい。『忘れるからよろしく』『できなくなるから頼んだよ』という感じでお願いします。そうでなければみんなが困りますので、ご自身だけのためではなく、お子さんお孫さん、そしてこれからさらに超高齢社会となる日本のためにもお願いいたします」などと話して、本人に頭を下げます。そして、「負い目や罪悪感を感じないでいただきたい。でも、感謝の言葉はご家族にかけていただいて、『申し訳ない』ではなく、『ありがとう』という気持ちをもっていただけませんか。そういう気持ちを親子、家族で次々とつなげていってください」とも話します。

近年、認知症の人がテレビなどで堂々と自分の想いを語る場面が見られます。認知症というハンディキャップとともに堂々と生きる認知症の人こそが、過度に悪い認知症観や、認知症に限らず能力主義に偏った人間観、人生観を変える可能性をもっているといえます。超高齢社会、そして人生百年時代に向かう時代の生き方を、子孫や日本の将来のために、家族、居住地域や日本全体にも示していけるのではないでしょうか。堂々と、そして楽しく生きがいをもって生きていく姿を身をもって示すことは、これからの高齢期の人生と人間のとらえ方や考え方を、時代の変化に応じたものに変えていく、先導的な役割を果たすものになるでしょう。

演習 2-1

- 自分のなかの認知症のイメージはどのようなものですか。本章をとおして、認知症のイメージはどのように変わりましたか。
- 認知症の人特有の心情・心理について、本人がどのような体験や感情を経験しているか考えてみましょう。

第3章

認知症ケアの理念・倫理と意思決定支援

目的

認知症の人が望む生活を実現するため、認知症ケアの歴史的変遷や認知症ケアの理念、認知症の原因疾患、中核症状、行動・心理症状（BPSD）の発症要因、認知症ケアの倫理や原則、認知症の人の意思決定支援のあり方について理解を深める。

到達目標

1 尊厳の保持、共生と予防、本人・家族視点の重視といった認知症ケアの理念を理解し、その意義を説明できる。
2 認知症の原因疾患とその症状の特徴、中核症状、心理的特徴及び行動・心理症状（BPSD）の発症要因について説明できる。
3 行動・心理症状（BPSD）にとらわれず、望む生活を実現するケアを行う姿勢を身につける。
4 認知症ケアの倫理原則について、活用の具体例を挙げることができる。
5 意思決定支援のプロセスについて具体例を挙げることができる。

特に関連する章

第２章　認知症の人について知る
第４章　生活環境づくりとコミュニケーション
第７章　権利擁護の視点に基づく支援
第８章　地域資源の理解とケアへの活用
第９章　生活支援のための認知症の行動・心理症状（BPSD）の理解
第10章　アセスメントとケアの実践の基本

第1節

認知症ケアの理念と認知症施策

1 認知症ケアの歴史的変遷

1 老人福祉法の制定

高齢者介護の問題が、本格的に制度政策に取り上げられたのが1963（昭和38）年の老人福祉法の制定です。同法によって特別養護老人ホームの設置や、後の訪問介護（ホームヘルプサービス）の前身となる家庭奉仕員派遣事業等の在宅福祉施策が着手されました。一方、まだまだ認知症ケアは社会的な問題として顕在化しておらず、社会的な支援策は十分ではありませんでした。そのため、認知症の人の対応は家族が行い、それが難しくなった場合には精神病院への入院といった手段が一般的でした。当時は認知症ケアの理念や方法論はなく、認知症の人の言動を問題行動としてとらえて、身体拘束や投薬による抑制、言葉による封じ込めが一般的になされていました。

また、当時の家族による介護ありきの風潮のなかで、認知症を恥ずべきものとして介護の限界まで家族が隠すなど、家族介護者が多くの困難を抱えていました。そのなかで、1980（昭和55）年に、京都で呆(ぼ)け老人をかかえる家族の会（現・認知症の人と家族の会）が発足し、家族介護者の組織が誕生しました。その後、それは全国組織となり、認知症ケアや施策のあり方についてさまざまな声を届ける役割を担っていくことになります。

2 認知症に対応する制度の拡充と認知症ケア方法論の模索

その後、1973（昭和48）年には老人医療費が無料化され、多くの老人病院が開設し、社会的入院が社会問題となっていきました。そのため、この老人医療費の無料化制度の見直しと併せて、治療から予防、リハビリテーションへと包括医療・包括保健の重要性の認識を背景に老人保健法が1982（昭和57）年に制定、翌年施行されました。また、1989（平成元）年には「高齢者保健福祉推進十か年戦略（ゴールドプラン）」、1994（平成６）年には「新・高齢者保健福祉推進十か年戦略（新ゴールドプラン）」、1990（平成２）年には老人福祉法等の一部を改正する法律（福祉関係八法の改正）によって、市町村を中心として、在宅福祉サービスの整備に軸足を移しつつ具体的な数値目標を定めて整備が行われていきました。

1984（昭和59）年には認知症介護研修の前身ともいえる「痴呆性老人処遇技術研修」が開始されました。そして、1988（昭和63）年に「老人性痴呆疾患治療病棟」、翌年に「老人性痴呆疾患センター」、1991（平成３）年に「老人性痴呆疾患療養病棟」「老人保健施設痴呆専門棟」も創設され、認知症に対する医療・福祉サービスの充実が図られました。

しかし、1980年代では認知症の人に有効だとして徘徊に対応するための回廊式の特別養護老人ホームが一般的でした。認知症の行動・心理症状（BPSD）への対応に困難を感じ、依然として行動の封じ込めや管理的対応をしていたといえます。

一方で、徘徊、不潔行為等のさまざまな症状にも、なんらかの背景や意味があることがわかり、集団的で管理的な対応から個別の対応を模索していくようになります。北欧諸国のグループホームの実践が着目され、グループホームや宅老所といった先駆的な取り組みが行われはじめます。小規模化したケアの有効性が主張され、大規模施設にもユニットケアの導入が始まっていきます。

海外では1999年に国際老年精神医学会において、BPSDの定義が示されました。また、パーソン・センタード・ケアの考え方が提唱され、日本にも紹介されるようになりました（p.47参照）。

3 介護保険制度の制定：地域包括ケアシステムの構築

2000（平成12）年4月から実施されている介護保険制度によって、それまでの措置制度から、高齢者本人の選択と決定に基づいた、契約による利用制度へ変更されました。また、それに伴い認知症高齢者等の権利擁護の必要性から成年後見制度が開始されました。さらに、身体拘束が介護保険施設等で禁止され、認知症対応型共同生活介護（グループホーム）が介護保険の給付に含まれるようになりました。「今後5か年間の高齢者保健福祉施策の方向（ゴールドプラン21）」では痴呆性高齢者支援対策の推進が取り上げられ、痴呆介護の質的向上や早期相談・診断体制の充実等が掲げられました。

2003（平成15）年には「2015年の高齢者介護」（高齢者介護研究会）において、地域包括ケアシステムの理念が明確に示されました。また、従来の身体介護中心から、認知症ケアを介護の標準モデルとすることへの転換が示されました。これを受けた、2006（平成18）年の介護保険法改正によって、介護予防が強化され、地域包括支援センターや地域密着型サービスが創設されました。また、2010（平成22）年には「地域包括ケア研究会報告書」（三菱UFJリサーチ&コンサルティング）が示され、団塊の世代が75歳以上になる2025（令和7）年を目途に、各地域で地域包括ケアシステムを構築していくための取り組みが加速していきました。

そして、2004（平成16）年12月に「痴呆（ちほう）」という行政用語が「認知症」に変更されました。その用語変更の周知とともに、認知症に関する普及、啓発を目的に、2005（平成17）年以降、「認知症を知り地域をつくる10カ年構想」のなかで、「認知症サポーター100万人キャラバン」「『認知症でもだいじょうぶ町づくり』キャンペーン」「認知症の人『本人ネットワーク支援』」などが展開されていきました。

さらに、認知症の人の言葉も社会に発信されていくようになりました。2004（平成16）年に、京都で国際アルツハイマー病協会第20回国際会議が開催され、認知症の人が認知症に対する自身の思いを語りました。2006（平成18）年には、京都において認知症の人たちが集まり、「本人会議」が開催され、その声が「本人会議アピール」として掲げられました。諸外国の動きに目を向けると、スコットランドにおいて、認知症の人によるスコットランド認知症ワーキンググループが2002年に発足しました。日本でも、2014(平成26)年に日本認知症ワーキンググループ(現・日本認知症本人ワーキンググループ（JDWG））が発足しました。

4 「今後の認知症施策の方向性について」～「認知症施策推進大綱」

2012（平成24）年に取りまとめられた「今後の認知症施策の方向性について」（厚生労働省認知症施策検討プロジェクトチーム）は、それまでの過去10年間の認知症施策を再検証したうえで、今後目指すべき基本目標とその実現のための認知症施策の方向性について検討したものです。そこでは、これまでの「自宅→グループホーム→施設あるいは一般病院・精神科病院」というような不適切なケアの流れを変えることを目標に、各市町村で「認知症ケアパス」の作成が推進されることとなりました。また、これらに関連して、認知症地域支援推進員、認知症初期集中支援チーム、認知症サポート医、認知症疾患医療センター等の整備も進めることとなりました。

2014（平成26）年には「認知症サミット日本後継イベント」が開催され、認知症施策を厚生労働省だけでなく省庁横断的な総合戦略とすること、認知症の人やその家族の視点に立った施策を推進するための見直しを行うこととなりました。こうした経緯を経て、2015（平成27）年に「認知症施策推進総合戦略（新オレンジプラン）」が策定されました。さらに、その後継施策である「認知症施策推進大綱」が2019（令和元）年に取りまとめられました。

考えてみよう！（鈴木さんの事例から）

事例4で、鈴木さんは早発性アルツハイマー病の告知を受けてから、地域包括支援センターや認知症地域支援推進員の支援を受けて、認知症カフェの参加につながっています。これらがつくられた経緯や目的について調べてみましょう。

2 認知症ケアの理念とその役割

1 認知症ケアの理念

認知症ケアの理念とは、日々の認知症ケアの目指すべきところ、向かうべき方向性を示すものになります。したがって、理念が明確でなければ向かうべきケアの方向性や、今行っているケアが適切かどうかの確認ができなくなってしまいます。

認知症ケアは非常に創造的な営みで、さまざまなアプローチを生み出していくことができます。しかしそれと同時に、生み出されたケアが認知症ケアの理念からみて適切かどうかについて検討していく必要があります。例えば、「グループホームに入居していて、入浴を拒否している認知症の人に、息子さんが面会に来ていますよと嘘（うそ）を言って浴室まで連れていき、入浴してもらった。その結果、本人は気持ちよかったと言ってくれた」という場面があったとします。介護職員のなかには「うまくいったケア」と考える人もいるかもしれません。しかし、それは適切なケアといえるのでしょうか。

介護保険法第1条では、要介護状態にある人が尊厳を保持し、その有する能力に応じ、自立した生活を営むことができるよう、必要なサービスを提供することを目的としています。では、この例のようなケアは、その人の尊厳が保持され、その有する能力に応じた自立した生活を営むことができるように創造・選択されたケアであったでしょうか。このケアは入浴をしてもらいたいが、してくれないという職員の困りごとを解決しようとしているアプローチであるといえます。また、本人の認知機能障害があることを利用して、職員の望む行動をとってもらえるよう嘘（うそ）をついてはたらきかけています。こうしたケアはいわゆる場当たり的なケアであり、ケア方法の創造・選択に認知症ケアの理念からみた望ましさの判断がありません。このようなケアが日々漫然と展開されていた場合、認知症の人の尊厳を傷つけるケアが蔓延（まんえん）していくことも考えられます。

2 理念のより高い理想の追求

認知症ケアの歴史を紐解（ひもと）けば、身体拘束をはじめとした現在では望ましくないとされるケアが展開されてきました。これは、今よかれと思っているケア、望ましいとされているケアも、今後見直されていく可能性があるということです。つまり、理念は普遍的なものではなく、より高い理想を追求するなかで再構築され続ける必要があるものといえます。

より高い理想を追求するうえで、最も根本となるのは認知症の有無にかかわらず、人としてどう生きることが望ましいのかという、倫理的な問いです。

そして、その人としての望ましい生き方を考え、尊重するために、専門職としてより望ましいありようは何かを考え、認知症の人に対する制度やかかわりを見直していく視点が大切になります。認知症になることで、また、人によっては施設に入所せざるを得ないなかで、その人が本来守られるべきもの、当たり前に送ることができた生活のありようが妨げられている可能性があります。日々の実践のなかにあるこうした倫理的な気づきと改善の積み重ねが、高い理想を追求することになるといえます。

考えてみよう！（鈴木さんの事例から）

事例8で、行方不明になった高齢者が、市の「SOS見守りネットワーク」に登録していることで、無事に保護されます。このような見守る体制づくりは、一方で認知症の人が「見守らなければならない対象」として地域で暮らすことになってしまう可能性もあります。では、どのような理念をもとに、地域で認知症の人を見守り、その体制づくりを行っていけばよいか考えてみましょう。

3 パーソン・センタード・ケアの基本的な理解

1 パーソン・センタード・ケアとは

パーソン・センタード・ケアとはイギリスのブラッドフォード大学の老年心理学教授のキットウッド（Kitwood, T.）によって提唱された認知症ケアの考え方です。パーソン・センタード・ケアでは、「①認知症をもつ人たちとケアにたずさわる人たちの価値を認めること、②個人の独自性を尊重し、関わること、③認知症をもつ人たちの視点から世界を見ること、④心理的ニーズを満たし、相互に支えあう社会的環境を提供すること」[1)]が重要とされます。そして、一人の人として、周囲の人とかかわりをもち、周囲から受け入れられ、尊重され、本人もそれを実感していること（パーソンフッド）の維持がその目標になります。また、認知症の人に対してだけでなく、家族や介護職員も同じようにパーソン・センタード・ケアを実践していくことが目指されます。

パーソンフッドの維持のためのはたらきかけを、ポジティブ・パーソンワークといいます。ポジティブ・パーソンワークは、①尊重すること、②話し合う（相互理解する）こと、③共に行うこと、④楽しむこと、⑤感覚を刺激すること、⑥喜び合うこと、⑦リラックスすること、⑧共感をもって理解すること、⑨包み込むこと、⑩能力を引き出し、何かができるようにするためのサポートを行うこと、⑪創造的な活動を促すこと、⑫（認知症の人が）人のために何かをしてあげることができるようにすること、⑬指示受け人間にならず想像力と創造力をはたらかせることとされています[2)]。逆に、パーソンフッドを損ねるものを悪性の社会心理（表3-1）としてまとめています[3)、4)]。

表3-1 悪性の社会心理

●だましたり、ごまかしたりする	●急がせる	●放っておく
●できることをさせない	●主観的現実を認めない	●非難する
●子ども扱いする	●仲間はずれにする	●中断させる
●怖がらせる	●もの扱いする	●からかう
●レッテルを貼る	●無視する	●侮辱する
●汚名を着せる	●無理強いする	

出典：T. キットウッド、高橋誠一訳『認知症のパーソンセンタードケア——新しいケアの文化へ』クリエイツかもがわ、pp.85-87、2017年を一部改変

2 パーソン・センタード・モデル

パーソン・センタード・ケアでは認知症の人の行動や症状は、①脳神経障害、②身体の健康状態・感覚機能、③生活歴、④性格傾向、⑤社会心理からなるものであるとしています[5)]。

① 脳神経障害：認知症からくる認知機能障害の状態などを指します。
② 身体の健康状態・感覚機能：視力や聴力といった感覚機能の状態や痛み・かゆみ・便秘・脱水などの状態を指します。
③ 生活歴：輝いていた頃の生活などの経験を指します。
④ 性格傾向：本人の気質や能力、物事に対する反応、対処の仕方を指します。
⑤ 社会心理：介護職員との関係も含む人間関係や生活の場における物理的環境の状態を指します。

この五つの要素から認知症の人の状態をとらえていくことをパーソン・センタード・モデルといいます。このモデルにおいてとらえられる認知症の人の状態は、まず「人」がありその人が「脳神経障害」の影響を受けているというように考えることができます。記憶障害や見当識障害といった認知症の中核症状は後天的な障害ということができます。つまり、私たちが出会う認知症の人は、まず認知症になる以前の人生や生活があり、その途中に発症した認知症によって認知機能障害などの障害をもちながら暮らさざるを得なくなっている人であるといえます。

3 認知症の人の心理的ニーズ

認知症の人のパーソンフッドを維持するために、キットウッドは認知症の人の心理的ニーズの検討を行いました。そして、認知症の人がもつ心理的ニーズとして、「なぐさめ（くつろぎ）」「結びつき（愛着）」「共にいること（社会的一体性）」「携わること（主体的活動）」「自分であること（同一性）」の五つのニーズをあげました。これらのニーズは密接に関連し、ある種協力し合うように機能しているとしています。そして、一つのニーズを満たすことは、その他のニーズを満たすことになると説明しています。そのうえで、それらすべてのニーズを含むのが愛のニーズであるとしました。愛のニーズは「無償であること、寛容に無条件に受け入れること、心から与えること」[6)]と説明しています。これらの心理的ニーズが認知症の人の言動の背景にあると考えられます。そうしたニーズを発生させている原因は何か、どうすれば充足できるかを検討していく必要があります。

考えてみよう!（鈴木さんの事例から）

事例 13 で、鈴木さんはマンションの売却やお金のことで、勝手に売られた、お金を全部盗られたなどと訴え、妻や息子を困らせています。このときの鈴木さんの「脳神経障害、身体の健康状態・感覚機能、生活歴、性格傾向、社会心理」はどのような状態であり、どのような心理的ニーズが充たされない状態だったのでしょうか。

4 「認知症施策推進大綱」の理解と認知症介護実践者研修の位置づけ・意義

1 「認知症施策推進大綱」の理解

「認知症施策推進大綱」（以下、大綱）は、2019（令和元）年6月に認知症施策推進関係閣僚会議においてとりまとめられました。大綱の基本的な考え方は、「認知症の発症を遅らせ、認知症になっても希望を持って日常生活を過ごせる社会を目指し、認知症の人や家族の視点を重視しながら、『共生』と『予防』を車の両輪として施策を推進していく」とされています。そして、大綱の具体策は5本柱にまとめられ、それに関する数値目標を定めました。

① 普及啓発・本人発信支援
② 予防
③ 医療・ケア・介護サービス・介護者への支援
④ 認知症バリアフリーの推進・若年性認知症の人への支援・社会参加
⑤ 研究開発・産業促進・国際展開

普及啓発・本人発信支援

▶普及啓発

大綱では、「共生」について「認知症の人が、尊厳と希望を持って認知症とともに生きる、また、認知症があってもなくても同じ社会でともに生きる」ことと説明されています。これを受けて、普及啓発においては、具体的な施策として、認知症サポーターの養成や、「認知症とともに生きる希望宣言」「本人にとってのよりよい暮らしガイド（本人ガイド）」「本人ミーティング」等の普及があげられています。認知症サポーターの養成については、新オレンジプランから継続的に養成が続けられています。

大綱が目指す「共生」のためには、医療・介護関係者のみならず、認知症の人と生活のなかでかかわる人が認知症を正しく理解していくことが必要になります。そして、商店、金融機関、公共交通機関等の利用など日常生活上のさまざまな場面で、さりげない認知症への配慮と支援が行われる社会づくりが必要になります。地域で孤立し、声を上げられない状態にある人に対しては、それに気づいた人が適切な相談支援機関につなげていく支援も重要です。大綱ではそうした周知についても取り上げられています。

▶本人発信支援

本人発信支援について大綱では、「認知症の人が生き生きと活動している姿は、認知症に関する社会の見方を変えるきっかけともなり、また、多くの認知症の人に希望を与えるものでもあると考えられる」としています。認知症に対する偏見やネガティブなイメージは認知症の人自身のなかにもあり、それが生きづらさを生み出しています。そして私たちも認知症の正しい知識を、認知症の人から学ばなければなりません。認知症の人にとって暮らしやすい社会づくりをともに行っていく必要があり、そのためには認知症の人の声はなくてはならないものであるといえます。

予防

大綱では新たに「予防」を施策の柱の一つに据えることになりました。そして、「70歳代での発症を10年間で1歳遅らせることを目指す」という具体的目標を明記しました。これを受けて、「予防」では、身近な通いの場として、社会参加活動・学習等の活動など認知症予防に資する可能性のある活動を推進していくことになりました。この背景として、運動不足の改善、糖尿病や高血圧症等の生活習慣病の予防、社会参加による社会的孤立の解消や役割の保持等が、認知症の発症を遅らせる可能性があると示唆されていることをあげています。

大綱では、こうした認知症の予防に関するエビデンスの収集・普及とともに、通いの場における活動の推進など、正しい知識と理解に基づいた予防を含めた、認知症への「備え」としての取り組みに重点をおくとしています。また、予防に関する民間の商品やサービスの評価、認証のしくみを検討するとしています。

一方で、この予防をめぐっては、検討段階から、認知症はなってはいけないもの、認知症になるのは予防してこなかったから、という新たな偏見が生じかねないと危惧する意見がありました。こうした経緯から大綱では、「認知症にならない」という意味ではなく、「認知症になるのを遅らせる」「認知症になっても進行を緩やかにする」という説明が付されました。

「共生」と「予防」の両輪で進めていくために

大綱では、「共生」と「予防」を進めるために、認知症バリアフリーや社会的支援が柱として掲げられました。「認知症バリアフリー」とは、認知症による障壁を減らすために、移動や消費、金融、小売などさまざまな生活環境を改善することで、認知症の人が暮らしやすい社会を形成する考え方です。具体的な施策としては、2006（平成18）年制定の高齢者、障害者等の移動等の円滑化の促進に関する法律（バリアフリー新法）など既存の法律に基づく取り組みと関連した、バリアフリーのまちづくりの推進、移動手段の確保の推進、交通安全の確保の推進の取り組みが盛り込まれました。また、ステップアップ講座を受講した認知症サポーターが認知症の人やその家族への支援を行うしくみ（「チームオレンジ」の構築）が新たに盛り込まれています。

その他、認知症に関する取り組みを実施している企業等の認証制度や表彰、商品・サービス開発の推進、金融商品開発の推進といった医療や福祉領域以外の分野での取り組み、成年後見制度の利用促進、消費者被害防止施策の推進、虐待防止施策の推進といった権利擁護に関する施策などが盛り込まれています。

認知症の人の社会参加支援に関する施策としては、社会参加活動、介護サービス事業所利用者の社会参加や社会貢献の促進が掲げられました。

こうした取り組みを踏まえ、介護職員として、地域を基盤とした認知症の人の支援に向けて、地域の人々、機関、組織と協働・連携しながら「共生」と「予防」を進めていくことが求められているといえます。

2 「認知症施策推進大綱」における認知症介護実践者研修の位置づけ

認知症介護実践者研修の推進については、大綱の三つ目の柱、「3．医療・ケア・介護サービス・介護者への支援」にある「（3）介護サービス基盤整備・介護人材確保・介護従事者の認知症対応力向上の促進」に位置づけられています。大綱では、認知症についての理解のもと本人主体の介護を行い、できる限り症状の進行を遅らせ、BPSD を予防することができるよう本研修を推進しています。

認知症介護実践リーダー研修および認知症介護指導者養成研修の修了者が介護サービスを提供することは、認知症専門ケア加算Ⅰおよび認知症専門ケア加算Ⅱの算定要件になっています。認知症専門ケア加算とは、認知症ケアについて一定の経験をもち、国や自治体が実施したり指定したりする認知症ケアに関する専門研修を修了した職員が介護サービスを提供することを評価する加算です。2021（令和３）年の介護報酬改定では、地域包括ケアシステムの改定事項のうち、「認知症への対応力向上に向けた取り組みの推進」のなかで、介護サービス全般の認知症への対応力を向上させるため、居住系サービス（地域密着型を含む介護老人福祉施設、介護予防を含む認知症対応型共同生活介護（グループホーム）、地域密着型を含む特定施設入居者生活介護、介護老人保健施設、介護予防を含む短期入所生活介護、介護予防を含む短期入所療養介護、介護医療院）に加え、訪問系サービス（訪問介護、訪問入浴介護、夜間対応型訪問介護、定期巡回・随時対応型訪問介護看護）でも算定できるようになりました。

また、介護サービス事業者の認知症への対応力の向上と利用者の介護サービスの選択に資する観点から、すべての介護サービス事業者（居宅療養管理指導を除く）を対象に、研修の受講状況など認知症にかかる事業者の取り組み状況を、介護サービス情報公表制度において公表することを定めています。介護職員などは、大綱に位置づけられているということを意識したうえで、認知症ケアを行っていく必要があります。

考えてみよう！（鈴木さんの事例から）

事例２・事例３において、鈴木さんは診断後に会社を退職し、その後２年間どのような支援にもつながらない「空白の期間」を過ごしています。こうした認知症の人に対して、「認知症施策推進大綱」ではどのような施策が展開されているでしょうか。

第 2 節

認知症に関する基本的知識

1 認知症の人の声

認知症の人がその想いを声にして表現することが、認知症カフェなど語りやすい場所や話しやすい相手がいる場面では見られています。筆者の勤める病院の認知症カフェや外来などでの本人の声を少し紹介します。前章で説明した認知症観の改善の説明やピアサポートへ参加した後、以下のように自分の想いを語れるようになっています。

---

80 代女性：「『呆(ぼ)けよる呆(ぼ)けよる』と娘に言われるのがつらい。家族が変わったように思うんや。もの忘れしたらいかんいかんと思っているけど、どうしたらいいかわからん」

70 代男性：「あっち向いてこっち向いたらもう忘れとる。自分にイライラする」

70 代女性：「言いたいことはあるけど、うまく言えないな」

70 代男性：「気持ちが上がったり下がったりして、下がったときには悪魔が降ってくる」
「話をしよって言葉が出て来んことが多いから、気づいとる人もおると思うけど、悪いように言われたらいけないから知られたくない」

90 代女性：「昔よりできんようになったことがある。してくれるから余計にできんくなるんかなぁ。でも、私はみなしてくれたほうがうれしい」

80 代女性：「認知症については、忘れっぽくなった。でも、つらい言うても仕方がないと思っている。昔のことは思い出せるけど新しいことは思い出せない。はがゆい、くやしいと思っていたときもあった」

70 代女性：「まだ、ちっと物がわかっとるけど全然わからんようになったら、人に迷惑かけるとか、恥ずかしいことしよるとか思ったら怖い」
「認知症になってできなくなったり、進行したと感じることもある。でも、できることはあって変わらんなと思うこともある」
「実際認知症でも、何もわからなくなることはないと思うようになった」

80 代女性：「自分で自分のことはわからないから、子どもに言われて病院にきた。最初は、病院にいくことに反発する気持ちがあった。画像診断されて血流が悪いとは言われた。認知症カフェに来て話すこともできるし、電子辞書も使える。でも、老いては子に従えいうでしょ。認知症言われてもそうは思わないけど、今が一番幸せなとき」

70代女性：「いろいろな病気があるなかで、その一つを引いたのだと思うようにしている」

70代男性：「2～3年前から言葉が出にくいことがあって、認知症かもしれないという感覚は正直あった。けど、そう思いたくなくて『認知症なわけがない』『何ともない、大丈夫だ』と自分のなかで押し殺して考えないようにしていた」

80代男性：「お寺の会のときに総代として会の最初の挨拶で、『認知症が入って、もの忘れが増えて迷惑かけます』ということを言ったら、会の仲間の人たちが『お前だけと違うぞ』『みんなそうなっていくもんや』と言って認めてくれて、気が楽になった」

70代女性：「同じ認知症の人がいて、話し合うことで認知症が怖くなくなった」

70代女性：「認知症やけど、認知症には負けへんで。ここに書いてあるとおりやな。（認知症の人と専門職との共著の書籍を指して）」

「根気強く行う作業はできなくなったけど、喋ったりするのは好き。できることだけする」

70代男性：「認知症とはこういうことかとわかってきたら、今からでも自分にできることをやっていこうと思った」

「自分らしい人生をつくっていく。認知症でもできることはできる」

以上のように、つらい内容のものから前向きなものまで、さまざまな認知症の人の想いがあります。認知症観の改善の説明やピアサポートによって、「自分だけではない」「自分のすべてがだめになったのではない」などとも感じられるようになり、不安、恐れ、孤独・孤立感、自己価値の喪失感や自己否定感などのネガティブな感情や感覚が和らいでいる様子もうかがえます。このように認知症の人が、場所や相手によっては、自分の想い、本音を語れるようになることがあります。その声をしっかり聴けるようになっていきましょう。

一方、やはりまだ多くの認知症の人には、なかなか声にできない想い、こころの声もあります。そして、その隠れた想いが、表情・態度や行動などを通じて、表現されることがよくあります。その言葉で表せない想い、非言語的メッセージをいかに汲（く）み取っていくか、ということが認知症ケアにおいてとても重要となります。

認知症の行動・心理症状（BPSD）はその非言語的メッセージの一つといえるでしょう。BPSDについては、認知症の人が何らかの欲求をもっていて、それを伝えようとする「ニーズと結びついたコミュニケーションの試み」ととらえるべき、とも考えられています。すなわち、BPSDの背景にはその人の満たされていない欲求が存在するということです。ですから、各々の認知症の人のBPSDの背景にあるものや声にならないこころの声を理解できるようになること、そして、その人の満たされていない欲求にかかわっていくことが、認知症ケアにおいて求められます。

2 認知症の定義・原因疾患と診断基準

1 認知症の定義

認知症とは一つの疾患ではなく、さまざまな原因疾患から生じる状態像です。その定義は一般に、一度獲得された知的機能が、後天的な脳の機能障害によって持続的に低下し、社会生活や日常生活に支障をきたすようになった状態で、それが意識障害のないときにみられるとされています。

介護保険法では、2021（令和３）年４月の法改正により認知症の定義も変わり、改正前の「脳血管疾患、アルツハイマー病その他の要因に基づく脳の器質的な変化により日常生活に支障が生じる程度にまで記憶機能およびその他の認知機能が低下した状態をいう」から「アルツハイマー病その他の神経変性疾患、脳血管疾患その他の疾患により日常生活に支障が生じる程度にまで認知機能が低下した状態として政令で定める状態をいう」となっています。後者では記憶機能という言葉が削除されていますが、この定義変更は後述する診断基準の変化の影響も受けていると考えられます。

2 認知症の原因疾患

主な疾患と病態

認知症の原因疾患には数多くのものがあり、認知症や認知症様症状を呈する主な疾患と病態は表3-2のとおりです。2019（令和元）年の報告によると、認知症のなかで最も多いのはアルツハイマー型認知症で、全体の約３分の２の67.6％を占めています。次いで、血管性認知症19.5％、レビー小体型認知症4.3％の順となっており、この三つの病型で全体の９割以上を占めています（図3-1）。

表3-2　認知症や認知症様症状を呈する主な疾患・病態

1．中枢神経変性疾患

アルツハイマー型認知症
レビー小体型認知症／パーキンソン病
前頭側頭型認知症
進行性核上性麻痺
大脳皮質基底核変性症
ハンチントン病
嗜銀顆粒性認知症
神経原繊維変化型老年期認知症、その他

2．血管性認知症

多発梗塞性認知症
戦略的な部位の単一病変による血管性認知症
小血管病変性認知症
低灌流性血管性認知症
脳出血性血管性認知症
慢性硬膜下血腫、その他

3．脳腫瘍

原発性脳腫瘍
転移性脳腫瘍
癌性髄膜症

4．正常圧水頭症

5．頭部外傷

6．無酸素性あるいは低酸素性脳症

7．神経感染症

急性ウイルス性脳変（単純ヘルペス脳炎、日本脳炎など）
HIV 感染症（AIDS）
クロイツフェルト・ヤコブ病
亜急性硬化性全脳炎・亜急性風疹性全脳炎
進行麻痺（神経梅毒）
急性化膿性髄膜炎
亜急性・慢性髄膜炎（結核、真菌性）
脳膿瘍
脳寄生虫、その他

8．臓器不全及び関連疾患

腎不全、透析脳症
肝不全、門脈肝静脈シャント
慢性心不全
慢性呼吸不全、その他

9．内分泌機能異常および関連疾患

甲状腺機能低下症
下垂体機能低下症
副腎皮質機能低下症
副甲状腺機能亢進または低下症
クッシング症候群
反復性低血糖、その他

10．欠乏性疾患、中毒性疾患、代謝性疾患

アルコール依存症
マルキアファーヴァ－ビニャミ病
一酸化炭素中毒
ビタミンB_1欠乏症（ウエルニッケ-コルサコフ症候群）
ビタミンB_{12}欠乏症、ビタミンD欠乏症、葉酸欠乏症、ナイアシン欠乏症（ペラグラ）
薬物中毒：A）抗癌薬（5-FU、メトトレキセート、シタラビンなど）、B）向精神薬（ベンゾジアゼピン系抗うつ薬、抗精神病薬など）、C）抗菌薬、D）抗痙攣薬
金属中毒（水銀、マンガン、鉛など）
ウィルソン病
遅発性尿素サイクル酵素欠損症、その他

11．脱髄疾患などの自己免疫疾患

多発性硬化症
急性散在性脳脊髄炎
ベーチェット病
シェーグレン症候群、その他

12．蓄積病

遅発性スヒィンゴリピド症
副腎白質ジストロフィー
脳腱黄色腫症
神経細胞内セロイドリポフスチン〔沈着〕症
糖尿病、その他

13．その他

ミトコンドリア脳筋症
進行性筋ジストロフィー
ファール病、その他

出典：日本神経学会監、「認知症疾患診療ガイドライン」作成委員会編『認知症疾患診療ガイドライン 2017』医学書院、p.7、2017 年を一部改変

図3-1　認知症の基礎疾患の内訳

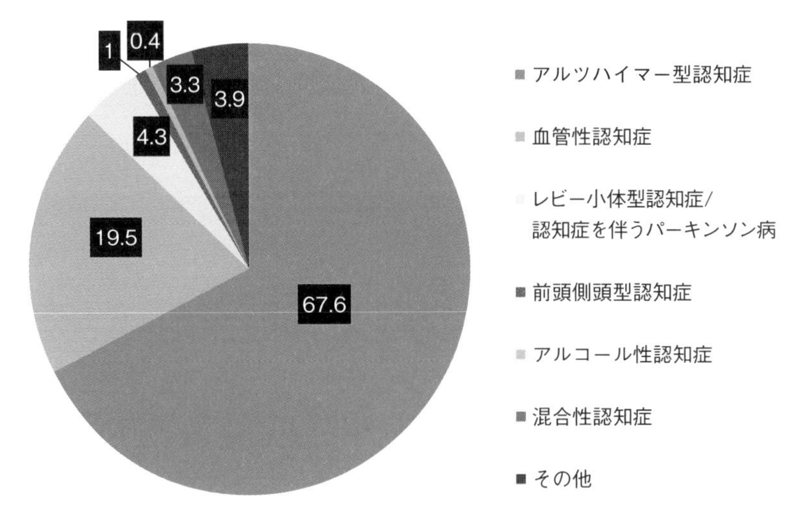

出典：厚生労働省「認知症施策の総合的な推進について（参考資料）」2019年

認知症の特徴

代表的な認知症である、アルツハイマー型認知症、血管性認知症、レビー小体型認知症、前頭側頭型認知症について、それらの特徴などを**表3-3**に示しています。

表3-3　四大認知症の特徴の比較

	アルツハイマー型認知症	血管性認知症	レビー小体型認知症	前頭側頭型認知症
初期に多い症状・状態	もの忘れ、構成能力低下、家事能力低下、易怒性	もの忘れ、意欲低下	うつ症状、寝言や睡眠時異常言動、嗅覚障害、起立性低血圧	もの忘れは目立たない、性格変化、社会性喪失、常同行動
特徴的な、あるいは比較的多い精神症状	取り繕い反応、振り返り徴候、周囲からの言動への過敏性、視空間認知・構成能力の低下、もの盗られ妄想、嫉妬妄想	意欲・発動性低下、精神運動遅延、言語障害、抑うつ、感情失禁	ありありとした繰り返される幻視、注意・覚醒度の顕著な変動を伴う認知機能の動揺、視覚的認知の低下	脱抑制、立ち去り行動、自発性低下、常同行動・時刻表的行動、食行動異常、被影響性の亢進、病識・病感の欠如
特徴的な、あるいは比較的多い身体的所見	自覚症状は乏しい	排尿障害、手足の麻痺（まひ）・しびれ、構音・嚥下（えんげ）障害、腱（けん）反射亢進（はんしゃこうしん）、頭痛、めまい、高血圧・心疾患・糖尿病な	パーキンソン症状、自律神経障害、抗精神病薬への過敏性、転倒・失神	強制把握、吸引反射

		どの合併		
経過	緩徐進行性	階段状の悪化、動揺性、または緩徐進行性	症状変動を繰り返しながら緩徐に進行	緩徐進行性

3 認知症の診断基準

認知症の診断基準の代表的なものとして、国際疾病分類第10版（ICD-10）や米国精神医学会による精神疾患の診断・統計マニュアル第5版（DSM-5）（**表3-4**）などがあります。DSM-5など最近の診断基準では記憶障害が必須項目ではなくなっています。これは、記憶障害が目立たない認知症である、前頭側頭型認知症や初期のレビー小体型認知症などの診断にも対応できるようにしたことによります。

表3-4　DSM-5による認知症の診断基準

A．1つ以上の認知領域（複雑性注意，実行機能，学習および記憶，言語，知覚-運動，社会的認知）において，以前の行為水準から有意な認知の低下があるという証拠が以下に基づいている：
（1）本人，本人をよく知る情報提供者，または臨床家による，有意な認知機能の低下があったという概念，および
（2）標準化された神経心理学的検査によって，それがなければ他の定量化された臨床的評価によって記録された，実質的な認知行為の障害
B．毎日の活動において，認知欠損が自立を阻害する（すなわち，最低限，請求書を支払う，内服薬を管理するなどの，複雑な手段的日常生活動作に援助を必要とする）.
C．その認知欠損は，せん妄の状況でのみ起こるものではない.
D．その認知欠損は，他の精神疾患によってうまく説明されない（例：うつ病，統合失調症）.

出典：日本精神神経学会日本語版用語監修、髙橋三郎・大野裕監訳『DSM-5精神疾患の診断・統計マニュアル』医学書院、p.594、2014年

3 認知症に間違えられやすい状態、軽度認知障害（MCI）、若年性認知症

1 認知症に間違えられやすい状態

せん妄

せん妄とは、幻覚、妄想や不穏・興奮などの精神症状を伴う急性で一過性の意識

障害のことです。意識混濁が生じ、注意・集中力の低下、記憶・見当識の障害など認知機能も低下するため、認知症との鑑別が重要となります。ですが、せん妄の発生は老年期に多く、実際は認知症との合併も多いです。具体的な症状としては、幻覚、特に虫などの小動物や人の幻視が多く、錯覚もみられます。また、多弁・多動や精神運動興奮などの情動・気分の障害や睡眠障害もみられます。

一過性の意識障害ですが、経過中の症状の動揺もみられることが多く、例えばよく眠れた夜の翌日には認知機能障害や精神症状が軽減していることも多いです。

高齢者の場合は夜間に生じることが多く、その場合は夜間せん妄と呼ばれています。夜間に目つきが変わって異常な言動がみられ、日中とは全く別人のようになることもあります。また、精神症状が活発にみられる過活動性せん妄と、逆に乏しい低活動性せん妄があり、後者の場合は気づかれにくいことがあるので注意が必要です。せん妄の原因としては、身体状況の変化や薬剤によることが多いですが、環境変化などによる精神的ストレスも誘因となり得ます。高齢者の場合は、脱水など水・電解質の異常、感冒などによる発熱、便秘、疼痛（とうつう）、身体拘束などによっても、せん妄が生じやすいといえます。身体状況の十分な確認や観察、服薬内容の確認が必要です。せん妄とアルツハイマー型認知症の特徴を比較したのが**表3-5**です。レビー小体型認知症では、幻覚や認知機能の動揺性がみられ、せん妄様の症状を呈することがありますが、せん妄と異なり一過性ではなく断続的であっても繰り返されます。

表3-5　せん妄とアルツハイマー型認知症との比較

	せん妄	アルツハイマー型認知症
発症	急激	緩徐
経過	一過性	持続的
初発症状	錯覚、幻覚・妄想、不穏・興奮	記憶障害
覚醒レベル	低下	正常
症状の動揺性	あり（夕方以降に悪化）	乏しい
原因・誘因	あり（身体疾患、薬剤、物理的環境の変化など）	なし（不明）

うつ病

うつ病とは、気分の落ち込みや意欲の低下などがみられ、それが持続する精神疾患です。老年期のうつ病は、意欲や活動性の低下が目立たず、逆に焦燥感、不穏、身体的愁訴などが多く、うつ病とわかりにくい場合があります。そして、記憶力低下など認知機能の低下も生じることが多く、アルツハイマー型認知症などの認知症と間違われてしまうことがあるため、「仮性認知症」とも呼ばれています。また、老年期のうつ病は自殺の可能性も高いので注意が必要です。

レビー小体型認知症では初期症状としてうつ状態がしばしばみられ、その場合はうつ病との鑑別が非常に難しくなります。また、アルツハイマー型認知症や血管性認知症でも、抑うつ気分や活動性低下などのうつ状態を合併することが少なくありません。表3-6にうつ病とアルツハイマー型認知症の特徴を示します。

表3-6 うつ病とアルツハイマー型認知症との比較

	うつ病	アルツハイマー型認知症
発症	週（または月）単位で亜急性	緩徐
経過	一過性	持続的
もの忘れの訴え	強く訴える	自覚が乏しいようにみえる
認知障害とADL障害の比較	ADL障害のほうが目立つ	両方の程度がほぼ一致
質問への答え方	「わからない」と返答	取り繕い、作話など
妄想のタイプ	心気妄想、罪業妄想、貧困妄想	もの盗られ妄想などの被害妄想
日内変動	あり	なし

2 軽度認知障害（MCI）

以前には加齢に伴う認知機能の低下(生理的健忘)に含まれていたもののなかで、認知症予備軍とされているものを軽度認知障害（mild cognitive impairment：MCI）と呼んでいます。これは、健常な健忘と認知症の中間にあり、以下のような定義があります。

① 年齢や教育レベルの影響のみでは説明できない記憶障害が存在する。
② 本人または家族によるもの忘れの訴えがある。
③ 全般的な認知機能は正常範囲である。
④ ADL（日常生活動作）は自立している。

⑤ 認知症ではない。

もの忘れが主な症状で、日常生活への影響はほとんどないため、認知症とはいえないものです。また、認知症は通常治せませんが、MCI は適切な治療を受けることで回復が可能な場合があります。一方、年間に 1 割程度の MCI の人が認知症へ移行するという報告があるため、なるべく早期に MCI に気づき、対応を行うことで症状の進行を予防することが大切です。

3 若年性認知症

事例の鈴木さんもそうでしたが、若年性認知症とは 65 歳未満で発症する認知症のことです。高齢期とは異なり男性が多く、原因疾患はこれまでの報告では血管性認知症が最多でした。しかし、最近の国の調査（2020（令和 2 ）年 3 月）ではアルツハイマー型認知症が 52.6% と最も多く、次いで血管性認知症、前頭側頭型認知症、外傷による認知症の順となっています[7]。全国の若年性認知症の人の数は、約 3 万5700 人で、有病率は 18～64 歳人口 10 万人あたり 50.9 人と推計されています[8]。

働き盛りの世代で若年性認知症を発症した場合、仕事や家庭への影響が大きいといえます。仕事をやめれば経済面で非常に困ることになり、子どもの教育にも影響が生じます。また、子どもの心理面への影響も考えられます。家族の負担がより大きくなり、本人と家族への支援のさらなる充実が求められる状況です。

若年性認知症の人への支援としては、医療では自立支援医療制度による通院医療費の自己負担軽減があり、高額療養費制度、所得税の医療費控除による支援を利用できる場合があります。そして、精神障害者保健福祉手帳を取得でき、これによって税金の障害者控除や減免などの支援が受けられます。企業の障害者雇用により就労し続けることが可能となったり、初診より 1 年半経てば障害年金の申請・受給もできるようになります。介護に関しては、40 歳以上であれば介護保険制度の利用が可能で、高額介護サービス費や高額医療合算介護サービス費の支給も受けられる場合があります。仕事を休職した場合には、傷病手当金が最長 1 年半支給されます（2022（令和 4 ）年 1 月からは通算して 1 年半となっています）。

4 中核症状と有する能力の理解

1 認知症の中核症状

中核症状は、脳の障害による認知機能障害の症状そのものをいいます。ここでは、原因疾患の大半を占めるアルツハイマー型認知症の症状を中心に説明します。

記憶障害

記憶は、言葉などで表現できる陳述記憶とそうでない非陳述記憶に分けられます。陳述記憶にはエピソード記憶や意味記憶があります。エピソード記憶は出来事の記憶であり、意味記憶は一般的な知識の記憶のことです。非陳述記憶には手続き記憶やプライミングなどがあります。手続き記憶は、自転車をこぐ運転技能など身体で覚えた記憶です。プライミングは、以前の体験が後の体験に対する認知や判断に影響を与える現象としての記憶です。

認知症では、物の名前を忘れてしまうなどの意味記憶の障害や出来事全体を忘れてしまうなどのエピソード記憶の障害が目立ちます。一方で、手続き記憶のほうは保たれている傾向にあり、その人が長年培ってきた技能や習慣は、認知症になっても失われにくいといえます。また、記憶を保持している時間の長さで分けると、即時記憶、近時記憶、遠隔記憶に分けられます。このうち、認知症では近時記憶が障害されやすく、1分以内の記憶である即時記憶や古い記憶である遠隔記憶は比較的保たれやすいです。近時記憶が障害されると数分前のことも忘れ、同じことを何度も言ったり尋ねたりする言動がみられたりします。

見当識障害

見当識とは、「今は何年何月何日のいつなのか」「ここはどこなのか」「目の前の人は誰なのか」など、時間、場所、人物についての認識です。認知症では通常は時間、場所、人物の順に、徐々に見当識が障害されていきます。加齢に伴う良性健忘ではこの見当識は保たれています。

時間の見当識が障害されると、例えば大切な約束の日を間違えたり、日中と夜を勘違いしたりするようになります。また、中等度以上の認知症になれば季節がわからなくなり、季節はずれの服を着ようとしたりします。

場所の見当識障害が生じると、自宅にいるのか施設にいるのかがわからなくなったり、自宅にいるのに「家に帰る」と言うようになったりします。人物の見当識障害では、家族や知人などよく知っているはずの人との関係性がわからなくなります。

実行機能障害

実行機能とは、作業など物事の手順がわかり、段取りよく進めていくことができる能力のことです。複雑な課題でも、目標に向かい、計画的で効果的に行っていくための能力といえます。実行機能が障害されると、仕事をしている場合には業務にさまざまな支障をきたすため、それを防ぐための工夫や周囲の協力が必要になってきます。日常生活では、料理づくりの手順を間違えたり、手順がわからなくなったりします。例えば、野菜の皮をむかずに煮てしまうなどです。また、料理の味がおかしくなったり、簡単な料理しかつくれなくなったりもします。そして、自分一人では料理がつくれなくなっていくというように、家事や趣味活動などがこれまでのようにうまく行えなくなります。しかし、誰かがそばにいて手順を教えたり手伝ったりすることで、家事などを行うことが可能となります。

複雑性注意の障害

注意とは、多数の情報のなかから認知するべきものを選択し、そこに意識を集中させる機能のことです。そして、注意の持続、選択、転換、分配などを行う機能を複雑性注意といいますが、認知症ではこの機能の障害がみられます。この複雑性注意が障害されると、集中力の維持や不必要な情報を抑制し必要な情報に注意を向けること、複数のことに注意を分配することなどが難しくなります。

日常生活ではこの障害があると、例えば家でテレビを観ているときに、家族が話しかけたり、近所の人が玄関で呼んだりしても気づかなかったりします。また、車の安全な運転に支障をきたし交通事故などが生じやすくなるため、運転をすることが危険になります。仕事では業務に集中できず、気が散って中断し適切に行えなかったり、必要な時間の業務を続けられなかったりするようになります。

社会的認知の障害

社会的認知とは、人間社会においてその社会や周囲の人々の状況を上手につかみ取って把握・理解し、その社会に適応し周囲の人とうまくやっていく能力です。

記憶などのほかの認知機能障害が軽くても、この社会的認知の障害が重い場合は周囲との関係性がうまくいかないことが多くなり、周囲の人を困らせてしまうことにつながります。前頭側頭型認知症の場合、記憶障害がなくても社会的認知の障害が顕著なことが多く、無分別で社会的に不適切な行動、同情や共感の喪失などがみられ、周囲とのトラブルがよく生じてしまいます。

視空間認知の障害

アルツハイマー型認知症の場合、頭頂葉の障害として視空間認知の障害が生じ、見慣れた場所で道に迷ったり、家の中でトイレに行く方向がわからなくなったりします。また、立体的な感覚がわかりにくくなり、立体図を見ても平面図のように見えます。認知症の初期には、視空間認知の障害によって車の車庫入れが下手になったり、車をこすってしまったりすることが多くなります。また、認知症が進んで段差の感覚がわかりにくくなると、距離感がつかめず、段差のある所では怖くなって降りるのをためらうようになります。

失語、失行、失認

▶失語

失語とは、言語障害の一つで構音障害とは異なり、脳の言語中枢の障害により出現するものです。血管性認知症では脳梗塞や脳出血などが脳の言語領域に生じると、その際に失語が急に出現したり段階的に悪化したりします。前頭側頭型認知症の一つである意味性認知症では、失語症状が早期からみられ、徐々に悪化し顕著になっていきます。一方、アルツハイマー型認知症やレビー小体型認知症では、初期には失語は目立たず言葉の健忘や想起障害がみられます。また、アルツハイマー型認知症は進行すると、聴覚的理解、読解や書字機能が低下しながらも、復唱や音読は保たれる超皮質性感覚失語がみられるようになります。

▶失行

失行とは、運動機能は保たれ、何をしないといけないかがわかっているにもかかわらず、それができない障害です（表3-7）。失行によって調理器具や電子機器などが使えなくなり、家事や趣味活動に影響を与えます。アルツハイマー型認知症の初期の頃からみられる構成失行には視空間認知の障害も関与しているとされています。認知症が中等度以上になると、着衣失行がみられるようになってきます。

進行すると観念運動失行が生じますが、これは単純な動作が意識せずにできるときがあるのに意図的にはできなくなるというものです。また、連続的な動作ができない、日常で使用する道具が正しく使えないなどの観念失行もみられるようになり

表3-7 失行の種類

構成失行	図形の模写や時計の描画の検査などできちんと描くことが難しくなる。
着衣失行	前後や上下を逆に着たり、頭や腕を通すところを間違えたりするなど、着衣行為が正しくできなくなる。
観念運動失行	はさみや箸などの物の使用や手を振ってさよならをするなどの習慣的動作が、意識せずにできるときがあるのに意図的にはできなくなる。
観念失行	お茶を入れて飲む、歯みがき粉を使って歯をみがくなどの一連の動作が困難となったり、スプーンをくしのように使うなど、物品の使用が適切にできなくなる。

ます。

▶失認

失認とは、視覚、聴覚、触覚などの感覚対象に対して、対象そのものには気づいているのに何であるのかを正しく認識できない障害です。アルツハイマー型認知症では、軽症でも視空間失認が生じる場合があり、よく知っている道でも迷ったりするようになります。そして、認知症が進むと、自宅でもトイレの場所がわからずに失禁するようにもなります。さらに進行して重度になると、目の前にある物が認識できないという物体失認、家族を見ても家族とわからないなどの相貌失認がみられるようになります。相貌失認では、自分が鏡に映っているのに自分とわからないという鏡現象もみられたりします。血管性認知症では、右側の大脳半球に大きな病変があると、左側の半側空間無視、片麻痺(かたまひ)無認知などの失認症状がみられる場合があります。半側空間無視では、模写の場合に図形の半分だけを描くようになり、日常生活では認識できない側の壁や物に気づかずぶつかってしまうようになります。

2 認知症の人が有する能力

記憶の保持

認知症では一部の人を除いて、記憶や見当識の障害がある場合がほとんどです。しかし、中核症状のすべてがいきなり重度になるわけではなく、部分的にはある程度の機能が保持されている場合が多いです。エピソード記憶の障害があっても、エピソード記憶の一部は保存されていることがまれではなく、それを想起できるときもあり、全く覚えていないと思っていたがそうではなかったという体験を周囲の人もすることになります。また、人の顔などの印象のよし悪しの記憶は重度の人にも残っている部分があります。

このように認知症の人にもわかることやできることがたくさんあり、その部分を見きわめることが重要です。そして、わからないところ、できないところだけを支援するように努めます。必要以上に手を出して本人の能力の使用を妨げ、その人の能力や満足感などの低下につながらないように気をつける必要があります。

意思決定能力

認知症の人には意思決定能力もある程度残っていることが多く、本人の意向を本人が表現できる可能性もあると考えられます。しかし、話しやすい相手がいないなど、それが可能となる周囲の環境がないために、意向や想いを表出できないことも多くあり、これを改善していく必要があります。そして、本人がしたいことやしてもらいたくないことなどを、ゆっくり尋ねてみることが重要です。また、本人に「話さないといけない」と強いるような形ではなく、リラックスできる自然な状態で、本人が話しはじめるのを可能な限り「待つ」ことが大切です。

見えにくい「感じる力」

認知症の人が有する能力のうち、認知機能、ADL、運動能力など見えやすい能力は、人によってさまざまで差が大きいでしょう。一方、見えにくい能力である「感じる力」、いわゆる感性のほうは個人差が少ないといえます。これも認知症の人がもつ非常に重要な能力であり、人生をよりよいものにしていくために欠かせないものです。例えば、視覚や味覚を活かして楽しむ能力、もの忘れや失敗をして「恥ずかしい、情けない」と感じる能力、相手の表情を見て喜怒哀楽など感情を感じ取る能力、家族などに負い目や罪悪感があり「申し訳ない」と感じる能力、人を思いやる気持ちを感じる能力、愛情を授受したいと感じる能力などです。

また、「安心して過ごしたい、不安を軽くしたい」「仲間はずれにされたくない、これまでのフラットな関係でいたい」「役に立ちたい、必要とされたい」「自分を活かしたい」などと感じる能力、満足感・達成感・生きがいを感じる能力、自分や人生の存在価値を感じる能力といった、本人の心理的ニーズに関連する「感じる力」もあるでしょう。介護職員がこれらの能力をしっかり理解していくことが、認知症の人を支援していくうえで最も重要なことです。

5 認知症の行動・心理症状（BPSD）の理解

1 認知症の行動・心理症状（BPSD）の定義と種類

認知症の行動・心理症状（BPSD）とは、認知症の中核症状に随伴して生じることが多い、暴言・暴力や徘徊（はいかい）などの行動症状や妄想などの心理症状のことです。

心理症状としては、知覚認識、思考内容、気分などの障害がみられます。具体的には、幻覚、妄想（もの盗られ妄想、嫉妬妄想など）、誤認、被害念慮、不穏･興奮、不安・焦燥、抑うつ、心気症状、自殺念慮、情緒不安定、無為・無関心、睡眠・覚醒リズム障害（不眠、日中傾眠、昼夜逆転など）などがあります。

一方、行動症状としては、暴言、暴力、攻撃性、易怒性、大声、破壊行為、常同行動、作話、徘徊（はいかい）、多動、収集癖、まとわりつき、迷惑行為、危険行為、介護への抵抗、服薬拒否、拒食、帰宅要求、無断外出、異食や過食などの食行動異常、弄便や異所排尿などの不潔行為、失禁、性的異常行為などがあげられます。

2 認知症の行動・心理症状（BPSD）の発症・増悪要因

中核症状がない認知症の人はいませんが、このBPSDはすべての認知症の人にみられるわけではありません。また、出現しても軽減したり消退したりします。そのため介護職員は、BPSDの発症・増悪要因を知り、できるだけBPSDの発症・悪化の予防や改善が可能な状況をつくっていくことが大切です。

▶脳・身体的要因

脳の疾患、認知機能障害（中核症状）、身体的合併症、健康状態、薬剤などがあげられます。健康状態や薬剤については介入により変えられる可能性があります。

▶物理的（環境）要因

引っ越しや入院・入所、他の施設への移動などがあげられます。生活している居住環境が落ち着ける環境であるかが重要であり、騒音や風など不適切な環境刺激があれば、不快感やイライラが高まります。殺風景なところでも、落ち着けないためにBPSDが生じやすいです。例えば、長机といす程度しかなかったフロアに、ソファー、すだれ、調度品、観葉植物などを同時に配置すると、その直後から徘徊（はいかい）が半減した施設があります。

▶社会心理的要因

個々の人の性格傾向、生活歴があげられます。これらはその人が育ち、そして暮らしてきたなかで得てきたものですので、変えることはできません。一方、本人と周囲の人との関係性、介護内容もこの要因となります。本人のこころのなかに不安・焦燥、自尊心の傷つき、疎外感、猜疑心（さいぎしん）、抑うつなどのネガティブな感情が発生・増大しにくいように、関係性や介護内容を確認してよりよくしていきましょう。

3 認知症の行動・心理症状（BPSD）の心理的背景の理解

認知症の人は些細（ささい）なことで怒ったりするようになることが少なくありません。以前はあまり怒らなかった人が易怒的になることもしばしばみられます。前章でも述べましたが、その心理的背景を知ることはBPSDの背景を理解するためにとても重要です。認知症が生じてきて、もの忘れ、勘違いや失敗、できないことなどが増えてくると、周囲は気づかなくても本人は自分に対して「何かおかしい」と感じるようになります。戸惑いや不安感をもつようになってきます。また、自分自身へのもどかしさ、いら立ち、情けなさなども感じてしまうようになります。そして、自信が低下しはじめると、周囲からもおかしいと思われているのではないかという疑念をもちやすくなります。そして、特にいつも一緒にいる人に対しては自分のだめな部分ばかり見られているような猜疑心（さいぎしん）が出てきやすくなります。すると、些細（ささい）な失敗をした際に、周囲が助言のつもりで指摘したことに対しても、本人は敏感になりだめ出しをされたと勘違いするようになります。自己否定感によって、周囲からも否定されているように感じてしまうのです。

しかし、指摘や注意をされても、失敗などをなくすことができるわけではありません。失敗をなくすことが難しいことを本人は感じているはずで、とても苦しい状態でしょう。そして、指摘や注意が繰り返されると、人によっては「馬鹿にされている」とも感じるようになり、被害的思考や周囲へのいら立ちが生じるようになります。周囲と自分自身の両方に対してのいら立ちによって怒りの感情や興奮状態、攻撃性が発生しやすくなるのです。これらが暴言や暴力につながっていきます。暴言・暴力が出現する場合、そのすぐ前に家族など周囲の人が本人に何か言っていることがとても多いです。それは以上のような、本人にとってつらく苦しい心理的背景・状況があるからです。ですから、この苦しい状況を周囲がしっかり理解し、言動にも注意していく必要があります。こうした状況に対して、周囲からの指摘に易怒的、被害的になるのは「病識がない」ためという単純なとらえ方をするのは、心理的背景の理解ができていないといえます。このように認知面からだけでなく、心理的な側面からの理解も非常に重要です。

第3節

認知症ケアの倫理

1 認知症ケアの倫理の必要性

1 認知症ケアと倫理

「倫」は仲間や人の輪のことを指し、「理」はことわりや筋道のことを指します。倫理は、簡単にいうと「人として守るべき行いや道のこと」を意味し、善悪の判断において基準となるものであるといえます。

では、なぜ認知症ケアにおいて倫理が大事なのでしょうか。認知症になると、以前に比べて自分のことが自分でできなくなっていきます。そして、その困りごとを軽減するために誰かの支援が必要になります。しかし、そうした困りごとを正確に他者に伝えることもまた難しくなります。介護する側に視点を移すと、認知症の人の困りごとや、してほしいことがわからず、本人がどのようなケアを望んでいるのか、あるいは拒否しているのかの判断が難しくなります。もし、その判断が認知症の人にとって不適切なもので、それを本人が拒否しても、介護職員はそうした認知症の人の様子を問題行動として認識してしまうかもしれません。このように、認知症の人への支援においては、介護職員が「よかれ」と判断したことを一方的に提供してしまうことが起こり得るのです。このような介護職員と認知症の人との関係性のなかで、認知症ケアの倫理とは、あるべきケアを導くために、守るべきもの、善悪の判断の基準となるものであるといえます。

2 人間の尊厳と認知症

尊厳の保持

介護保険法第1条には、要介護状態にある人が「尊厳を保持し、その有する能力に応じ自立した日常生活を営むことができるよう」に介護保険制度を設けるとあります。つまり、認知症になっても、一人の人間として、尊厳が保たれなければならないとされています。認知症ゆえに、通常、他者に対して許されないであろう対応をしてしまうということがないようにしなければなりません。

しかし私たちは、記憶の保持や、合理的に思考し判断できること等をもって初めてさまざまな社会的な権利を行使できるという思考が根づいています。認知症ケアの倫理を考えるとき、そうした自明の考え方から脱却していく必要があります。

認知症の考え方の転換

箕岡は、「新しい認知症ケアの倫理」が目指すものとして「完全な権利主体者である人のための倫理」から「周囲との関係性ゆえに倫理的存在であること」へ、「意思能力がある人のための倫理」から「意思能力が不完全な人々を支援する倫理」へ、「道徳的・論理的思考ができる人のための倫理」から「豊かな感情ゆえに倫理的存在であること」へというこれまでの考え方の脱却の方向性を示しています[9)]。

アルツハイマー型認知症の最重度の状態になり、四肢の動作、発語はもちろん、ほとんど表情の変化もなくなった人でも、大好きだった甘い菓子を食べたとき、思い出の音楽を流したとき、家族の面会があったときなどに、笑顔を見せたり、涙を流したりといった反応があったという出来事は、介護職員であれば一度は経験しているのではないでしょうか。その人は十分な判断能力があるわけではありませんが、感情をもち、他者とのつながりをもった存在なのです。こうした考え方の転換を認知症ケアの倫理を考える基盤としていく必要があります。

3 認知症ケアにおける倫理的課題

行動のコントロールに関する課題

認知症の人の行動を身体拘束や薬剤等で抑制することを検討しなければならない状況に陥ることもあるかもしれませんが、人の行動する自由を制限することは人としての価値をおとしめ、尊厳を傷つける行為です。また、介護保険制度では、緊急やむを得ない場合を除き、身体拘束その他入所者の行動を制限してはならないとされています。「身体拘束ゼロへの手引き」(厚生労働省「身体拘束ゼロ作戦推進会議」)において、緊急やむを得ない場合として「切迫性」「非代替性」「一時性」の三つの要件が示されています(p.173参照)。身体拘束は、さまざまな身体的弊害、精神的弊害、社会的弊害を引き起こすことになります。前述の三つの要件の適用や、治療を目的とした身体拘束の可否については慎重な検討が必要になります。

認知症の人の言動の意味を理解することに関する課題

認知症の人の言動の意味を理解して対応をすることは日常的に行われていますが、その言動を単純に「認知症だから」「認知症の症状だから」ととらえてしまうかもしれません。それによって、その行動を放置したり、制限を加えようとするといったケアが選択される可能性があります。そのため認知症ケアにおいては、本人の視点に立って、言動の要因を探っていくことが必要となります。

また、この理解は介護職員の経験や価値観というフィルターを通して行われているため、「絶対にこれが正しい解釈」と確信的になっている状態は、認知症の人を支配しコントロールしようとしている危険な状態であるといえるかもしれません。認知症の人の視点に立とうとしつつも、その限界性を自覚し、常に認知症の人から学ぶ姿勢が必要になります。

真実を告げることについての課題

真実を認知症の人に告げるかどうか、迷ったことはないでしょうか。また、施設に入所しているのに職場に来ていると思っている人、家を引き払って入所したにもかかわらず「家に帰る」と訴える人等に対して、本人の認識に合わせて、嘘(うそ)の状況を想定して振る舞うか、本当のことを認識してもらうようにすべきか迷ったことはないでしょうか。本人にとって大事な情報を隠したり、知らないふりをし続けることに対して、介護職員として誠実でありたいと思えば思うほど良心の呵責(かしゃく)にさいなまれることになります。

一方、本人に真実を告げることで、不安・恐怖・焦燥・絶望などのネガティブな感情的反応を引き起こしてしまうかもしれません。また、意思疎通自体が難しく、情報の理解も、記憶も保持できないなかで、一方的に情報を伝えることは介護職員の自己満足ともいえます。

真実を告げるには、本人がその情報を理解し、自分事として認識できる力が必要になります。真実を告げる際は、伝えることのメリット、デメリットをよく検討したうえで、本人の能力に配慮した伝え方をしていくことが重要です。本人の心理状態やタイミング、伝える場所や同席する人などの環境、伝える内容等に十分配慮するようにします。そして伝えて終わりにせず、継続して支援していくかかわりが大事になります。例えば、認知症の病名告知は、将来に対する不安、失望、恐怖感を増してしまうかもしれません。告知後、何も支援が行われない「空白の期間」が問題となっています。本人や家族の不安を軽減し、生活を再構築していくためのさまざまな支援を提供していく必要性があります。

認知症の人と関係する人々との課題

「一人暮らしの認知症の人は住み慣れた家から離れたくないのに、別居の家族や近隣住民の人は通所介護（デイサービス）の利用や施設入所を勧めている」というような認知症の人と周囲の人の思いが相違している状況は決して珍しいことではありません。家族には家族の暮らしがあります。また、本人に何かあったらという心配や、火事等の事故に巻き込まれたくないという近隣住民の思いもまた理解できるものです。介護職員もまた一人の人間であり、理想のケアを目指すあまり職員が疲弊し、かえって職場の雰囲気が悪化し生き生きと働けなくなってしまっては、結果として認知症の人の不利益となってしまいます。

このように認知症の人のケアにかかわる人々の間でさまざまな利害関係が生じます。それぞれの関係性に配慮しつつ、かかわる人にとってよりよい方向性を見出していく必要があります。意向の相違が認知症に対する誤った理解や、適切なかかわり方ができないために生じている場合には、介護職員からの助言等のかかわりが必要かもしれません。また、家族が主たる介護者である場合、精神的、肉体的、経済的負担等が背景にあるかもしれません。その場合には、レスパイトケアや自助グループの紹介、経済的な支援等を行っていくことも大切です。

考えてみよう！（鈴木さんの事例から）

事例 14 で、認知症が進行し、自分の気持ちや考えを周囲に伝えることができないなか、鈴木さんは終末期についての話し合いに参加します。この際、介護職員などは鈴木さんという存在をどのように考え、話し合いを行ったのでしょうか。

2 倫理的ジレンマの解決と倫理 4 原則

1 ケアのなかで生じるジレンマ

介護職員はケアを通して認知症の人の生活、人生に介入していきます。そして、その生きづらさを理解し、それを軽減したいと望みます。しかし、どのような生きづらさがあるのか、何をどうすればそれを軽減できるのか、症状の進行とともにそれを本人から聞くことは難しくなっていきます。よかれと思ったケアでもそれが本当に認知症の人にとって、望んでいたケアなのか、生きづらさを軽減するものなのか、迷いや葛藤が生じることがあります。

◎ジレンマの例

- 自宅で一人暮らしをしている認知症の人が食事も不十分、服薬の管理もできておらず、入浴もずっとしていないような様子です。その生活は介護職員からみてとても安全・安心かつ豊かに暮らしていける状態でなく、近い将来に生命にかかわると考え介護サービスの利用を提案しますが、本人はほうっておいてくれ、と断固として介入を拒否しています。地域の住民からは心配する声が上がり、早く施設に入所させたほうがよいと言われます。
- 介護老人保健施設に入所した認知症の人は夜間落ち着きがなくなり、頻回にナースコールを押したり、大きな声で歌を歌ったりして時々ベッドから落ちてしまいそうになっています。職員間ではなぜそのような言動をするのかのアセスメントを行っていますが、はっきりとした原因は特定できていません。夜勤の体制ではその人のみに職員を割くことができず、検討した結果、夜間は居室でなくナースステーションの前にベッドを置くという対応をしています。

いずれも、本人がそのような言動をする意味を探り、試行錯誤のなかでかかわりを続けようとしますが、本人の意思や行動に変化を起こすことができず、本人の安全や生命を守るか、本人の自己決定を尊重するのか、あるいは限りある人員で他の入所者の利益も守るという理由などから、ジレンマに陥っています。

2 倫理的ジレンマの解決

倫理的ジレンマの解決には、それが発生している状況下において、「よりよい判断とは何か」を考えることになります。その判断には、ただ倫理的に正しいということだけでなく、専門的な視点や法的な視点からも妥当なものでなければなりません。専門的な視点としては、認知症ケアにかかわっているさまざまな専門職による視点や価値基準からみても妥当な解決方法の検討が必要になります。法的な視点としては、社会的にみても妥当な解決策であるということが求められます。

倫理的ジレンマの解決に向けたアプローチは、以下のような「①直観的アプローチ、②会話によるアプローチ、③分析的アプローチ」の三つがあります[10]。

- 直観的アプローチとは、論理的思考のプロセスを経ずに、直感的に物事の善し悪しを判断する方法です。

- 会話によるアプローチは、対話によって相手の考え方や願望を理解し、妥当な結論を導き出すことに重きをおいている方法です。
- 分析的アプローチは、論点のリストを作成し、倫理的問題点（ジレンマ）を明らかにし、論理的な分析をしていく方法です。

倫理的ジレンマの解決においては、直感的アプローチだけでは難しく、議論を重ねて論理的に、ある行為の正当性を証明する必要があるとされています。その際、専門職間のコミュニケーションが重要になります。認知症の人やその家族のことを考えての行為や意見について、他者から倫理的課題を指摘されるということは心外なことであって、感情的になってしまうことがあります。本人のことを考えてアイデアを出したのに、それを一方的に「本人の権利を侵害しているのではないか」と指摘されたら、よい気持ちはしないでしょう。ふだんからこうした倫理的ジレンマについて共有できる雰囲気や土壌を形成していく必要性があります。

3 倫理４原則

①自律尊重の原則、②善行原則、②無危害原則、④公正原則という医療倫理の四つの原則がよく知られています。医療従事者が倫理的な問題に直面した際、どのように考えるべきかの道しるべとして活用されています。この原則は認知症ケアにおける倫理的課題の解決にもさまざまな示唆を与えてくれます。

①自律尊重の原則

自律尊重の原則は、本人の決定や意思を尊重して、その決定や意思に基づいて行動を制限したり、干渉したりしないようにする原則です。つまり、自己決定を尊重するということです。

自律尊重の原則に基づいて支援を行う場合、本人がしっかりと意思決定できるように支援することが大事になります。そのためには、どのような状況にあって、どのような選択肢があるのか、その選択肢を選ぶことでのメリット、デメリットの情報が必要になります。そうした情報を意思決定する人が理解し、自分事として考えられるように伝えたり、決定した意思を表明することができなければなりません。さらには、意思決定にかかわる人との信頼関係の構築や、意思決定やその表明をしやすくする環境などの配慮も必要になります。

②善行原則

善行原則は、医療従事者は、基本的に患者の利益・幸福のために善い行為をすることが求められるという道徳的責務のことを指します。例えば、患者に危害が及ぶのを避け、その権利を保護・擁護することや、患者に危害をもたらすと考えられる条件を取り除くことなどが考えられます。一方、何をもって、患者の最善の利益にかなっているのかという問題が生じます。そのため本人の価値観を尊重した、本人にとって一番よいと思われる方針について、患者と医療従事者との間での合意が必要になります。合意のプロセスにおいては、とくにコミュニケーションが重要で、対話を重ねながら、互いに歩み寄っていく必要があります。

③無危害原則

無危害原則は、患者に危害を引き起こすのを避けるべき、あるいは害悪や危害を及ぼすべきではないということを指します。具体的には、死・苦痛を与える行為や、能力を奪う、あるいはそのリスクのあることをしないといった責務を指します。善行原則が積極的に善を促しているのに対して、患者に害をなしたり、害を避けるということを意味しています。つまり、患者にとって少しでもよい結果となるように、患者が被る可能性のあるさまざまな害を最小限にする努力をすることといえます。

④公正原則

公正原則は、例えば、限られた人や物、サービスを正当で妥当な形で分配することを要求する原則です。介護の場面にあてはめて考えると、前述の夜勤での対応のように、ほかの利用者に十分に手が回らないということが、公正原則にかなうのかといった問題が発生します。このような場合、医療や介護上の専門的な知見に基づき、本人およびほかの人が被る不利益の大きさや程度を検討したうえで、資源を割り振る必要があります。

この４原則は倫理的課題の解決に向けて方向性を示してくれますが、絶対的なものではありません。一つひとつのケースについて、十分なコミュニケーションをとりながら本人と家族、専門職が納得できる解決策を導き出していく必要があります。時には原則同士が対立し、ある倫理原則に従えば、ある倫理原則には妥協せざるを得ないという状況にぶつかります。一つひとつのケアのなかにある倫理的課題に気づき、その解決に向けて検討していくプロセスを経ているかどうかが大切です。

第4節

認知症の人の意思決定支援

1 意思決定支援の必要性

1 意思決定とは

“Nothing about us without us”（私たち抜きに私たちのことを決めないで）は、1960年代のアメリカにおける自立生活運動のスローガンであり、「障害者の権利に関する条約」策定の過程において、すべての障害者の共通の思いを示すものとして使用されました。そしてこの言葉は、認知症当事者によるスコットランド認知症ワーキンググループが2002年に発足する際のスローガンともなっています。2006（平成18）年には、京都で「本人会議」が開催され、「どんな支えが必要か、まずは、わたしたちにきいてほしい」というメッセージが掲げられました。

意思決定というと堅苦しい感じがしますが、私たちの日常を振り返ってみると、「朝、仕事に行くか、このまま寝ているか」「朝食を食べるか、何を食べるか」「どのような服を着るか」「どのルートで職場に行くか」など、決定の連続で成り立っているといえます。さらにそれを人生のあり方という視点まで拡大すると、どこの学校に入るか、何の部活動にするか、就職先をどうするか、一人暮らしをするかしないか、などの重要な決定を行ってきたといえます。つまり、生きること、生活することとは絶え間ない意思決定の連続で成り立っているといえます。

2 意思決定支援のガイドライン

認知症だからといって、「こうしたい」「したくない」という声に十分に耳を傾けられることなく、ほかの誰かに、着る服や、食べるもの、住む場所などを決められてしまったらどうでしょうか。どのような選択肢があるかも知らされず、嫌だなと思ってもほかの道を選ぶことはできません。このような人生は人として生きる権利が保障されているといえるでしょうか。

日本では、2018（平成30）年に、厚生労働省が「認知症の人の日常生活・社会生活における意思決定支援ガイドライン」（以下、ガイドライン）を策定しました。

このガイドラインは、認知症と診断されているか否かにかかわらず、認知機能の低下が疑われ、意思決定能力が不十分な人を支援するためのものとなっています。なお、このほかに、関連する意思決定支援のガイドラインとして、「人生の最終段階における医療・ケアの決定プロセスに関するガイドライン」（厚生労働省）や「障害福祉サービス等の提供に係る意思決定支援ガイドライン」（厚生労働省）等があります。

考えてみよう！（鈴木さんの事例から）

事例４では、鈴木さんは認知症地域支援推進員などの支援を受けて、認知症カフェに参加します。当初、「どうにでもなれ」とやぶれかぶれになっていた鈴木さんの意思決定に向けて、どのような配慮が必要か考えてみましょう。

2 意思決定支援の基本的な考え方

認知症の人の意思決定支援とは、認知症の人であっても、日常生活や社会生活に関して自らの意思に基づいた生活を送ることができるようにするために、認知症の人のもっている能力を最大限活かし実施される支援のことです。なお、ガイドラインでは、本人の意思決定能力が欠けている場合の、いわゆる「代理代行決定」のルールは示していません。

意思決定はさまざまな要素が影響し合って行われます。意思決定支援を行う際にはこれらの要素について評価し、本人の意思決定支援のあり方を検討していく必要があります。ここでは、①本人の意思決定能力、②意思決定支援が必要な場面、③人的・物的環境による影響について説明していきます。

1 本人の意思決定能力

意思決定の四つの能力

同意能力、判断能力、意思能力などさまざまな名称で呼ばれます。ガイドラインでは、意思決定能力を、説明の内容をどの程度理解しているか（理解する力）、またそれを自分のこととして認識しているか（認識する力）、論理的な判断ができるか（論理的に考える力）、その意思を表明できるか（選択を表明できる力）によって構成されるとしています。また、この四つの能力の評価判定と本人の能力向上支援、意思決定支援の活動は一体的なものとしています。この四つの能力はそれぞれ「ある」「ない」の二分法で判定するものではなく、連続量として存在していると考えられています。そして、個々の意思決定の場面ごとで必要な意思決定能力に達しているか否かによって「ある」「なし」が判定されます。つまり、今日何を食べるかの意思決定と、手術を受けるかどうかの意思決定では求められる程度が違うということになります。

意思決定能力の評価

本人が表出した意思を尊重できるかの判断においては、その意思決定に必要な意思決定能力を有しているかどうかを検討します。意思決定能力の評価を行う際は、本人の年齢や病名、あるいは外見、ふだんの言動などの情報だけで安易に結論づけてはいけません。また、すべての決定が難しいわけではないため、一つの事項ごとに能力の評価と必要な支援を検討する必要があります。あらゆる方法を用いてなお意思を確認できないと判断されるまでは、本人に意思決定能力があるということを前提にして支援をすることになります。

意思決定能力はそのときの体調や介護職員等のかかわり方、人的・物的環境などによって影響を受けます。本人のもつ能力を最大限に発揮できるようあらゆる手段を尽くすことが必要になります。

2 意思決定支援が必要な場面

食事、衣服の選択、外出、排泄（はいせつ）、整容、入浴等の基本的生活に関する場面のほか、複数用意された余暇活動プログラムへの参加を選ぶ場面などの、介護職員が即応的に行う直接的な支援のすべてに意思決定支援の要素が含まれます。また、介護保険サービス等の利用に関する選択決定の場面も含まれます。

意思決定の支援がどのタイミングで、どのような場面で必要になるかは意思決定に困難を抱える本人によるということが大前提になります。支援する側が意思決定支援をすべきと判断した場合のみに支援するのでは、本当に本人が支援を要する場合に意思決定支援が行われないということが起こってしまいます。意思決定支援は、本人の表明した意思・選好、あるいは、その確認が難しい場合には推定意思・

選好を確認し、それを尊重することから始まるということが大切になります。推定意思とは、事前に示された本人の意思や、家族などから現在の本人の意思をできるだけ推定することを指します。

3 人的・物的環境による影響

意思決定支援には、意思決定にかかわる人の本人の意思を尊重しようとする態度や本人との信頼関係が影響を与えます。環境に関しては、初めての慣れない場所で意思決定支援が行われた場合、本人が過度に緊張してしまい、ふだんどおりの意思表示ができないことが考えられます。サービス利用では、初めてなのか、活用したことがあるかが選択に影響する可能性があります。

ガイドラインでは、家族については、同居しているかどうかを問わず、意思決定支援者として、意思決定支援チームの一員となってもらうことが望ましいとしています。家族が本人の意思に対して悩んだり、家族の意思が対立する場合には、意思決定支援チームは悩みや対立の理由・原因を確認したうえで、提供可能な社会資源等について調査・検討していく必要があります。

考えてみよう！（鈴木さんの事例から）

事例 11 で、退院前に病院のケースワーカーと小規模多機能型居宅介護事業所の介護支援専門員（ケアマネジャー）の藤田さんは、自宅では妻 1 人で心配ということで、妻と長男に相談し、鈴木さんの意向は確認されないまま病院から直接、介護老人保健施設に入所することとなっています。このとき、本人や家族の意思はどのようなものであり、どのような調整をしていく必要があったでしょうか。

3 意思決定支援のプロセス

意思決定支援のプロセスには、①意思形成支援、②意思表明支援、③意思実現支援の三つがあります。

▶意思形成支援

意思形成支援では、自己決定に必要な情報を、認知症の人が有する認知能力に応じて、理解できるように説明していきます。本人が理解できるよう、わかりやすい言葉や文字を使用するなど伝達の工夫が必要です。例えば、図や表、動画、写真を使って示す等、本人のもっている能力に合わせた伝達方法の工夫が考えられます。本人が何を望むかを、開かれた質問で聞き、選択肢を示す場合には、可能な限り複数の選択肢を示し、比較や重要なポイントが何かをわかりやすく示していきます。そのうえで、本人が理解している事実認識に誤りがないかの確認を行っていく必要があります。情報の伝達や理解できているかどうかの確認のやりとりは、記憶障害等の認知機能障害に配慮していくことが大切です。

▶意思表明支援

意思表明支援では、認知症の人のコミュニケーションの能力に配慮した支援をしていく必要があります。言語による意思表示がうまくできない場合、認知症の人の身振り手振り、表情の変化も意思表示として読み取る努力を最大限に行うことが求められます。また、本人の意思を表明しづらくする要因にならないために、意思決定支援者の態度、人的・物的環境の整備に配慮が必要です。

決断を迫るあまり、本人を焦らせることがないように時間をかけてコミュニケーションをとることが重要です。本人の表明した意思は、時間の経過や本人がおかれた状況等によって変わることがあります。重要な意思決定の際には、表明した意思を、可能であれば時間をおいて確認する、複数の意思決定支援者で確認するなどの工夫が求められます。また、本人の信条や生活歴、価値観等からみて整合性がとれない場合や、表明した意思に迷いがあると考えられる場合等は、本人の意思を形成するプロセスを振り返り、改めて適切なプロセスにより、本人の意思を確認します。

▶意思実現支援

意思実現支援では、表明された本人の意思を、本人の能力を最大限活用したうえで、日常生活・社会生活に反映させていきます。他者を害する場合や、本人にとって見過ごすことのできない重大な影響が生じる場合でない限り、本人の意思は尊重されなければなりません。

意思決定支援を行っていくなかで、本人の意思決定能力の判定や、支援方法に困難や疑問を感じた場合は、チームで情報を共有し、協働して対応を考えていく必要があります。その際、再度、適切な意思決定支援のプロセスを踏まえて、本人の意思決定支援の方法について検討していきます。この意思決定支援チームを中心にして開催される会議を「意思決定支援会議」といいます。検討の際には、本人の認知機能や身体および精神の状態を適確に示す医療に関する情報、本人の意思や好みを理解するための生活状況等に関する情報など十分な判断資料を得たうえで行います。会議で話し合った内容は、そのつど、記録として残すことが必要です。

考えてみよう！（鈴木さんの事例から）

事例 11 で、介護老人保健施設の入所に際しては、鈴木さん本人の意向は確認されず手続きが進んでしまいました。この場面での意思決定支援のプロセスを踏まえ、具体的な支援について検討してみましょう。

4 人生の最終段階における医療・ケアに関する意思決定

1 認知症の人の終末期

認知症の人の終末期には、意味のある会話ができない、ほぼ全介助を要する、尿失禁や便失禁がみられる、誤嚥性肺炎や尿路感染症などの合併症が発症しているなどが考えられます。こうしたなかでは、嚥下機能が低下し、食べ物を口腔内にため込んでしまう状態になります。また、食べ物自体の認識が難しくなり、食べることに関心を示さなくなる場合もあります。近年、PEG（Percutaneous Endoscopic Gastrostomy: 経皮内視鏡的胃ろう造設術）が普及しており、終末期の胃ろうの是非が課題となってきています。認知症の人の終末期には意思疎通が難しい場合があり、この治療選択をめぐって、寿命の延長、それによる QOL（生活・人生の質）をどう考えるのかが大きな課題となります。

2 人生の最終段階における医療・ケアの決定

厚生労働省が示す「人生の最終段階における医療・ケアの決定プロセスに関するガイドライン」では、人生の最終段階における医療・ケアのあり方について、医師等の医療従事者から適切な情報の提供と説明がなされること、そして、それに基づいて医療・ケアを受ける本人が多専門職種の医療・介護従事者から構成される医療・ケアチームと十分な話し合いを行い、本人による意思決定を基本としたうえで、人生の最終段階における医療・ケアを進めることが最も重要な原則であるとしています。

このガイドラインでは、人生の最終段階における医療・ケアの方針の決定手続は、本人の意思の確認ができる場合と、できない場合で手順を分けています。本人の意思確認ができる場合には、本人の意思決定を基本とし、多専門職種との繰り返しの話し合いが必要となります。一方、本人の意思確認ができない場合には、まず、本人の意思の推定を行い、本人にとっての最善の方針を検討すること、本人の意思の推定が難しい場合には、本人にとっての最善の方針を家族や多専門職種で検討することとしています。

▶ ACP（アドバンス・ケア・プランニング）

本人の意思が確認できない場合、家族や介護職員などにとっては、本人の意向がわからないまま終末期の医療やケアを進める心理的苦悩や感情的苦痛が生じます。本人の意思を推定することができればその負担の軽減につながります。本人が将来、意思決定能力を失った場合に備えて、医療・ケアに関する指示を医師に対して事前に与えておくことを事前指示（アドバンス・ディレクティブ：AD）といいます。本人の意思は変化するものでありますが、事前指示があることによって、本人の意思を尊重した対応を検討しやすくなります。しかし、この事前指示がどのようなプロセスで作成されたのかも重要です。もし、本人が一方的に事前指示書を書き、医師に渡すだけであれば、医学的事項の理解が不十分なまま書いてしまった可能性があります。また、家族ら関係者を交えないで作成された場合、関係者間で本人の意思の共有ができていないことにもなり、本人の願望に対する共感が十分できないという事態に陥ってしまいます。

そのため、ガイドラインでは、医療従事者から適切な情報の提供や説明がなされること、医療・ケアチームと十分な話し合いを行い、本人による意思決定を基本としたうえで医療・ケアを進めることを最も重要な原則としています。こうした本人が意思表明できるうちに、家族や近親者や医療・ケアチームと十分な話し合いを重ね、本人を人として尊重した、将来の医療・ケアについての意思決定の実現を支援するプロセスを、ACP（アドバンス・ケア・プランニング）といいます。

考えてみよう！（鈴木さんの事例から）

事例 14 で終末期のあり方についての話し合いをしています。鈴木さんが望む人生の最終段階に向けて、どのような話し合いが重要でしょうか。

演習 3-1

- 認知症ケアの歴史やパーソン・センタード・ケアを踏まえたうえで、今後求められる認知症ケアの理念について考えてみましょう。
- ふだんの認知症ケアにおいて倫理的課題があると感じた場面をあげ、解決策について検討してみましょう。
- 認知症の人の意思決定支援が必要だと感じた場面をあげ、意思決定支援のプロセスに沿ってどのような支援が必要か考えてみましょう。
- 自分のこれまでのケアを振り返り、この科目で学んだことと照らし合わせ、研修における自己課題を明らかにしてみましょう。

引用文献

1）D. ブルッカー、水野裕監、村田康子・鈴木みずえ・中村裕子・内田達二訳『VIPS ですすめるパーソン・センタード・ケア――あなたの現場に生かす実践編』クリエイツかもがわ、pp.17-18、2010 年
2）水野裕『実践パーソン・センタード・ケア――認知症をもつ人たちの支援のために』ワールドプランニング、pp.99-116、2008 年
3）同上、pp.81-97
4）T. キットウッド、高橋誠一訳『認知症のパーソンセンタードケア――新しいケアの文化へ』クリエイツかもがわ、pp.85-87、2017 年
5）D. ブルッカー・C. サー、水野裕監訳『DCM（認知症ケアマッピング）理念と実践 第 8 版日本語版第 4 版』認知症介護研究・研修大府センター、pp.15-17、2011 年
6）前出 4）、p.142
7）東京都健康長寿医療センター・東京都健康長寿医療センター研究所「若年性認知症の有病率・生活実態把握と多元的データ共有システム」p.8、2020 年
8）同上、p.32
9）箕岡真子「『認知症ケアの倫理』の創造と発展――なぜ『新しい認知症ケアの倫理』の体系化が必要だったのか」『認知症ケア研究誌』第 2 巻、pp.27-38、2018 年
10）箕岡真子『認知症ケアの倫理』ワールドプランニング、pp.24-25、2010 年

参考文献

* T. キットウッド、高橋誠一訳『認知症のパーソンセンタードケア――新しいケアの文化へ』クリエイツかもがわ、2017 年
* 厚生労働省「今後の認知症施策の方向性について」2012 年
* 厚生労働省「認知症施策推進 5 か年計画（オレンジプラン）」2012 年
* 厚生労働省「認知症施策推進総合戦略（新オレンジプラン）」2015 年
* 認知症施策推進関係閣僚会議「認知症施策推進大綱」2019 年
* 厚生労働省「身体拘束ゼロ作戦推進会議」「身体拘束ゼロへの手引き――高齢者ケアに関わるすべての人に」2001 年
* 箕岡真子「『認知症ケアの倫理』の創造と発展――なぜ『新しい認知症ケアの倫理』の体系化が必要だったのか」『認知症ケア研究誌』第 2 巻、pp.27-38、2018 年
* 箕岡真子・稲葉一人編著『ケースから学ぶ高齢者ケアにおける介護倫理』医歯薬出版、2008 年
* 厚生労働省「障害福祉サービス等の提供に係る意思決定支援ガイドライン」2017 年
* 厚生労働省「認知症の人の日常生活・社会生活における意思決定支援ガイドライン」2018 年
* 厚生労働省「人生の最終段階における医療・ケアの決定プロセスに関するガイドライン」2018 年
* 加藤祐佳「意思決定支援のための人的・物的環境整備と支援プロセス」『看護技術』第 65 巻第 12 号、pp.54-63、2019 年
* T. グリッソ・P. S. アッペルボーム、北村總子・北村俊則訳『治療に同意する能力を測定する――医療・看護・介護・福祉のためのガイドライン』日本評論社、2000 年
* Kaplan, K. H. & Price, M.,'The Clinician's role in competency evaluations', *General Hospital Psychiatry*, 11 (6) ,pp.397-403, 1989.
* Kapp, M. B, & Mossman, D.,'Measuring decisional capacity：Cautions on the construction of a "capacimeter"', *Psychology Public Policy & Law*, 2 (1) ,pp.73-95, 1996.
* 五十嵐禎人「意思能力について――精神医学的立場から」松下正明編『司法精神医学 4 民事法と精神医学』中山書店、pp.42-52、2005 年
* 箕岡真子『エンド・オブ・ライフケアの臨床倫理――ACP の歴史的背景から理論・実践事例まで網羅』日総研出版、2020 年
* 箕岡真子・稲葉一人『ケースから学ぶ高齢者ケアにおける介護倫理 第 2 版』医歯薬出版、2019 年
* 森雅紀・森田達也『Advance Care Planning のエビデンス――何がどこまでわかっているのか？』医学書院、2020 年

第4章

生活環境づくりとコミュニケーション

（生活支援のためのケアの演習1）

目的

食事・入浴・排泄等の基本的な生活場面において、中核症状の影響を理解した上で、認知症の人の有する能力に応じたケアとしての生活環境づくりやコミュニケーションを理解する。

到達目標

1 代表的なケア場面において認知症の生活障害とその背景にある中核症状を評価できる。
2 認知症の人の視点を重視した生活環境づくりが実践できる。
3 認知症の人の有する能力に応じたコミュニケーションが実践できる。

特に関連する章

第2章 認知症の人について知る
第3章 認知症ケアの理念・倫理と意思決定支援
第5章 QOLを高める活動と評価の観点
第8章 地域資源の理解とケアへの活用
第9章 生活支援のための認知症の行動・心理症状（BPSD）の理解
第10章 アセスメントとケアの実践の基本

第１節

生活支援のためのケア

1 生活支援のためのケアの理解

1 生活とは

社会とかかわりをもち続けること

「一人の人間が生活する」ということは、どういうことなのでしょうか。自分自身を振り返って考えてみてください。食べて、排泄（はいせつ）をして、寝て、それの繰り返しで命をつなぐことだけではないはずです。もちろん食事をするでしょうし、トイレにも行くでしょうし、夜は眠っていることでしょう。それ以外にも、仕事や家事、人と話したり趣味の活動などを行ったり、なじみのお店に立ち寄って好きなものを買ったり、友人と一緒に会話を楽しんだりしているのではないでしょうか。人と会ったり話したり、自分のためだけではなく家族や友人・地域の人々のために時間を使ったりして生きているはずです。「一人の人間が生活する」ということは、命をつなぐことだけではなく、自分のためだけではなく、世の中とのかかわりをもちながら、ほかの誰かのためにも生活することだといえるでしょう。

施設に入所している認知症の人の生活を考えてみましょう。三度の食事時には介護職員に呼ばれて食堂に行き、決まった時間に職員に促されてトイレに行き、消灯時間には職員の声かけによって就寝します。それが悪いというわけではありません。ただ職員の指示によって生活を繰り返すことに限定されてしまい、世の中とのかかわりを感じにくく、誰かのために生きている実感に乏しいのではないでしょうか。認知症の人も認知機能が低下する以前は、社会とつながりをもっていたはずですし、誰かのために生活をしていたのではないでしょうか。人に頼られたり自分の役割をもったりすることは、人間らしく生活するためには必要なことなのです。

認知症の人は、何か特別なものを求めているわけではありません。社会とのかかわりをもった生活を求めています。

人によって異なり多様である

介護職員のなかでも、仕事の帰りに買って帰る食事は異なりますし、夜観るテレビ番組も異なります。嗜好（しこう）だけではなく、休みの日に過ごす家族や友人も異なります。排泄（はいせつ）の間隔や寝る時間も人によって異なるでしょう。

施設に入所している認知症の人の生活を考えてみましょう。入所者全員で同じものを食べ、同じ人といつも過ごし、休みの日はなく、いつ終わるかわからないエンドレスな毎日が続いているのではないでしょうか。それが悪いというわけではありません。しかし、認知機能が低下したことだけで、同じような生活をすることを強いられてはいないでしょうか。

好きなものや嫌いなもの、得意なことや苦手なこと、今までの習慣や生活歴、性格など、一人ひとり異なる「自分らしさ」をもっています。それは、歳を重ねたから、認知症になったからなくなるものではありません。むしろ長い人生のなかで蓄積されているはずです。職員が認知症の人一人ひとりのありのままの姿やこだわりを認めず、誰とも同じように接してしまうと認知症の人の「自分らしさ」は失われていきます。

認知症の人は、個人を尊重されず誰しも同じように扱われることを嫌がります。皆さんと同じように自分らしく過ごせる生活を求めています。

2 生活支援とは

「暮らし」を意識する

誰かのために世の中を生き、人によって異なる多様な生活を送ることを「暮らし」と表現することがあります。生活を「暮らし」という言葉に置き換えると、さらに生活の方法や様式などといったライフスタイルがイメージされることでしょう。自発的な活動の意味合いも強くなります。

施設や自宅にかかわらず、認知症の人は、自分以外の人から介護を受けることによって「暮らし」が画一化されやすくなります。物事を自分で選択できず、ほかの人に決められ、誰かに指図される支援を受けることで暮らしが奪われていきます。介護職員は、「認知症の人だから仕方ない」とあきらめず、生活支援を考えるなかでは、常に「その人の望む暮らし」の実現を意識する必要があります。それが認知症の人のQOL（生活・人生の質）を高めることにつながっていきます。

生活支援とは、認知症の人の「暮らし」を継続するために、指示や指図ではなく認知症の人ができるだけ「自分でできることを増やす」ことや、主体的に「社会とのかかわりを継続する」こと、そして人それぞれ異なる生活を送るために「自分で選択する」ことを重視したケアを行うことだといえます。

生活のしづらさを改善する

認知症の人の生活障害は、「認知症の人にみられ、それゆえに個人的・家庭的活動と社会参加を困難にする日常生活上の障害である」[1)] といわれています。日常生活は、小さな生活行為が連続して行われることで成り立っています。認知機能の低下によって一つの行為がうまくいかないことで、一連の行為全体が滞ってしまいます。

認知症の人が感じる生活障害は、原因疾患によって異なりますが少しずつ進みます。今まで行っていた生活行為の一つひとつが徐々にできなくなっていく感覚です。うまくいかない行為が一つでもあると、家事などの一連の大きな生活行為は完遂できず、周りの人々と営む社会生活に障害をきたすようになります。できない生活行為が積み重なっていくと自信を失い、やがて自尊心も失っていきます。人に頼るようになると自発的なやる気が出なくなります。生活障害が進んでしまう悪循環です。

うまくいかなくなった生活行為を一つひとつできるようにサポートするケアが、本人のこころの傷を癒し、自信を取り戻していくことになります。自信が戻ってくると、うまくいかない生活行為を克服する気力を取り戻すことにつながっていきます。生活障害を克服していく好循環です。

認知症の人にとっては、立派な建物や設備があって、大勢の職員がいたとしても、自分ができない生活行為が積み重なっていけば、豊かで満足な暮らしであると感じることはないでしょう。介護職員が目指すケアとは、認知症の人の生活行為の困難さを一つひとつ取り除くことによって生活のしづらさを改善していくケアであり、それが生活障害を克服する好循環のサイクルにつながると、認知症の人にとっては最も望まれるケアということになるでしょう。

性格や生活歴などに配慮する

認知症の人は、自分の感覚と現実のギャップから、周りの人や物との間での認識のズレが生じやすく、時間や場所、物などを誤って認識しやすくなります。結果として、コミュニケーションがうまく成立しないため社会生活に支障をきたします。

周りの人や物などとのコミュニケーションがうまくいかず、不安や混乱に陥ったりしてしまうと、結果としてそれが不思議で場にそぐわないような認知症の人の言葉や行動として表れます。そうした状況を改善していくための考え方に、パーソン・センタード・モデル（p.48参照）があります。

一見、不思議で場にそぐわないような認知症の人の言葉や行動は、脳機能障害（認知機能の低下）だけでなく、本人の健康状態や生活歴、性格、周りの環境などの要素が影響しています。介護職員が以下のように考えて工夫することで、認知症の人の生活のしづらさは改善され、結果として、本人の不安や混乱は起こりにくくなるといえます。

① 今まで培ってきた個人個人で異なる性格に配慮し、
② 長い人生のなかでの習慣や生活歴に配慮し、
③ 高齢者になった今の身体状況や健康状態に応じて、
④ 記憶障害や見当識障害などの中核症状によって、本人が体験している世界に合わせた接し方をして、
⑤ その時々で変化する声かけや周りの人々、設えなどの環境を整える。

生活のしづらさは、認知機能障害（中核症状）だけで起こるものではなく、健康状態や性格、習慣、生活歴に対して配慮がなされず、本人の感覚などに合っていない接し方や設えなどの不適切な環境によって「つくられた障害」と考えるとわかりやすいでしょう。

第2節

認知症の人の生活面での困りごと

1 中核症状と日常生活における困難のとらえ方

認知症の人が混乱することなく日常生活を送るためには、認知機能障害（中核症状）が日常生活に及ぼす困難さについて理解する必要があります。認知機能障害を記憶障害、見当識障害、実行機能障害、思考力や判断力の障害に大別して、認知症の人の立場から日常生活にどのような影響があるのかを理解していきましょう。

1 記憶障害と日常生活の困難さ

認知症の人の記憶障害を「忘れる」といった感覚で理解していると、認知症の人の側からの困難さは深く理解できません。見たことや聞いたことを保持していない、すなわち認知症の人にとっては、そのこと自体を「体験していない」という理解をする必要があります。

ごはんを食べていないのに「さっき食べましたよ」と言われたり、初めて尋ねたのに「何回聞いたら気がすむの」と怪訝な顔をされたり、足りないと思って買ってきた物を冷蔵庫にしまおうとするとすでに同じ物が何個もあったりします。本人にとっては、全くもって身に覚えのないことを次から次へと突きつけられる感覚となります。「思い出してください」と言われても元々インプットされていないのですから、「何を」という状態になります。記憶が連続しないということは、現実の世界が、まさかの世界になってしまうということです。

そうした状況におかれると、おかしいな、何でここにいるのだろう、どうすればいいのか、そんな感覚に苦しめられます。それもまるで自分だけ知らなくて、自分以外の周りの人はよく知っているような不思議な感覚です。また、自分の行為について人に説明できず、つじつまを合わせようと必死になって状況を説明すると「そんなつくり話をして」と怒られてしまったりします。記憶障害が進むなかで認知症の人は、目に映るものや聞こえている今の情報を頼りに生きていかなくてはならないのです。

人は日常生活のあらゆる場面で記憶を頼りに生活行為を行いますが、近時記憶が障害されると生活行為に困難さが生じます。その解消のためには、記憶を問うような質問は避け、認知症の人が自分の存在を認められるよう、途切れた記憶を紡いで時間を連続させるようなケアが必要となります。

2 見当識障害と日常生活の困難さ

認知症の人の見当識障害を「おかしい行動をする」といった感覚で理解していると、認知症の人の側からの困難さは深く理解できません。場にそぐわない行動に見えても、本人にとっては正しいと思って行動していることが多く、「間違えているのではないか」「誤ってしまったのではないか」という理解をする必要があります。

時間の見当識が低下すると、仕事だと言って夜中に外に出ていこうとしたり、誰か入ってこないようにと昼間に雨戸を閉めようとしたりすることが起こります。場所の見当識が低下すると、道に迷ったり、違う場所だと勘違いしたりすることが起こります。物についての認識力が低下すると、道具などの使い方を誤ったり、新しい機械の操作に混乱したりするようなことが起こります。人物の見当識が低下すると、孫を子どもだと誤って認識したり、家族でない人を家族だと思い込んだりすることが起こります。

周りの人が驚き「今、何時だと思っているの」「どうしてここに居るの」と注意しても、本人は間違っていないと思って行動していることが多いので、時に言い張ったり、不安がったりします。

見当識障害が進むと、認知症の人は自分で自分の存在を見つけにくくなります。しかし、周りの人からは「何もわからない人」とみなされやすく、人や物に接する機会を失うことにつながっていきます。人は日常生活のあらゆる場面で時間や場所、人や物を認識しながら生活行為を行いますが、見当識が障害されると生活行為に困難さが生じます。その解消には、存在理由を見つけられるようなかかわりや、本人が時間や場所、人や物を自分で認識することができるようなケアが必要になります。

3 実行機能障害と日常生活の困難さ

認知症の人の実行機能障害を「順序立てて物事を遂行できない」といった感覚で理解していると、認知症の人の側からの困難さは深く理解できません。認知症の人にとっては、自分でやれると思った行為がわからなくなり、何から始めるのか、次に何をするのかがわからなくなり不安や混乱が増し、もどかしい思いを抱くような感覚にさいなまれます。料理をつくろうと材料を並べても、何から手をつけてよいかよくわからず、手が途中で止まることなども起こります。

生活行為の手順があやふやになると、「何も任せられない」とみなされやすく、生活行為を止められやすくなります。それは認知症の人から役割や気力を奪っていくことにつながっていきます。

すべての生活行為を完遂するには、順を追って一つひとつの行為を行わなければなりません。実行機能が障害されることによる困難さの解消には、一連の作業をすべてやりきらなくてはいけない形ではなく、工程を区切ったり、反復しながら作業したりするなど、できる行為をつなげていくようなケアが必要となります。

4 思考力や判断力の障害と日常生活の困難さ

認知症の人の思考力や判断力の低下は「考えられない」「的を射ない」といった感覚でとらえられることが多いです。適切に考えたり判断したりする材料を自分でキャッチすることができない結果、目的に沿った言葉や行動が表しにくくなってしまいます。認知症の人にとっては、記憶障害や見当識障害などによって得られる情報が少なすぎるので、考えることも判断することもできないといった状況におかれてしまいます。また、思考力や判断力が低下すると、自分の過去の情報を頼りに一生懸命考え、物事を判断していきます。今の状況に照らし合わせると適切ではない言葉や行動となってしまうことも起こります。

人は日常生活のあらゆる場面で常に思考し、判断を繰り返しながら生活行為を続けています。思考力や判断力は残っている部分もあるため、判断したり選択する機会が奪われないように、認知症の人が考え、判断するために必要な情報を与えられるようなケアが必要となります。

5 中核症状によって体験する世界（感覚）の理解

認知症の人の生活の困難さを解消するケアを考えていくためには、認知症の人が中核症状によって体験している世界の理解が不可欠です。

> 心配だ。とても心配だ。一体ここはどこだろうか。私は何をしに来たのだろうか。何かヒントを見つけようとあたりを見回しても手掛かりすら見つからない。渡された物もよくわからない。私は何をしたらよいのだろうか。
>
> まわりの人に尋ねようにも恥ずかしくて聞けない。それに皆、忙しそうだ。私だけや

ることがわからないようだ。じっとしているのも申し訳ない。席を立とう。何かやることがあるように見せなくてはいけない。

寂しい。とても寂しい。自分はここにいて良いのだろうか。いや、ここにいる理由はない。仕事がある。家事もある。それに家族が私のことを心配して待っているに違いない。こんなところにはいられない。

エプロン姿の人に「私の家に帰りたい」と言ったら、「あなたはここに住んでいるのですよ」と返された。あなたは誰だ。私の何を知っているのだ。何でニコニコと笑っているのだ。何か企んでいるのか。そう簡単には騙されない。あなたに馴れ馴れしくされる覚えもない。

切ない。とても切ない。息が詰まりそうだ。何で皆、私の言うことに眉をひそめるのだ。私は子供ではない。すべてをわかったように「あれしろこれしろ」と指図しないでほしい。

何かがおかしい。絶対におかしい。でも何が何だかわからない。

出典：山口喜樹、加知輝彦医学監修『ステップアップ式認知症ケア実践テキスト——初心者も、ベテランも！習熟段階に応じた目標・指導がわかる！』日総研出版、p.45、2013年

これは認知症の人が書いた手記ではありませんが、中核症状を認知症の人の側から理解できていれば、こういった世界を体験していることは想像できるのではないでしょうか。

また、以下の鈴木さんが介護サービスを利用した際の例を通じて、客観的な事実と、それとは異なる「鈴木さんの体験している感覚や思い」を想像してみてください。

ある日の午後のことです。鈴木さんは車いすを使って談話コーナーをウロウロしたり、廊下を行ったり来たりと落ち着かない様子でした。

「おかしいなぁ。ここはどこだ。見慣れない景色だけど……」

1人の職員が「鈴木さん、おやつの時間になりますよ」と話しかけましたが、鈴木さんは関心を示そうともせずに「おやつ。そう……」とだけ答えました。

「ここがどこだかわからないのにおやつなんか食べている場合じゃない……」

「鈴木さんの好物のケーキですよ」と職員が言うと、少し間をおいてから「私、お金を持っていないので……」と鈴木さんは返事をしました。

「何で知らない人が自分の好物を知っているのか。タダでは食べられない」

「お金は息子さんが事務所に払ってくださっていますから、必要ないのですよ」と職員が伝えると、鈴木さんは不思議そうに「息子。息子が払ってくれたのですか」と聞き返してきました。

「何で私のおやつ代を息子が払った。息子はまだ学生だぞ。本当の話か」

談話コーナーのソファーに案内して、「どうぞ召し上がってくださいね」と職員が勧めると、「お金がないからいただけません……」と鈴木さんが手を出そうとしないために、職員は「だから鈴木さん、お金は息子さんが払っていかれていますので、どうぞ食べてください」と説明をしました。

「しつこいなぁ。いらないことがわからないのだろうか。まあ食べれば納得してくれるだろう……」

急いでいるかのようにおやつを食べた鈴木さんは、再び落ち着かない様子で移動しはじめました。

「こんな話のわからない人からは早く離れよう。そうだ息子を探そう」

エレベーター操作のできる鈴木さんは、エスケープの可能性があるということで、落ち着かないときには職員がそばにつくプランになっています。

「気味が悪いなぁ。知らない人が後をつけてくるぞ。もうだまされない」

今日もおやつの後、鈴木さんが落ち着きがない様子だったために、職員が遠巻きについて行くと、鈴木さんは職員を時々振り返りながら移動していました。

「私を捕まえようとしているのかもしれない。早く逃げなくては……」

資料：日本痴呆ケア学会編『痴呆ケアの基礎』pp.69-72、2004年を基に作成

鈴木さんの言葉や行動は、認知症の人に特有なものだと思いますか。鈴木さんの感覚や思いは認知症の人の特別な感覚でしょうか。介護職員のかかわりや声かけ、グループホームの設えやルールなどが鈴木さんの言葉や行動に大きな影響を与えています。

介護保険施設・事業所を利用するなかでは、環境が認知症の人に与える影響は大きく、環境は、職員のかかわりや声かけなどの人的環境、設えや物品などの物的環境、施設・事業所を利用するなどの地域社会環境に大別されます。この場合、環境が鈴木さんを動かしているといっても過言ではありません。

このように、認知症の人の立場に立って起こっている物事を考えることが、認知症の人にとって適切な生活環境をつくるための土台となっていきます。

介護職員からみると不思議でおかしな言葉や行動でも、本人にとってはおかしな言葉や行動は一つもありません。認知症の人の言葉や行動を観察し、その人の立場に立って環境を見つめ直すことが大切です。

考えてみよう！（鈴木さんの事例から）

事例 11 で、鈴木さんは介護老人保健施設に入所することになりました。同室の入所者と接したり、環境が変化するなかでの「鈴木さんの体験している感覚や思い」を考えてみましょう。

2 生活上の困難の解消に対してすべきこと

生活上の困難は、中核症状や健康状態、習慣や生活歴、性格だけではなく、おかれている環境によって大きく変化します。一場面を取り上げて、本人の感覚やケアを考えるだけでなく、施設・事業所を利用するような状態になった場合には、生活全般に支障が出ていることが多いため、生活全般を見渡したアセスメントを行うことが望まれます。

例えば認知症介護研究・研修センターの「認知症の人のためのケアマネジメント センター方式」は、認知症の人の心理的ニーズをベースとして、認知症の人の望む暮らしを実現するための必要な視点を満たすために、今までの生活歴や習慣と現在の状況との比較や、環境が認知症の人に与える影響などをアセスメントしていきます。一つひとつの生活行為に対し、できることやできないこと、生活のさまざまな場面でわかることやわからないことなどをチェックし、認知症の人の思いを丁寧に確認しながら、本人の真のニーズに沿ったケアを導いていきます。

本人の望むケアは、本人のなかにあります。介護する側で議論していても認知症の人の生活支援のためのケアは導き出せません。認知症の人の言葉や行動を観察し、共に話し、本人の立場から分析し、認知症の人と職員が一緒に導き出すものなのです。

第3節

認知症の人の生活環境づくり

1 生活環境の理解

認知症の人が求めている生活環境とは、各々の認知症の人のなかに豊かに残った記憶や今まで培った感覚を活かし、わかりやすい目印やサインなどを頼りに、認知機能の低下を意識せず生活できる環境といえます。環境の工夫によって中核症状を補うケアを行い、安心と安全な生活を実現していきます。ここでは介護保険事業所をイメージして、生活環境を三つに分類し、認知症の人の感覚に沿ったケアの工夫を示します（表4-1）。

表4-1 環境ごとの認知症の人の感覚とケアの工夫

		認知症の人の感覚	ケアの工夫
人的環境	職員	「馬鹿にしないで」 「知らない人に囲まれた」	・指図ではなく選択してもらう声かけをする。 ・小規模でなじみの関係を構築する。
	周りの利用者	「騒々しいな」 「緊張するし恥ずかしい」	・空間を区切ったり、相性を考慮したりする。 ・プライバシーに配慮する。
	家族	「寂しいから会いたい」 「迷惑をかけたくない」 「思い出を語りたい」	・面会以外にも自宅への外出や、常に身近に感じられるよう動画などを活用する。
	友人・知人	「ゆっくり話をしたい」 「うまく付き合えるかな」	・手紙や写真などを用い、交友関係を紡ぐ。
物的環境	生活用具	「どうやって使うのか」 「間違っていないか」	・過去に使っていた物など、自分で使える物に変える。
	設え	「ここはどこなのか」 「どこに入れればよいのか」 「大切なものがない」 「落ち着かない」	・生活歴や今までの生活スタイルを踏襲する。 ・大事な物や思い出の品物などを身近に置く。
	居場所や道具	「ここはどこだろう」 「居場所がない」 「居てもよいのだろうか」	・目印やサインなどを付ける。 ・におい、音などの五感にはたらきかける。 ・本人がわかるものや本人を大事に思う声かけなどをして、くつろげる雰囲気にする。

地域社会環境	近隣などとの交流	「近況を知らせたい」 「おすそ分けしたい」	・家族や近隣などの協力を得て、交流の場を設定する。
	お店・商店	「好きな物を買いたい」 「孫にプレゼントをしたい」	・今までの嗜好(しこう)や習慣を意識し、地域の人とのかかわりを継続する。
	地域行事・宗教・習いごと	「お祭りに参加したい」 「子どもとふれあいたい」 「お祈りやお参りがしたい」 「習い事を続けたい」	・地域の行事に参加する。 ・世代間交流を進める。 ・出向くだけではなく、訪問してもらう。

2 生活環境の評価の視点

工夫した生活環境が本人に合っているかどうかの判断については、介護職員の間でいろいろと議論することも大事ですが、なかなか評価が定まらなかったり、偏ってしまったりすることがあります。生活環境の評価で最も確実な方法は、認知症の人の言葉や行動をみて評価をすることです。

そのようなことができるのかと考える人もいるかもしれません。しかし適切な環境が整えられた場合には、認知症の人の言葉や行動によい状態のサインが表れ、そうでない場合には、よくない状態のサインが表れます。かかわりを変える前と後とを比較することで生活環境を適切に評価できます（表4-2）。

〈よい状態のサイン〉
笑顔になる、ほっとしている、やる気が出た、自信がついた、ほかの人とかかわる　など

〈よくない状態のサイン〉
何もしない、あきらめた、悲しがっている、眠れない、緊張が強い　など

表4-2　生活環境の評価の視点

人的環境	少人数でのかかわりや家庭的な雰囲気となっているか。プライバシーが尊重されているか。役割はあるか。
物的環境	認知症の人が正しく認識できているか。なつかしく感じるか。五感への刺激（明るさや温度、においなど）が本人にとって適切か。
地域社会環境	今までの暮らしが継続しているか。蓄積した習慣や生活は大事にしているか。地域に開かれているか。コミュニティの一員になっているか。

職員のケアを評価することで、生活環境のレベルを表すこともできます（図4-1）。Step 1からStep 4になるにつれて、認知症の人への関心や信頼、アセスメント能力が高まり、職員の思いを反映させようとするケアから、認知症の人の生活を中心に考えるケアになります。

図4-1　介護職員のケアと生活環境のレベル

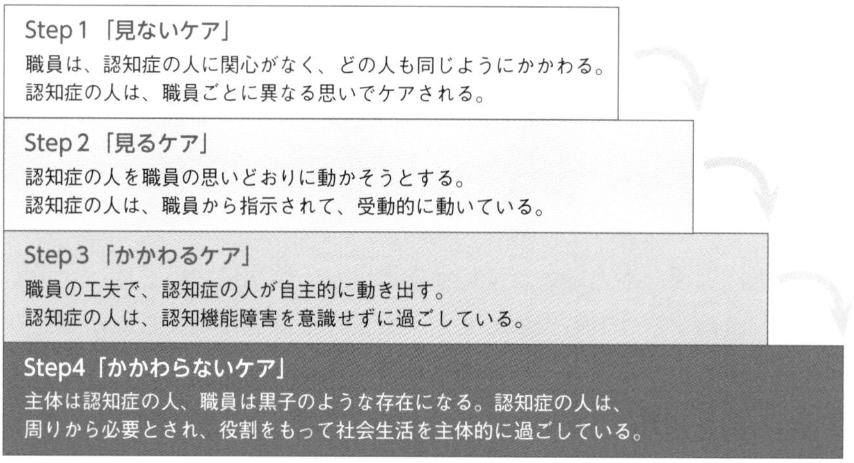

Step 1「見ないケア」 職員は、認知症の人に関心がなく、どの人も同じようにかかわる。 認知症の人は、職員ごとに異なる思いでケアされる。
Step 2「見るケア」 認知症の人を職員の思いどおりに動かそうとする。 認知症の人は、職員から指示されて、受動的に動いている。
Step 3「かかわるケア」 職員の工夫で、認知症の人が自主的に動き出す。 認知症の人は、認知機能障害を意識せずに過ごしている。
Step4「かかわらないケア」 主体は認知症の人、職員は黒子のような存在になる。認知症の人は、 周りから必要とされ、役割をもって社会生活を主体的に過ごしている。

リスクの評価

生活環境の視点からではなく、介護する側の思い込みや経験だけで介護を続けていると、不安や焦燥、抑うつなどの心理症状が起こり、それらが不機嫌、不信感、いらだち、興奮、攻撃などを生みます。そうすると拒否や大声、施設や職員から離れていくなどの言葉や行動が生じます。また、本人がどのように認識しているのかを確認しないと、食べ物だと勘違いして食べられないものを口にし喉に詰まらせるようなことが起こるかもしれません。

生活環境の視点からこうした状況について評価していくことで、介護職員とのかかわりや施設の中の設えをどのように見直せばよいのかなどが具体的にみえるようになります。認知症の人の視点や立場から生活環境を考え、ケアを工夫していくことによって、認知症の人の意思や人権を尊重した生活を実現することができます。それは介護職員にとってもリスクの少ないケアといえます。

生活環境を改善するための具体的方法

人的環境の場合

▶役割をもち、周りの人から感謝される

Ａさんは通所介護（デイサービス）の利用中、頻繁に「家に帰りたい」という訴えが続いていました。現役時代は調理師だったというＡさんに、おにぎりづくりをお願いしたところ、快く引き受けてもらいました。そのでき栄えは素晴らしく、ほかの利用者からも絶賛され、それ以降、おにぎりづくりはＡさんの日課になりました。

役割をもち、周りの人から感謝されることで、Ａさんの「帰りたい」気持ちはしだいに落ち着いていきました。

▶新たな役割、できることを探る

かつて、その人がしていたこと、得意だったこと、なじみの生活を継続することはとても大切なことですが、そこに縛られすぎる必要はありません。男性利用者のＢさんは、通所介護で洗濯物干しやタオルたたみを任され、初めは渋々引き受けていましたが、女性利用者たちから、「男の人がそんなことまでして偉いね」「私がやるより上手だね」と称賛されてから、自ら進んで取り組んでくれるようになりました。かつての習慣や得意なことに縛られすぎると、その習慣や得意なことが継続できなくなったときに、その人の生活の幅は一気に狭まってしまいます。豊かな生活を送るために、柔軟な思考で選択肢を増やすことも環境づくりのポイントになります。

物的環境の場合

▶利用者それぞれに合わせた居場所づくり

複数の人が生活を共にする場では、１人の人が快適に過ごせる居場所をつくることが難しい場合があります。居場所を確保できないと不快や不安を感じやすくなったり、にぎやかな環境だと耳からの情報をうまく処理できず混乱したり、苦手な人が視界に入ると強い不安を覚えたり、また、畳での生活が長い人だと、いすに

座っていることが窮屈に感じ、落ち着かない場合もあります。そのため、人との距離感、性格、相性、生活習慣等を考えた環境づくりはとても大切です。気の合う人と食事しながら過ごせるダイニングフロア、自宅のようにくつろげるリビングフロア、趣味活動に没頭できる個室、1人で庭を見て落ち着ける和室等、自宅での生活の延長線に社会の場をつくることで、利用者が自分に合った居心地のよい居場所を見つけることもできます。

▶ 利用者のみで完結させるための工夫

多くの場合は、食器を拭く、タオルをたたむことは利用者が行い、それを棚にしまうのは職員の仕事になるのではないでしょうか。利用者のなかには、「棚にしまう」までが一連の仕事で、それが完結するまでは達成感をもてない人もいます。その場合は、よく使用する食器やタオルなどは、見える場所に置き場をつくり、しまうところにラベルを付けて見える化することで、職員がいなくても利用者だけで仕事を完結しやすくなります。こうしたことが利用者に達成感や自己効力感をもたらし、ひいてはこころの安らぎにもつながります。

地域社会環境の場合

▶ 地域との交流

認知症の人は、外出の機会が減り、地域住民との交流も途絶え、ともすれば自宅と施設・事業所間で完結する生活になりがちです。定期的に外出する機会をつくり、地域とのつながりを再構築することも必要となってくるでしょう。近隣の喫茶店や公園へ出かけたり、祭りや防災訓練、清掃活動など地域の行事に参加する機会をつくることで、認知症の人が「自

分は地域社会の一員である」と実感することができます。例えば、年末年始に地域で催される餅つき大会において、重い杵(きね)を持ち上げる利用者を冷や冷やしつつ見守っていると、意外にもしっかりと腰を入れて餅をつくその姿に、周りの人たちから「うまいね！」「すごい！」と歓声が上がり、一気に場が和み交流が深まりました。

▶生活歴を活かした社会参加

若い頃から駄菓子屋を営んでいたCさんは、通所介護に行っても「お店を開けなきゃ」「お客さんが来てるかも」といつもお店のことを気にして落ち着かないようでした。そこで、Cさんを連れて、商売繁盛の神様で有名な稲荷神社へ出かけることにしました。すると、いつも不安そうな表情をしていたCさんは颯爽(さっそう)と参道を歩き、一緒にいた利用者に「こっちにおいで」「はぐれないようにね」と声をかけ、グループを取りまとめていました。Cさんはなじみのある稲荷神社で、現役時代に戻り、自分らしさを発揮しているようでした。

生活環境づくりのポイント

生活環境の改善というと、大げさな仕掛けが必要かと身構えてしまうかもしれません。しかし、認知症の人の様子に応じて、人的環境、物的環境、地域社会環境のそれぞれの視点からみていくことで変化をもたらすことができます。例えば、職員の声かけを少し変えるだけでも、認知症の人の反応は変わります。そうした小さな変化の積み重ねが、認知症の人のよい状態を引き出すことにつながるのではないでしょうか。まずは今できることから始めてみることが大切です。

考えてみよう！（鈴木さんの事例から）

事例での鈴木さんや妻が行った生活環境の改善の工夫はどのようなものがあげられるでしょうか。また、自施設・事業所において、どのような生活環境づくりの工夫をしているか考えてみましょう。

第4節

中核症状の理解に基づくコミュニケーション

1 コミュニケーションの基本知識

1 コミュニケーションの目的

介護職員にとって、コミュニケーションはよい支援をするうえで必要不可欠な技術です。しかし、コミュニケーションについての認識には個人差があり、ゆえに難しさを感じる人も少なくありません。

コミュニケーションの語源はさまざまありますが、ラテン語のコムニカチオ（communicatio）といわれ、「分かち合い、共有する」を意味しています。一般的には、情報や意思などを伝達するという意味で使われますが、介護現場でのコミュニケーションで最も重要視されるものは「感情の理解と共有」です。コミュニケーションにおいて感情はとても大きな要素となります。例えば、Dさんから言われると納得できることも、Eさんから言われると納得できないという場面があります。それは、言われた内容の正しさよりも、話し手に対して抱いている感情が判断や行動に大きく影響を与えているからです。コミュニケーションは感情の理解と共有を深めて、よい関係性を築き、相手からの「信頼感」を得ることが目的となります。

2 認識のズレによって信頼感を損なうトラブル

よい関係性を築くには、自分の考えや思いばかりを主張するのではなく、相手の考えや思いを理解しようとすることが必要です。そのときに気をつけたいポイントが、「相手の話を理解すること」と「相手の話に同調すること」は別だということです。よい話の聞き方として共感的受容という言葉がありますが、相手の話に合わせようと思うあまりに安易に同調してしまったことが、後に「あのときそうだと言ったじゃないか」と感情的なトラブルにつながることがあります。「Fさんはそのようなお気持ちなのですね」というように、理解したことの確認で止めるくらいがちょうどよい場合もあるのです。

また、「ちょっと待っていてね」と言われたら、どれくらいの時間を想像しますか。

30秒・1分・5分・30分……同じ言葉でも、人によって認識している時間の長さは異なります。認識を共有するというのは、「言わなくてもこれくらいわかってくれているだろう」という思い込みを排除することです。「認識の共有」を曖昧にしたまま、後になってそんなつもりではなかったと言ったところで、相手との関係の溝は埋まりません。これらは「認識の共有」をおろそかにしてしまったときに起きるトラブルの一例です。このように、自分の頭のなかの認識と相手の頭のなかの認識は同じではないことを前提に対話をすることは、ズレによるトラブルを減らすだけでなく、信頼感を高めるために大切なことです。

3 コミュニケーションにおける三つの要素

コミュニケーションには三つの要素（言語・準言語・非言語）があるといわれています。そこでよく知られているのがメラビアンの法則です。これは、私たちがコミュニケーションをとる際に、どのような割合で意味や内容を伝達しているかということを調査したものです。

言　語	（話し言葉で出てくるフレーズや文字そのものが伝える意味）	7%
準言語	（声のトーンや抑揚・スピードなどから伝わる印象）	38%
非言語	（表情や視線の動き・姿勢の傾きなどから伝わる印象）	55%

ここで注目してほしいのは、言語が必ずしも正確に心情や意味を伝えているわけではないということです。例えば、同じ「ありがとう」という言葉でも、元気に言ったときと元気なく言ったときでは受ける印象がまるで違います。また、視線を合わせて微笑んだときと無表情で視線をそらせたときとでも真逆な印象が伝わります。言語だけを手がかりにしないで、準言語や非言語から伝わる印象を観察することによって、言語化されていない感情への理解が深まります。

コミュニケーションは、受け取るだけでなく、伝える双方向のやりとりが基盤になります。認知症になると、認知機能障害や脳機能の障害などの影響で言語での情報のやりとりが難しくなりますが、準言語や非言語を用いた感情を伴うやりとりは本人とよい関係を築くために重要です。会話内容とそれ以外から伝わってくる印象に違和感や矛盾を感じるときには、その印象から感じとったことを言語化して本人に確認するのも効果的です。本人の思いをより正確に理解するためには重要な手がかりになります。

2 認知症の人のコミュニケーションの困難さとこころの状態の理解

1 コミュニケーションの困難さが引き起こす人間関係の変化

認知症は認知機能障害を中核としてさまざまな症状を呈します。特に記憶障害や社会的認知の障害などが現れると、会話のやりとりや約束などを理解し行動するなどの日常生活の基盤が崩れ、身近な人を中心に今までの人間関係に変化が起こります。

加齢の影響もありますが、認知症の人は約束を忘れてしまうこと、名前や顔を思い出せないこと、的はずれなことを言ってしまうことで、迷惑をかけたりがっかりさせるのではないかというおそれや不安を感じています。周りの人も本人を困らせないように、傷つけないように、怒らせないようにという気持ちから、頼みごとや相談をすることがしだいに減っていきます。お互いを気遣い合うなかで、コミュニケーションが困難になって、今までの関係を変化させていくのです。

2 中核症状と人間関係の変化が生み出す認知症の行動・心理症状（BPSD）

対応が困難とされる認知症の行動・心理症状（BPSD）は、人間関係の変化で生じることが多いです。中核症状は、原因疾患と進行度合いによってバリエーションはありますが、避けることのできない根っこの症状です。それに対して、BPSDは個人差が顕著です。過去の経験や体験が形成した価値観や生活習慣、現在の生活環境・健康状態・人間関係など、個人的な要因が関係し合って、BPSDが引き起こされています。生活環境・健康状態・人間関係を改善することによって、不の感情を改善し、そして、心地よい状態で過ごせるようにアプローチすることで、対応困難な症状が軽減・解消されると考えられます。

コミュニケーションを学ぶことは、そうした認知症の中核症状によってさまざまな困難な状態が生じている本人の感情を理解し、適切な対応や配慮を行うために欠かすことのできないことなのです。

3 こころの状態と感情の理解

信頼感を高めるコミュニケーションをとるためには、認知症の人のこころの状態を理解することが重要となります。図4-2は、認知症の人のこころの状態を表現したものです。中核症状があることで、本人は不の感情を抱きやすくなり、コミュニケーションの表現として、そわそわ・イライラ・ムカムカという抱いた感情を行動で表したりします。介護職員が対応に追われる本人からの訴えや行動は、こころの状態が不の感情に陥っている場面で起こります。不の感情は、BPSDにもつながっています。不安な状態を放置されると不満が募り、不満な状態が放置されると不信が募ります。何かをきっかけに怒りや混乱が生じると不穏の状態に陥ります。このときに認知症の人が今どのようなこころの状態にあるのか見誤ると、対応が逆効果になってしまうことがあるので注意が必要になります。例えば、不信感を訴えている人に安心感を伝えても、満足できそうなサービスなどを提案しても、拒否されてしまうことにつながります。コミュニケーションを図るうえでは、認知症の人のこころの状態を観察する視点と信頼感を寄せられる立ち居振る舞いが大切です。

図4-2 認知症の人のこころの状態の理解

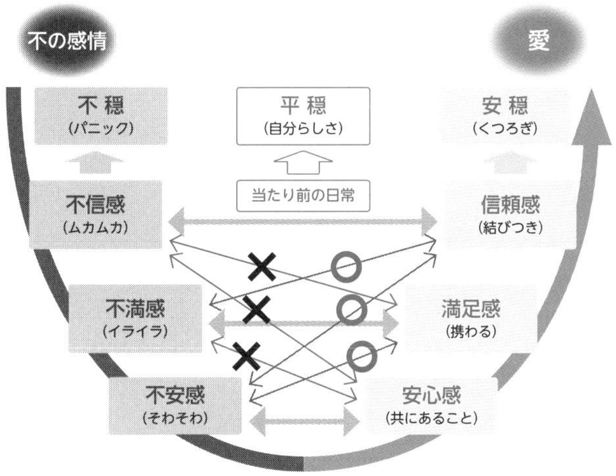

不の感情
愛
不穏（パニック）
平穏（自分らしさ）
安穏（くつろぎ）
当たり前の日常
不信感（ムカムカ）
信頼感（結びつき）
不満感（イライラ）
満足感（携わる）
不安感（そわそわ）
安心感（共にあること）

また、「ここに居ていいのか」と不安を訴えている人であれば、「居ていいですよ」という安心の言葉や、歓迎を感じさせるお茶の提供、信頼している人の存在などがこころを落ち着かせ、平静を取り戻す効果を発揮します。一方で、不満を訴えている人に安心してもらうための言葉かけをしたり、不信感を感じている人に、より満足度の高いサービスの提案をしても受け入れてもらえないのは、介護職員のアプローチが本人のこころの状態とすれ違っているからだと考えられます。こうした不の感情に対しては、日頃から信頼感を高められるかかわりを積み上げていく必要があります。

認知症の人の有する能力に応じたコミュニケーションの工夫や留意点

よいコミュニケーションを行うための基盤となるのが、信頼関係（ラポール）を築くことです。ラポールとはフランス語で「橋をかける」という意味があります。地域の中で対応困難に陥っているケースの多くは、支援する人が差し伸べる手に認知症の人が不信感を抱き、かかわること自体を拒絶している場合です。特に認知症の人との関係づくりにおいては、認知機能の低下などの中核症状により、長い説明や理屈での説得では意図や内容が伝わりにくく、理解が困難なものは「わからない」と遮断されてしまいます。そんなときにまず必要なのは、サービスの提案ではなく、人として信頼してもらうためのアプローチです。ここでも必要なことは「感情の理解と共有」を通じて信頼感を得ることです。ここでは信頼関係を築くための基礎的な知識についてふれていきます。

1 信頼関係を築くための話題の選択

信頼関係を築き、信頼感を高めるにはどうしたらよいでしょうか。それは、相手にアイデンティティ（自分らしさ）の開示をしてもらえる関係性を築けるようになることだといわれています。相手への信頼感が深まるほど、その人の価値観や信念に関する内容にふれても抵抗なく受け入れてもらえるようになります。図4-3は、どのような話題が、より自分らしさを開示する話題となるのかを示したものです。

図4-3　自分らしさを開示する話題

1	天気等の話題	天気・出身地・性別・血液型など
2	仕事の話題	業種・役職など
3	趣味の話題	習い事・好きなこと・楽しみなど
4	性格を伝える会話	好き・嫌い・気質・気性など
5	友人関係の話題	付き合いのある（気の合う）仲間など
6	家族についての話	育ち・家族関係・価値観（家族観）など

図4-3の上部に書かれている話題ほど気軽に話しやすい会話です。その人らしさの影響力は少なめですので、関係性を築く最初の話題としては適しています。しかし、この会話を続けているだけでは、その人への理解は進みません。図4-3の中央の線より下の話題にはその人らしさが含まれてきます。自分の性格や価値観の話になると否定されると不快に感じ、理解されていると感じると信頼感が湧きます。どのような友人と付き合ってきたのか、家族に対してどのような思いを抱いているの

かも、その人らしさを知る重要な手がかりとなります。それだけに、関係性が築かれる前に踏み込みすぎると信頼を失う危険性もあります。特に介護では基本情報として、他人には知られたくない個人的な情報を、介護職員がアセスメント段階で知ることになります。本人の許可なく情報が介護職員に知られている状態は、決して気持ちのよいことではありません。相手が話してくれた範囲で会話することが基本姿勢です。やがて本人がプライベートにかかわる話をしてくれるようになれば、それは信頼を寄せてくれた一つの証として考えてよいでしょう。

2 信頼感を得るための基本姿勢と留意点

人は人の話を聴くときに無意識にしてしまう口癖や姿勢があり、その癖が相手に好感をもたれたり不快感を与えたりします。信頼感を得るためには意図的に好感が得られる聴き方をしていくことが求められます。**表4-3**は、その基本姿勢の一つであるエンカレッジ（ENCOURAGES）を踏まえてまとめたものです。この基本姿勢のすべてを意図的に使いこなしている人ばかりではありません。自分が無意識にどの手段を活用しているのか、どの手段はあまり意識していないのかを知ることで、いっそう信頼感につながるアプローチが可能になるでしょう。

また、礼節をわきまえた態度も必要です。親しき仲にも礼儀ありといいますが、親しみと馴れ馴れしさを誤って理解している場面が多くみられます。介護職員がかかわる対象は、多くが自分より年長者であり、サービスを受ける人たちです。認知症になると、長い話やなじみのない言葉の理解がより困難になります。世代の違いにより使う言葉も異なります。よりわかりやすく伝えるために、平易な言葉で子どもでもわかるように伝えるという意味を、子どもに話すように伝えると勘違いしている人がいます。本人やその家族から「無礼に感じてもいちいち怒るのも大人気ないから」という話を聴くことがありますが、介護職員としては不適切といわざるを得ません。態度の乱れは言葉に表れます。周りの人の無礼な態度がBPSDを悪化させているという点も反省しなければなりません。

この基本姿勢からふだん行っている自分の癖や習慣、無意識にしていること、意識してこなかったことが理解できることは、介護職員として望ましいコミュニケーションの図り方を高めることにつながります。自らの言葉遣いも合わせて、日頃の向き合う姿勢や態度についても振り返ってみましょう。

表4-3　信頼感を獲得する基本姿勢

E：アイコンタクトと表情表出（Eye contact）
　適度なアイコンタクトは関心が向いていることを示し、表情で好意を伝える。必要以上に凝視したり、目を合わせないのは相手に不快や不安を与え逆効果になる。
N：うなずき（Nod）
　適切なうなずきは、話を聞いてくれているという安心感を与える。多すぎるうなずきは気が散りやすく、遅すぎるうなずきや無反応は不安感を与えることがある。
C：文化的差異の尊重（Cultural difference）
　自分と他人は違う価値観とルールをもっていることを認めて、相手の文化的背景（人生の歴史）から理解する姿勢をもつ。
O：オープンスタンス（Open stance）
　やや前傾に話に関心をもって聞くという体勢をつくる。腕や脚を組む姿勢は、相手を受け入れないイメージがあるため望ましくない。
U：うん・ええといった承認の利用（Um-hmm）
　「うん」「ええ」という短い言葉を使うことで、最小限の励ましと承認をして話題の促進を図ることができる。少ないと距離を感じ、多いと気をそらし不快感を与えることもある。
R：リラックスし、専門職であること（Relax）
　専門職として落ち着いた立ち居振る舞いをする。自信のなさを相手に示したり、経験を誇示する態度は不信感を与えることになる。
A：注意をそらすことを避ける（Avoid）
　最も気を散らすのは会話への割り込み。そのほかにも、視線をそらす・時計を見る・メモをとる・からだに触れるなども注意をそらし、会話に集中できなくさせてしまう。
G：文法スタイルと会話ペースを合わせる（Grammatical style and pace speech）
　自分基準の言葉ではなく、相手の使う言葉を使う。会話のスピードや声のボリュームにギャップが大きいと生理的な不快感からマイナスな印象を与えてしまうことがある。
E：第三の耳で聴く（Ear）
　相手の言葉で話された言語的意味だけにとらわれず、非言語的行動から得られた情報や行動の結果から意図を汲み取る姿勢をもつ。
S：距離スペースを適切にする（Space）
　座る位置の角度（真正面にならない）や距離感（パーソナルは0.4～1.2m、対人は1.2～3.7mが目安）に配慮して過度なプレッシャーや不快感を与えない配慮をする。

3　認知症の人が望む行動を引き出すためのアプローチ

　認知症の人とのコミュニケーションで聞かれる悩みの一つに、本人の困りごとを解決したいが助言を聞き入れてもらえないということがあります。認知症により記憶障害や判断力等の障害があると合理的な判断が困難な場面が出てきます。**表4-4**は、助言を聞き入れてもらえない四つのパターンを示したものです。特に三つ目の、どんな状態になりたいかという目的が不明確な段階で、手段や方法の助言をしても、行動にはつながりません。本人は断る理由を考えることになるでしょう。今どんなことに困っていて、どんな状態になったらうれしいのかを認知症の人に問いかけながら、望む状態を理解・共有することで具体的にどうするのかが明確になってきます。もし本人が「わからない」「決めてほしい」と言うときには、意思決定支援の観点からも二つ以上の選択肢を提案して本人が決めたいと思える状態をつくるとよいでしょう。

表4-4　助言を聞き入れてもらえない（行動を引き出せない）四つのパターン

①	信頼関係をまだ築けていない ⇒職員への好意や信頼感が十分に満ちていないから。
②	認知症の人が困っていることが明確でない ⇒真の解決したいことが明確になっていないから。
③	どんな状態になりたいのか目的が曖昧になっている ⇒本人がどうなりたいのか目的を明確にする前に、手段や方法の助言をしているから。
④	今日できる具体的な一歩を決めていない ⇒具体的な目標に向けた最初の一歩がわからないから。

第 5 節

生活場面ごとの生活障害の理解とケア

1 生活場面（食事・入浴・排泄等）ごとに考えられる生活障害の理解とケア

1 食事という行為の意味・目的

食事は栄養摂取だけが目的ではありません。確かに、食事を食べられなくなるということは、体力や気力を低下させ、生命を脅かす危険があります。特に高齢者においては、食事の摂取量や栄養状態が重要であることはいうまでもありません。しかし、私たちは日々、さまざまな目的や楽しみをもって食事をしています。例えば、目で見て、においを嗅ぎ、舌で味わうといった五感で楽しむ食事、家族や友人との団らん、社交の場での会食などは社会性や QOL（生活・人生の質）を高め、満足感や充実感をもたらします。介護現場においても、楽しく食事をし、豊かな食生活を送ることはとても大切になってきます。

食事の場面における生活障害

認知症の人の食事介助の場面を思い浮かべてみてください。隣の人の食事に箸が伸びたり、あらゆるおかずをお茶や汁物に浸して食べたり、手づかみで食べたりする状態は、認知症の症状によってもたらされる場合があります。

例えば、ほかの利用者の食事を食べてしまおうとする人は、視野狭窄（きょうさく）や半側空間無視により、自分の食事とほかの利用者の食事の境界線がわからなかったり、手元の食事が見えず、見えている食事に手を伸ばしたところ、それがほかの利用者の食事であったという場合が考えられます。また、箸を使わず手づかみで食事をする人は、箸の使い方がわからなくなっていたり、箸の存在を認識できないまま、空腹を我慢できず食事に手が伸びてしまったということも考えられます。食事をほとんど口にしようとしない人は、苦手な物・嫌いな物ばかりが食卓に並んでいたり、義歯の具合が悪く食べたくても食べられなかったり、むせることが怖くて食事を拒んでいる可能性もあります。見る、かぐ、味わうなどの障害により、食事を正しく認識できていないことも影響しているかもしれません。一つの状況を切り取ってみても、さまざまな要因や理由が考えられます。介護職員は、認知症の人のこうした状況を理解したうえでケアをしていく必要があります。

また、認知症になると、自分で食事をつくったり、買い物に行くことが難しくなり、自分の好みの物を食べられる機会が減ってしまいがちです。さらには、食べたい量と食べられる量を調整できず、食べすぎてしまうこともあります。そのため、周りの人のサポートが必要となることが増えていきます。食の充実を図るために、介護職員は、その人の嗜好（しこう）や食習慣を理解することも重要となってきます。図4-4は、食事介助における確認のポイントを示したものです。認知症の人の言葉や行動をヒントに、それぞれの要素を組み合わせて考えてみましょう。

図4-4 食事介助における確認のポイント

脳の障害
- 食べたことを忘れていないか
- 食べ物だと認識できているか
- 食事の場所だと認識できているか
- 食事の時間だと認識できているか
- 食器の使い方はわかっているか
- 自分と他者の食事の区別はついているか

など

健康状態
- 体調はよいか
- 感覚機能（味覚や視覚など）はどうか
- 咀嚼（そしゃく）や嚥下（えんげ）状態はよいか
- 歯の状態はどうか
- 口腔内（こうくうない）は清潔か
- 寝不足ではないか
- 痛みやかゆみなど、不快感はないか
- 適切な姿勢をとれているか
- 薬の副作用はないか

など

生活歴・習慣
- 好き嫌いはあるのか
- 食べ慣れたものか
- 濃い味を好むのか、薄味を好むのか
- 調味料でアレンジしたいのか
- 熱いものを好むのか、猫舌か
- 今までの食事時間や回数と同じか
- お茶や水、お酒などと一緒に食べていたのか
- 間食を好むのか

など

環境
- 落ち着ける環境か
- 介護職員の声かけは適切か
- 周辺の人々との関係はどうか
- 周りの話し声や明るさは適切か
- 過ごしやすい室温や湿度か
- 机といすの高さは合っているか
- 食器や自助具等は適切か

など

性格
- 社交的か、人付き合いが苦手か
- にぎやかさを好むのか、静けさを好むのか
- テレビを観たり音楽を聴いたりしながらの食事を好むのか
- 急いで食べるのか、ゆっくり食べるのか

など

2 入浴という行為の意味・目的

入浴の目的には、清潔保持だけでなく、からだを温め、血行をよくするため、疲労回復や心身のリラックスのため、美容のため等、さまざまな目的があります。では、介護現場において、実際にこのような目的を満たすような入浴が行われているのでしょうか。施設の規模や設備、職員の人数によっては、入浴が流れ作業的に行われることも珍しくはありません。そのため高齢者、特に認知症の人にとって入浴は、必ずしも本人が望む形で行えていないという実情があるといえます。

入浴の場面における生活障害

認知症の人の入浴介助の場面を思い浮かべてください。「服を脱いでいただけますか」「からだを洗いませんか」「浴槽に入りましょう」等、動作一つひとつに違う言葉かけや介助が必要な場面がしばしばあるのではないでしょうか。

例えば、「入浴する」と一言で言っても、その工程は、服を脱ぐ、浴室へ入る、からだにかけ湯をする、シャンプーで髪を洗う、シャンプーを洗い流す、石けんを泡立てる、からだを洗う、泡を洗い流す等、複数に渡ります。この複雑な工程をふだん私たちは半ば無意識に行っています。しかし、認知症になると見当識障害や実行機能障害、失行や失認等から、この工程を滞りなく進めることが難しくなるため、適時介助・介入が必要となってきます。そこでまず気をつけてほしいことは、プライバシーに配慮されているか、という点です。本人が裸でいるのに、一緒にいる介護職員が服を着ていることが、冷静に考えて異様な状況であることを理解すれば、服を脱ぎたがらない人、入浴を拒む人の心境を理解できるのではないでしょうか。

また、記憶障害、見当識障害、判断力の低下等から、入浴していないことを覚えていなかったり、何日も入浴しないことで不衛生になるという判断が難しかったり、入浴したくても湯船に湯を張ることやシャワーを出すことができなくなるということがあります。本当は入浴したい、からだを温めたい、リラックスしたいと思っていても、入浴という行為を遂行することが難しくなるのです。どんな介助があれば、認知症の人が安心して入浴することができるのか。どんな環境があれば、以前のように気持ちよく入浴できるようになるのか。介護職員には認知症の人のできること、できないこと、したいこと、したくないこと等を汲(く)み取る力も求められています。図4-5は、入浴介助における確認のポイントを示したものです。認知症の人の言葉や行動をヒントに、それぞれの要素を組み合わせて考えてみましょう。

図4-5　入浴介助における確認のポイント

脳の障害
- 入浴行為を認識できているか
- 浴室、脱衣室等の場所を認識できているか
- 脱衣、洗髪等の手順を認識できているか
- シャワーの使い方やシャンプーの出し方などはわかっているか　など

健康状態
- 体調や表情はよいか
- 痛みやかゆみ、不快感はないか
- 感覚機能（視覚、触覚など）に異常はないか
- 寝不足ではないか
- 適切な姿勢は保持できているか
- 薬の副作用はないか　など

生活歴・習慣
- 個浴を好むか、大浴場を好むか
- 毎日入浴するか、数日おきに入浴するか
- 夕食後に入浴するか、昼間に入浴するか
- 手ぬぐいかタオルか、ブラシかスポンジか
- シャンプーか石けんか、リンスは使うか
- 熱い湯を好むか、ぬるめを好むか
- 湯船に浸かる時間は長いか、短いか
- 身体のどの部分から洗うか　など

環境
- 落ち着ける環境か
- 介護職員の声かけや服装は適切か
- プライバシーに配慮しているか
- シャンプーや石けんなどの場所はわかりやすいか
- シャンプーや石けんなどは使いやすい容器、形状であるか
- 室温、湯温は適切か
- 十分な明るさがあるか
- 音は反響しすぎていないか
- 浴槽の深さや大きさは適当か　など

性格
- 歌ったり、おしゃべりしたりしたいのか、静けさを好むのか
- 考えごとをしたり、瞑想（めいそう）したりしたいのか
- 面倒くさがりか
- 異性による介助を嫌がるのか　など

3　排泄という行為の意味・目的

排泄（はいせつ）は、心身の健康を保つうえできわめて重要な行為です。そして、排泄（はいせつ）には羞恥心が伴うため、最もプライバシーが守られなければなりません。ですから、排泄（はいせつ）に介助が必要になったとき、そのことが、いかに自尊心を傷つけ、羞恥心をもたらすか、それを十分に理解し、プライバシーに配慮することが求められます。

排泄の場面における生活障害

認知症の人の排泄（はいせつ）介助の場面を思い浮かべてください。認知症になると、トイレではない所で排泄（はいせつ）をしたり、頻回に失禁したり、数分おきに何度もトイレに入った

りなど、スムーズに排泄行為が行われないことがしばしばあります。

例えば、トイレではない場所で排泄してしまったり頻回に失禁してしまう人は、場所の見当識の低下によって、自分の居場所が不明確になったり、トイレの場所がわからなくなってしまい、間に合わなくなり失禁してしまう、また、脱抑制によって、トイレ以外の思わぬ場所（庭や駐車場等の屋外）で排泄してしまうということが考えられます。排泄がないにもかかわらず数分おきに何度もトイレに入る人は、失敗したくないという気持ちから早めにトイレへ行く習慣があり、さらに記憶力の低下から、自分がトイレに入ったという記憶が曖昧になり、不安から何度もトイレへ向かってしまうということが考えられます。

便座を下げずに腰掛けたり、逆にふたをしたまま腰を下ろしたりする人は、実行機能障害や失行によって、洋式トイレの使用方法がわからなくなっていたり、もともと洋式トイレに慣れておらず、記憶力や判断力の低下から、便座を下げる、ふたを上げる等の使用方法がわからなくなっていたり、便座とふたの色が同じでわからなくなっている可能性があります。介護職員は、こうした中核症状がもたらす生活障害に気づき、本人のできること、理解していることに目を向け、自尊心や羞恥心に配慮し介助することが重要です。図4-6は、排泄介助における確認のポイントを示したものです。認知症の人の言葉や行動をヒントに、それぞれの要素を組み合わせて考えてみましょう。

4 これまでの自分自身のケアの振り返りと共有

演習 4-1

● 鈴木さんの事例 5 と事例 13 を読んで、以下の設問について考えてみましょう。

・鈴木さんの食事場面において、どのようなことが障害となっていると思いますか。図4-4をもとに、要因を五つ考えてみましょう。そのような障害の解消や、鈴木さんが自分で行えるようになるためには、どのようなケアが考えられますか。

・鈴木さんの入浴場面において、どのようなことが障害となっていると思いますか。図4-5をもとに、要因を五つ考えてみましょう。そのような障害の解消や、鈴木さんが自分で行えるようになるためには、どのようなケアが考えられますか。

・鈴木さんの排泄場面において、どのようなことが障害となっていると思いますか。図4-6をもとに、要因を五つ考えてみましょう。そのような障害の解消や、鈴木さんが自分で行えるようになるためには、どのようなケアが考えられますか。

図4-6 排泄介助における確認ポイント

脳の障害	
・排泄行為を認識できているか ・トイレの場所を認識できているか ・トイレットペーパーやウォシュレットを認識できているか ・パッドやおむつを認識できているか ・トイレの水を流す操作がわかっているか ・便器を認識できているか ・脱衣の手順はわかっているか　など	

健康状態	生活歴・習慣
・排泄のタイミングは合っているか ・適切な水分量は摂れているか ・便秘や下痢、頻尿や尿閉ではないか ・尿意、便意はあるのか ・適切な姿勢は保持できているか ・薬の副作用はないか　など	・立って排泄するのか、座って排泄するのか　など
環境	**性格**
・プライバシーに配慮しているか ・介護職員の声かけは適切か、羞恥心に配慮できているか ・器具や操作はわかりやすいか ・室温や明るさは適当か ・においや音が漏れていないか ・待たせるような状況ではないか　など	・にぎやかな状況でも気にしないか ・活動や外出前にトイレに行く習慣があるのか　など

振り返りと共有

自施設・事業所での食事・入浴・排泄ケアを、図4-4～図4-6を基に振り返り、それぞれの場面ごとに障害となっていること、またその障害を解消するためのケア、認知症の人が自分で行えるようにするケアの工夫について考えてみましょう。そして、考えた意見をグループで共有しましょう。

演習 4-2

● 認知症の人との良質な信頼関係の土台をつくるうえで、日頃から行っているかかわり方や基本姿勢について振り返ってみましょう。

・意識的にも無意識的にも行っていることはどのようなかかわり方ですか。

・信頼感の獲得のために意識的に自分の実践に新たに取り入れていきたいことは

どのようなことですか。またその理由はなぜですか（今まで取り組んだことのないものをあげてください）。

● Gさん（82歳）は、夫に先立たれ一人暮らしをしていました。社交的な性格で地域の世話役などを引き受けていましたが、5年ほど前にもの忘れが増えたことを心配した娘と受診したところ、アルツハイマー型認知症と診断されました。その後は通所介護（デイサービス）や訪問介護（ホームヘルプサービス）を利用し自宅で生活を続けてきました。しかし2年ほど前、火の不始末がきっかけで認知症対応型共同生活介護（グループホーム）に入居しました。当初は職員や他の入居者と一緒に家事をしていましたが、1年ほど前からは自室にこもりがちです。好きだった入浴も断ることが増え、職員の声かけで脱衣室まできても、呆然（ぼうぜん）と立ちつくすことがしばしば見られます。

・Gさんはなぜ、入浴を断るようになったのでしょうか。入浴をためらう要因として何が考えられますか。考えた要因をグループで共有しましょう。

・最も可能性が高いと思われる要因で立てた仮説をもとに、Gさんのためらいを和らげるためのケアのアイデアを三つ、グループで出してみましょう。

引用文献

1）松浦美知代、諏訪さゆり・朝田隆監、介護老人保健施設なのはな苑編『気づきを育てる認知症の生活障害かかわりかた』日総研出版、2014年

参考文献

＊ 認知症介護研究・研修大府センター「認知症高齢者の在宅介護の家族に対するパーソン・センタード・ケアに基づく支援プログラム開発事業報告書」2010年

＊ 認知症介護研究・研修東京センター監『認知症介護実践研修テキストシリーズ1　新しい認知症介護――実践者編 第2版』中央法規出版、2006年

＊ 山口晴保編著、佐土根朗・松沼記代・山上徹也『認知症の正しい理解と包括的医療・ケアのポイント――快一徹！脳活性化リハビリテーションで進行を防ごう：進化の証 第2版』協同医書出版社、2010年

＊ C. E. ヒル、藤生英行監訳、岡本吉生・下村英雄・柿井俊昭訳『ヘルピング・スキル――探求・洞察・行動のためのこころの援助法 第2版』金子書房、2014年

＊ C. ポラス、夏目大訳『Think CIVILITY――「礼儀正しさ」こそ最強の生存戦略である』東洋経済新報社、2019年

＊ 認知症介護研究・研修仙台センター「初めての認知症介護『食事・入浴・排泄編』・解説集」2010年

＊ 水野裕『実践パーソン・センタード・ケア――認知症をもつ人たちの支援のために』ワールドプランニング、2008年

第5章

QOLを高める活動と評価の観点

目的

認知症の人の心理的安定やQOL（生活・人生の質）向上を目指す活動に関する基本的知識、展開例、評価の観点と方法について理解を深める。

到達目標

1 認知症の人の心理的安定やQOLを向上するための活動の特徴を理解する。
2 生活の中で行う、認知症の人一人ひとりに合った活動の重要性を理解する。
3 活動の展開・評価の方法とPDCAサイクルを理解する。

特に関連する章

第４章 生活環境づくりとコミュニケーション
第９章 生活支援のための認知症の行動・心理症状（BPSD）の理解
第10章 アセスメントとケアの実践の基本

第1節

アクティビティの基礎的知識と展開

1 QOLを高める活動の意義

1 アクティビティとは

従来、認知症の人に対するかかわりは医学モデルに準じて行われてきた経過があり、治療医学の基軸となっていた弱さの視点（weakness model）に沿って、認知症の人の行動を問題行動や行動障害ととらえる対応がとられ、積極的な介入がなされないまま、機能や意欲が低下してしまう悪循環に陥っていました。しかし、「生活の質」や「人生の質」と訳されるQOLを高めるためには、肉体的、精神的、社会的、経済的、すべてを含めたQOLを見直す必要があり、食生活や日頃の運動などにおける日々の介護のありようや、認知症の人に即したアクティビティの提供が認知症の発症や進行、その経過に大きく影響していることがわかってきました。

認知症の人に向けたアクティビティとは、一般的に作業活動を意味し、ゲーム、身体活動、仕事・家事活動、音楽活動、趣味活動、手工芸、文芸活動に分類される内容を指します。一見、余暇活動と似ていますが、個人が潤いのある明るい生活を営むために、主体的にその余暇を創造し、それを楽しみ、またいかに上手に遊ぶかを見つめ、経験しようとする行為として、利用者の主体性や意思が反映された活動である点が大きく異なります。アクティビティの種類としては、身の回りの処理や生活の管理に関する「生活維持に関連する活動」、働くことに関する「仕事・役割に関連する活動」、レクリエーションに関する「遊び・余暇に関連する活動」、そして、活動で消費されたエネルギーの回復に関する「休養・熟成」といったものがあげられます。

2 QOLを高める必要性

認知症の人はその症状の進行に伴い、主体的に生活や時間を管理して自ら取り組むことが徐々に困難となるため、アクティビティを一度やれば終わりということではなく、生活のなかで継続し続けることが大切です。そのためには、本人が実際にできる部分から、本人や介護職員に無理のない環境のなかで、何よりも本人が楽しめるような、主体的に継続できるプログラムにします。また、認知症の人のこれまでの生活歴や仕事歴、好みや趣味、個性や意欲をもてる事柄を理解することが、アクティビティの提供前には欠かせません。そのために、認知症の人を取り巻く生活行為について、心理面・機能面・環境面から必要に応じて事前にアセスメントを行うことも重要です（図5-1）。

図5-1　人の生活行為の概念

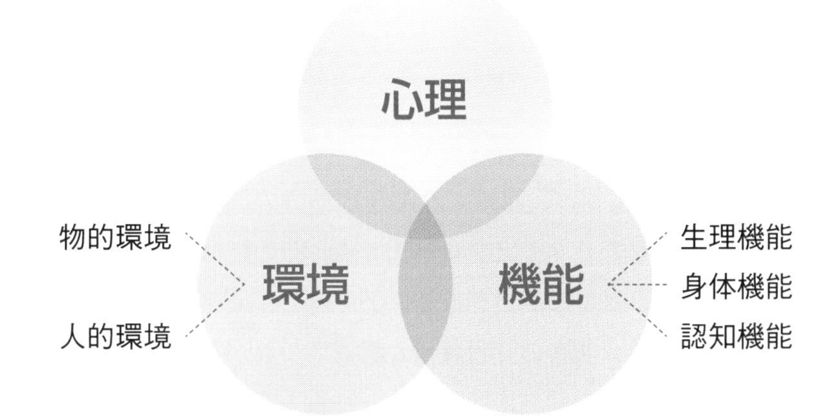

出典：松澤広知「慢性期病院・療養型病院でのアセスメントと結果の伝え方・その後の支援への活かし方」黒川由紀子・扇澤史子編『認知症の心理アセスメント　はじめの一歩』医学書院、p.144、2018年

同時に、日々の行動観察や介護記録などのアセスメントから、一人ひとりの心身機能と生活機能を適切に把握することが大切です。もし、アクティビティが、提供する介護職員からの一方的な決めつけや思い込み、個性を無視した全員一律の内容で提供されれば、提供するアクティビティで必要となる心身機能や生活機能を無視したリスクの高い時間となります。認知症の人の個性や背景などを考えていないことで、介護職員との信頼関係の崩壊や認知症の行動・心理症状（BPSD）の悪化を招くおそれがあります。そのため、介護職員による認知症の人の生活歴や個性の理解が大切であり、本人のQOL向上につながるようなアクティビティの工夫や提供が必要となります。

考えてみよう！（鈴木さんの事例から）

事例２で、早発性アルツハイマー病の告知後、鈴木さんは認知症の情報を知ることで絶望感に陥っています。また、断腸の思いで会社を早期退職せざるを得なくなり、意欲が低下し、自宅にひきこもってしまいます。ひきこもりの状態だけを見て判断するのではなく、認知症の診断を受けたショックや早期退職のくやしさに寄り添うところから、QOL を高めるかかわりが始まります。

2 QOL を高める活動の種類と特徴

QOL を高める活動の基本は、認知症の人の BPSD の改善や、有する能力を活用したり、引き出そうとしたりするアプローチです。その特徴は、①本人が本来もっている能力を引き出そうとする工夫がある、② BPSD の改善、QOL の向上につながる、③介護職員や家族介護者の介護負担の軽減につながる、という利点があることです。ただし、その内容や種類は多岐にわたり、一定の効果がみられたり、特定の疾患や条件では効果を示すものもありますが、科学的根拠には乏しく、実践研究が今も進められています。QOL を高める活動にはさまざまな種類があります。以下では、代表的な活動とその特徴をみていきましょう。

1 認知刺激

時間や場所の見当識を補うリアリティ・オリエンテーションから派生してきた介入方法です。認知機能などの全般的な強化を目的として、個人単位またはグループ単位で行う関与を指します。例えば、食事前にフロアで「今日は何月何日ですか」「今日は大晦日（おおみそか）なので、年越しそばです」「12 時のチャイムが鳴ったから、そろそろお昼ですね」など、見当識に関する情報を提示するものや、「煮物のよい匂いがしてきましたね」など、介護のなかで個別の状況に合わせた形で情報を提供するものがあります。

2 認知機能訓練

音読と計算を中心とする教材を用いた学習を、認知症の人と介護職員がコミュニケーションをとりながら行うことにより、認知症の人の認知機能やコミュニケーション機能、身辺自立機能などの脳の前頭前野機能の維持・改善を図るものです。いわゆる「難しい問題を勉強させて、脳機能を高める方法」ではなく、簡単な計算（例えば、8＋3）をすばやく解いたり、文章を黙読よりも音読してもらうことで認知機能の刺激を図ります。長時間ではなく、それぞれ5～10分程度でもよいとされています。また、介護職員が本人に向けて褒める声かけや認める声かけを続ける人的交流の効果や、目的をもって手指を使う行為による認知機能の活性化も示唆されています。

3 運動療法

理学療法士や作業療法士などのセラピストが中心となり、有酸素運動、筋力強化訓練、平衡感覚訓練など、複数の運動を組み合わせて集団や個別のプログラムを構成します。本人の筋力や体力、ADL（日常生活動作）などに配慮しながら、週2回～毎日の頻度で、20～60分のプログラムを行います。

4 回想法

1960年代にアメリカの精神科医、バトラー（Butler, R.N.）が提唱した心理療法です。過去の懐かしい思い出を複数人で語り合ったり、誰かに話すことで脳が刺激され、精神状態を安定させる効果が期待されています。認知症は、記憶障害が進んでも古い記憶は比較的最後まで残っていることが多く、その記憶の特徴を活かした方法といえます。会話や交流が難しければ、玩具、写真、映画、音楽、動画など、過去を思い出しやすくするためのきっかけを用意し、必要に応じて介護職員から問いかけをしながら進行していきます。思い出話に耳を傾けることも大切です。

5 音楽療法

音楽の治療への応用は、アメリカで第一次世界大戦の帰還兵の心的外傷後ストレス障害（Post-Traumatic Stress Disorder：PTSD）の治療が最初といわれています。利用者の年齢や好みに合わせた曲を選び、認知症の進行具合に合わせて歌や踊りを取り混ぜたプログラムが一般的です。また、好きな音楽を聴く、カスタネットやタンバリンなどの簡単な楽器を奏でる、歌に合わせて踊る、カラオケで歌うなど、活用や展開の方法はさまざまであり、音楽を通じて脳を活性化させる心理療法といえます。

考えてみよう!（鈴木さんの事例から）

事例4で、鈴木さんが認知症カフェに参加した際、コーヒーを飲んで雑談している様子や、ボランティアの人が演奏したバイオリンの曲に懐かしさを感じています。他者との交流や音楽とのふれあいなど、日常とは異なる生活場面のなかにも認知症の人とのかかわり方やアクティビティを導入するためのヒントがあります。QOLを高める活動にはほかにどのようなことが考えられるでしょうか。

3 活動の導入に際しての基本的な考え方

1 活動の導入時に留意すべきこと

まず、活動の導入時に留意すべき点として、「情報収集」があげられます。本人や家族から生活史を振り返りつつ、仕事や役割、日々の過ごし方、趣味や興味などを把握し、認知症の人にとって意味のあるアクティビティが何かを検討します。

次に、生活場面での「観察」を行います。日々の生活や介入の場面で、本人の取り組み・表情・コミュニケーション・なじみの関係にある人などの把握に努めます。時間や場所によっても様子は異なるため、職員同士で共有することも大切です。そして、「手順の説明方法」も大切です。ルールブックの提示や口頭での説明のみではなく、視覚的要素として、完成品となる見本の作品を見てもらったり、実際に行う動作を介護職員が見せたりするようにします。認知症の人に実際の活動を行ってもらいながら、不足のある部分については介護職員からの声かけやヒントで支援し、できる限り、認知症の人が自分でできる範囲を広げるように努めましょう。

さらに、アクティビティの効果を高めるには、目的を明確にして、人と感情を共有することが必要です。加えて、活動の導入場面において、自分にできた、褒められた、役に立った、必要とされているなど、認知症の人にとって心地よいと感じられるように肯定的なコミュニケーションを行うことも大切です。

2 介護職員が心がける視点

活動環境における介護職員の心がけるべき視点として、誤りなし学習があげられます。活動の難易度が高ければ高いほどよいという訳ではなく、提供される認知症の人にとって、難しすぎず易しすぎない、適切な難易度となるように配慮することが大切です。介護職員は本人に寄り添いながら、不必要な失敗をしないようなさりげない声かけや座席の配置などの対応を行いましょう。そのように活動を継続していくことで、介護職員やほかの利用者との交流を通じて、活動の場面ならびに活動以外の生活場面でも言語・非言語の感情表出が生じやすくなります。介護職員はアクティビティによる心理面や行動面の安定が、日々の生活にも波及する（般化する）ように情報共有や、生活のなかでの工夫も途切れないよう考えて取り組みましょう。

考えてみよう！（鈴木さんの事例から）

事例４で、鈴木さんが認知症カフェに参加した後、パソコンなどの前職の経験を活かし、カフェのボランティアとして積極的な社会参加がみられています。認知症の人の得意なことや好きなことを知ることが、アクティビティを導入したり、参加条件の工夫にもつながったりします。

4 QOL を高める活動の展開例

ここでは QOL を高める活動について、現場での実践方法やさまざまな展開の仕方をみていきましょう。

1 回想法

回想法をアクティビティとして実施する際には、準備として、「本人の聴力や視力の有無や程度を確認する」「記憶を保持できる時間の程度を把握する」「複数人で行う場合には、他者との交流などを把握する」「話題（戦争や喪失など）によって、起こり得るリスクや対処方法を検討する」といった準備が必要となります。また、生年月日、年齢、性別、既婚・未婚、出身地、教育歴、仕事歴、現病歴や既往歴などの情報も収集できていると、進行や展開が進めやすくなります。

次に、進行の種類として、時系列的テーマと非時系列的テーマの２種類があります。時系列的テーマでは、幼児期、学童期、青年期、壮年期、現在と人生のライフステージに沿って話題を進めていきます。非時系列的テーマでは、季節の行事（正月、節分、七夕など）、仕事（子守り、長く就いた仕事など）、健康（けが、病気、薬など）などの自由なテーマに沿って話題を進めていきます。回想法の展開中は事実であるかどうかの観点はおいておき、本人の気持ちを傾聴するように努めましょう。また、話をすることを無理強いするのではなく、沈黙でも構わないので、同じ時間を快適に共有できる雰囲気をつくりましょう。

例えば、特別養護老人ホームでの回想法では、昼食後からおやつ前の時間帯に、食堂や見守りがしやすい共有部分などの場所で行います。昔のお菓子のテーマでは、利用者の故郷にちなんでずんだ餅など、なじみのお菓子について食材や作り方を回想してもらいます。衛生面やリスク、利用者のADLにも配慮しつつ、豆のつぶし方や餅のこね方などを利用者同士で教え合うなど、それぞれの利用者が楽しめるように環境を調整します。一緒につくる過程も楽しみながら、完成したずんだ餅をおやつとして味わうところまでを共有します。

そして、各回の回想法の終了時にはお茶を飲んだり、回想と離れた話題で雑談を行うなど、過去の話題の回想から現在に気持ちを切り替えられるような小休憩を入れるのが望ましいでしょう。

2 音楽療法

音楽療法では好きな音楽を聴くところから楽器を奏でたり、歌に合わせて踊るところまで、活用や展開の方法はさまざまです。例えば、通所介護（デイサービス）で咀嚼（そしゃく）や嚥下（えんげ）機能の維持や表情筋の活性化が目的の場合には、滑舌よくリズミカルに歌うことを意識したり、食事前にパタカラ体操を実施するなどの展開が考えられます。また、呼吸筋や呼吸器の強化が目的の場合、性急な気持ちを抑えて緩やかに歌うことを意識したり、リラクゼーションをしつつ呼吸筋のストレッチ体操を行うなどの展開が考えられます。

一方、目と手の協調性や手や足の操作性を目的にした場合には、上手や下手は関係なく、本人が自分のイメージをもって想像力豊かに楽器を鳴らすことや、リズムを感じながら手拍子や足踏みをして手足を動かすなどの展開例が考えられます。

3 園芸療法

園芸療法は、草花や野菜などの園芸植物や、身の回りにある自然とのかかわりを通して、こころやからだの健康、社会生活における健康の回復を図る療法です。植物は日本の四季折々の伝統行事や地域の風土、気候、食事などとも深いつながりがあり、生活に密着したアクティビティといえます。展開としては、植物を見るために屋外へ出る（外気浴・日光浴など）、植物を愛でる（視覚）、花や果実などの自然の恵みに触れる（触覚）、花や果実の香りを楽しむ（嗅覚）、育ってきたものを食べる（味覚）、虫の音や鳥のさえずりを聴く（聴覚）など、五感の活用になります。また、育てる植物を選ぶ、種まきをする、定期的に水やりをする、除草や間引きをする、支柱立てをするなど、植物を育てる一連の行為そのものにその人の心身機能を用いることになります。

例えば、グループホームでは、園芸療法に用いる植物の種類を考えるところから利用者に参加してもらいます。植物を植える場所、花や実を付ける季節などを利用者同士で考えてもらい、種をまいてからの時間の流れも頭に入れてもらいます。利用者と近くの店で必要なものを購入した後、植木鉢やプランターの配置、土壌の盛り方などを複数人の利用者で協力して行います。利用者の能力に合わせて、水やりや見守りの当番などを決めて生活習慣のなかに盛り込みます。花が咲いたときには鑑賞会、野菜の実ができたときには収穫や調理を行う場面も共有します。

4 リアリティ・オリエンテーション

「現実見当識訓練」と訳され、1968年にアメリカのアラバマ州にある退役軍人管理局病院で精神科医フォルソム（Folsom, J.C.）によって開始されました。当初は戦争の後遺症によって脳に損傷を受けた軍人に用いられた心理療法です。「何月何日か」「今の季節は」といった時間や場所などがわからない見当識障害を解消するための訓練で、現実認識を深めることを目的としています。

2種類の方法があり、クラスルームリアリティ・オリエンテーションは、少人数の認知症の人が、介護職員の進行のもとで決められたプログラムに沿って個人および現在の基本的情報（名前、場所、時間、日付、人物など）を提供し、訓練するものです。24時間リアリティ・オリエンテーションは、介護職員との日常での基本的なコミュニケーションのなかで、認知症の人に「現在はどこにいるか」「今は何時か」といった現実認識の機会を提供するものです。介護場面においては、着替えや排泄（はいせつ）の介助などのなかで、意図的に認知症の人の注意や関心を、天気、曜日、時間に向けることや、室内に飾られた季節の花、朝食のみそ汁のにおい、旬の魚を焼く香り、登校中の子どもの声などを用いて、手がかりを与えながら見当識への支援を行うなどの展開例があげられます。

5 その他の展開例

その他にも介護現場では、その活動や参加する人の特徴に合わせた導入や展開が実践されています（表5-1）。

表5-1 その他の展開例

活動の種類	活動の例
①行動に焦点をあてた活動	幻視のあるレビー小体型認知症の人に、認知行動療法を導入することで幻視を軽減・消去できるように目指す。
②感情に焦点をあてた活動	感情失禁のある血管性認知症の人に、定時になじみの場所で回想法を導入することで感情面の安定を目指す。
③刺激に焦点をあてた活動	常同行動のみられる前頭側頭型認知症の人に、好きな絵の具や好きな画風で自分の気持ちを表現する芸術療法を導入することで、集中できる時間を増加し、社会的な逸脱行動の軽減を目指す。
④認知機能に焦点をあてた活動	見当識障害のあるアルツハイマー型認知症の人に、朝食・昼食・夕食時にリアリティ・オリエンテーションによる認知刺激を導入することで、見当識の補完と介護施設の中での安心感の増加を目指す。

考えてみよう！（鈴木さんの事例から）

事例７で、鈴木さんが利用した若年性認知症対応の通所介護では、さまざまなリハビリテーションを行っています。認知症予防のリハビリテーションには、認知機能訓練、運動、作業などがありますが、鈴木さんは自分で好きなものを選んで取り組んでいます。介護職員からの決めつけや思い込みではなく、本人に好きなプログラムを自発的に選んでもらい、その後に参加時間や難易度を職員が調整することで意欲を維持したまま、長く活動を続けることにつながります。

第2節

心理療法やアクティビティの評価方法

1 評価の基本的考え方

1 アセスメントとアウトカム評価

心理療法やアクティビティは、その活動を行うだけではなく、活動の目的をもち、認知症の人が実際に参加してどのような結果になったのか、次回に活かすための工夫は何かなど、誰もが共通して把握できる物差しで理解を行うことが大切です。アセスメントは査定、評価という意味があり、アクティビティの効果や適性を測る際にも大切な視点となります。

また、アウトカム評価のアウトカムとは、成果や結果という意味です。介護現場におけるアウトカム評価では認知症の人のQOL（生活・人生の質）やADL（日常生活動作）のレベルが維持・改善された場合、それに見合った評価が加算されます。そのため、QOLやADLのレベルがどれくらいなのか、どのように変化したのかを調べることがアクティビティの効果や適性を測る指標といえるでしょう。アセスメントとアウトカム評価を用いることのメリットとデメリットは以下のようなことがあげられます。

メリット

① 評価の基準や尺度が明確となり、アウトカム指標を客観的数値として明示できる。
② 評価者の主観的判断による評価のばらつきを避けることができる。
③ 活動内容の改善目標を設定することが容易であり、目標値と実際のアウトカム指標とを比較することで、提供するアクティビティの課題を把握できる。
④ アクティビティなどの介入活動の取り組み前と取り組み後のアウトカム指標を比較することで、進行状況を正確に把握することができ、サービスの継続的な質の向上につなげやすい。
⑤ 自施設・事業所だけでなく、他の施設・事業所のアウトカム指標と比較でき、同業者間における自らのサービス水準の位置づけを知ることが可能である。

デメリット

① アウトカム指標を用いた評価を導入することで、成果が出やすい軽度の利用者を活動やケアの対象とし、改善が期待しにくい重度の利用者へ活動やケアが導入されにくくなる。
② データの収集や入力などに現場で時間や労力、コストがかかるが、必ずしも作業に要したコストなどに見合う質の改善効果が得られるとは限らない。
③ アウトカム指標により評価できる質の内容には制約があり、多面的な質の一面しか評価できない場合がある。
④ アウトカム指標を偏重しすぎると、施設・事業所の質改善へのモチベーションを損なうおそれがある。
⑤ アクティビティや心理療法で改善しない利用者が理由もなく非難される事態が生じ得る。
⑥ 高齢者は身体・精神機能の低下・改善を繰り返すことが多く、評価する時点によって全く異なった判定となり得ることから、評価時点の設定が困難である。

2 定量評価と定性評価

昨今では介護分野においても、経験や慣習などの主観的な評価や判断にとどまらず、誰もが理解できる科学的な根拠の提供が求められています。介護分野のなかでもアクティビティやケアによる変化やその根拠を示すために評価が用いられています。評価には定量評価と定性評価という2種類の評価方法があります。

まず、定量評価とは、数字に基づいた評価、数値で計測できるものを材料として評価を導く手法であり、手法によって導き出された評価結果そのもののことです。例えば、アクティビティの評価場面でいうと、活動前後における利用者の血圧、脈拍、体温、発語回数、発語量などがあげられます。一方で、定性評価とは、数字では表すことのできないものに対する評価、目に見えないものや形になっていないものに対する評価を導く手法、またその評価方法のことです。例えば、アクティビティの評価場面でいうと、活動場面での意欲、活動中の気持ち、活動に対する考え方や価値観などです。

定量評価と定性評価の組み合わせ

定量評価と定性評価には、それぞれ強みと弱みがあります。まず、定量評価は、数値で評価が決まるため、誰が見ても同じ評価が導き出されることになり、わかりやすく客観性を保ちやすいのですが、反面、数値化できる範囲に限界があり、すべてを評価できません。一方で、定性評価は、表情や姿勢など、数値では計測できないものを評価できますが、評価基準を数値化できないため、客観性を保ちにくくなります。そのため、アクティビティの評価を行う際には、定量評価と定性評価を上手に組み合わせて、総合的に評価することが望ましいとされています。

例えば、介護職員が定性評価として認知症のＡさんを評価すると、表情が冴(さ)えず、不機嫌なように見えるので、参加している活動を楽しんでいないように見えますが、定量評価と合わせてみると、活動前よりも活動時のほうが発語の頻度が高く、参加者のなかでも自発的に発言している機会が多くなっています。表情には出にくくても、Ａさんはこころのなかでは活動を積極的に楽しんでいるということがわかります。また、定量評価と定性評価を組み合わせて評価し続けることで、利用者の体調不良や転倒リスクなどを予見することもでき、活動だけでなく、ふだんのケアにも還元できます。このように、定量評価と定性評価の両方を組み合わせることで、より正確な評価が可能になるのです。

演習 5-1

● 自分自身について、以下の視覚的アナログスケール（Visual Analog Scale：VAS）を用いて、活動への満足度や幸福感などを選んで記入をしてみましょう。日をまたいで複数回行うと、自分自身の変化が数値化して見えるでしょう。

◎ 視覚的アナログスケール（Visual Analog Scale：VAS）

教示：下の直線上で、あなたが今日感じた「満足度」／「幸福感」／「痛みの強さ」を最もよく表すと思われるところに、×印をつけて下さい

0 ──────────────────── 100

0	100
全く満足しなかった	とても満足であった
全く幸福ではなかった	とても幸福であった
全く痛みはなかった	耐え難い痛みであった

● 自施設・事業所で担当している認知症の人について、評価尺度の変化をみてみましょう。

（例）本人のアセスメントシートにおける、認知症のスクリーニングや認知機能の評価に用いられるMMSE（Mini-Mental State Examination）や改訂長谷川式簡易知能評価スケール（HDS-R）の推移や変化。

- 自施設・事業所で担当している認知症の人について、評価尺度のマニュアルなどを参照しながら、評価尺度を実際に用いてみましょう。

（例）認知症の行動・心理症状（BPSD）を測定する評価尺度であるNPI（Neuro-psychiatric Inventory）や、日常生活における行動観察の評価尺度であるN式老年者用精神状態尺度（NMスケール）など。

2 評価尺度を利用する意義と限界

まず、評価尺度には、測定の再現性を示す定度、測定値が目的とする現象にどれほど近い値をとるかという程度を示す真度、目的とする現象をその測定がどれほどよく表しているかという質的な側面を含む妥当性の要素があります。そのため、誰もが好き勝手に自分の評価尺度をつくって使えるという訳ではなく、国際的な基準で認められている評価尺度を用いることで、ほかの利用者や事業所、ほかの国の利用者との比較が可能になります。

次に、評価尺度を利用する意義として、①認知症の人の状況を把握することで、ケアやリハビリテーションの方針の指標となる、②認知症の人への介入や活動の内容が妥当かどうか検討する資料となる、③今後の介入やケアの展開を検討する際の重要な資料となる、ということがあります。ふだんの介護や業務のなかでは気づかないような視点から、認知症の人のもつ側面や変化を抽出できるのが魅力です。一方で、限界もあります。評価尺度は万能ではなく、一つずつの物差しにすぎません。

例えば、定規は長さを測定できるものの、温度や重さ、時間などのほかの要素を測定できないように、評価尺度は目的としている測定以外はできません。また、体温計で複数人の体温が36.5度で一緒であったとしても、基礎体温や体質、血圧などのほかの要因によって、体調が異なるのと同じように、測定中の様子を観察したり、測定された結果以外の情報を多面的に把握することが大切です。なかには、認知機能を評価するMMSEで合計点が同じ20点であったとしても、身の回りの状況判断が乏しくなっている見当識障害が進んでいる人もいれば、見当識は保たれているのに数分前に言ったことが全く思い出せないといった記憶障害が進んでいる人もいます。

つまり、「❶　評価の基本的考え方」（p.127参照）でも述べたように定量評価と定性評価を上手に組み合わせながら、数値からわかる情報と、目の前の認知症の人を観察することでわかる情報の両方に目を向けることが大切です。また、行動観察の評価尺度は、観察者の技量や状態に影響を受ける場合もあります。評価の際には評価の目的や介護職員も含めた環境条件を考慮して、適切な評価方法を選択するようにします。

考えてみよう！（鈴木さんの事例から）

事例 10 で、鈴木さんが希望することを一緒にしてほしいと思っている場面や、自分のことを自分で行おうとしても失敗が多く、迷惑をかけていると感じている場面があります。評価尺度で他者との比較や個人の経過を追うことができる反面、数値だけではとらえられない思いや感情などの要素もあります。また、疾患が同じでも出てくる症状に違いがあるように、評価尺度は万能ではなく、限界があることも知っておきましょう。

3 評価尺度の種類と選定

評価尺度は重症度、ADL、QOL、BPSD など、いろいろな状況における認知症の人の行動を介護職員などの他者が観察することにより評価されます。評価尺度には無数の種類がありますが、無用な評価の多用は認知症の人や介護職員に負荷や疲労感を蓄積させてしまいます。そのため、どのような目的で用いるのか、どのような対象者に対して用いるのか、どのような変化を確認したいのかなど、評価を行う側の目的や意図を明確にもったうえで評価尺度を活用しましょう。

1 認知症のスクリーニング／認知機能の評価

▶ MMSE（Mini-Mental State Examination）

見当識、記憶、注意、計算、書字、図形模写といった課題から構成される合計 30 点満点の評価です。一般に 23 点以下は認知症の疑いとされています。

▶ 改訂長谷川式簡易知能評価スケール（HDS-R）

すべて言語を用いる評価で、記憶に関する項目が MMSE よりも多いのが特徴です。合計30点満点で、一般に20点以下は認知症の疑いとされています。

▶ FAST（Functional Assessment Staging of Alzheimer's Disease）

アルツハイマー型認知症の進行度や重症度について、1（正常）から7（高度）までの7段階で評価する尺度です。認知症の人に関する観察、家族介護者への聞き取りによる情報などを基に評価を行います。今後の症状の経過予測も可能なため、ケアを行ううえでの環境の整備などに用いられています。

2 ADLの評価

▶ PSMS（Physical Self-Maintenance Scale）

基本的ADLの6項目（排泄(はいせつ)、食事、着替え、身繕い、移動能力、入浴）を評価する尺度です。

▶ IADL（Instrumental Activities of Daily Living）

道具使用のADLの8項目（電話、買い物、食事の支度、家事、洗濯、移動・外出、服薬管理、金銭管理）を評価する尺度です。

▶ N式老年者用日常生活動作能力評価尺度（N-ADL）

ADL能力をいくつかの項目に分類し、それぞれを点数化して評価する尺度です。日常生活での動作能力、すなわち歩行/起座、生活圏、着脱衣/入浴、摂食、排泄(はいせつ)といった項目に分類されています。

3 QOLの評価

▶ SF-36（Medical Outcome Study Short-Form 36-Item Health Survey）

八つの健康概念（身体機能、日常役割機能、体の痛み、全体的健康感、活力、社会生活機能、日常役割機能、心の健康）の項目で構成されており、疾患に限定されずQOLの連続的な評価が可能です。

▶ QoL-AD（Quality of Life in Alzheimer's Disease）

自己評価と他者評価を併用した簡便な評価方法で、中等度までのアルツハイマー型認知症の人に適しています。

4 認知症の行動・心理症状（BPSD）の評価

▶ NPI（Neuropsychiatric Inventory）/NPI-NH（NPI-Nursing Home version）

精神科医等の専門職が、主に医療機関で家族介護者などに面接で評価を行うNPIと、主に介護施設で介護職員に面接で評価を行うNPI-NHがあります。妄想、幻覚、興奮、うつ、不安、多幸、無為、脱抑制、易刺激性、異常行動の10項目の精神症状を評価する尺度です。なお、食異常と睡眠障害の2項目を加えた12項目で評価する指標もあります。各項目のスコアは各精神症候の有無（0～1の2段階）とその頻度（1～4の4段階）×重症度（1～3の3段階）で表され（0～12点）、10項目で合計0～120点となり、高得点ほどBPSDの頻度や重症度が高いことを示します。

▶ BPSD＋Q

BPSDの25項目とせん妄の2項目を評価する尺度です。利用者の過去1週間の状態について思い出しながらBPSDの重症度と負担度を0～5点の6段階で判断します（点数が高いほど重度）。

▶ BEHAVE-AD（Behavioral Pathology in Alzheimer's Disease Rating Scale）

アルツハイマー型認知症によくみられるBPSDを対象に薬物療法の効果を評価する尺度です。妄想観念、幻覚、行動障害、攻撃性、日内リズム障害、感情障害、不安および恐怖、全般的評価の8因子で構成され、それぞれ0～3点の4段階で評価を行います（点数が高いほど重度）。

▶ DBDスケール（Dementia Behavior Disturbance Scale）

認知症の人の行動異常によって起こる介護者のストレスの原因や負担感を評価する尺度です。主に行動症状の評価として用いられています。28項目の質問があり、各項目について0点（全くない）から4点（常にある）までの5段階で評価します。

▶ CMAI（Cohen-Mansfield Agitation Inventory）

認知症の人における一定期間内の具体的な行動障害の出現頻度を評価する尺度です。攻撃的行動、非攻撃的行動の二つのカテゴリーに分けて評価されます。

考えてみよう！（鈴木さんの事例から）

事例11で、鈴木さんが午前のリハビリテーションに集中できないときがあるように、本人の状態やその日の体調も加味して、評価尺度を用いる必要があります。また、事例14のように、鈴木さんに失語がみられ、言葉や文字による意思伝達が難しくなった場合には、言葉や文字によらない手段で評価を行うなど、その人の状態や機能に合わせた評価尺度の選択も重要となります。

評価尺度を利用する際の留意点と実践場面でのPDCAサイクルの活用例

PDCAサイクルとは、さまざまな分野・領域における品質改善や業務改善などに広く活用されているマネジメント手法です。その内容は「計画（Plan)」「実行(Do)」「評価（Check)」「改善（Act)」のプロセスを順に実施していくものです。以下では、実際に介護現場での導入例を見ながら考えてみましょう。

1 PDCAサイクルの活用例

B特別養護老人ホームでは感染症対策により、外出支援などの機会が激減し、認知症の利用者10名の昼夜逆転が顕著となっています。そこで、施設長、フロアリーダー、介護職員で対策を検討し、昼夜逆転の解消に向けて、日中にフロア内で回想法を実施することとなりました。

①計画（Plan)

利用者10名の昼夜逆転を解消する。日中に回想法を行う。

②実行（Do)

4月1日から、昼食後の13時から30分間の回想法を2日に1回の頻度でフロア内で行う。対象者は昼夜逆転がある認知症の利用者10名。介護職員3名が参加し、ホワイトボードを用いて回想法を進行する。回想法は時系列的テーマで進行する。

③評価（Check)

3月1日から3月30日までの期間に、アクティビティを導入する前のBPSDの評価として、介護職員で分担しNPI-NHを実施する。また、活動開始1か月後の5月1日から5月30日までの期間に、再度NPI-NHを実施する。

④改善（Act)

活動開始1か月後のNPI-NHでは明確な効果がみられなかった。そのため、実施内容を見直し、課題点を検討した。その結果、視力や聴力が低下している参加者が多く、ホワイトボードだけでの共有は難しいことがわかった。そこで、施設内の職員や利用者の家族に、回想の想起を助ける刺激物の提供を依頼した。その結果、小学校時代の教科書や利用者がよく聞いていたレコード盤などを集めることができた。また、参加する利用者の年代や性別が大きく異なるため、時系列的テーマでの進行ではなく、小学校での思い出や印象深い音楽など、非時系列的テーマを設定した。

その後、7月1日から7月30日まで、実施内容を修正した回想法で、再度10名の利用者へ実施した。8月1日から8月30日まで再度NPI-NHを評価したところ、10名中8名にBPSDの有意な改善がみられた。また、日中の傾眠時間は平均48分の減少がみられた。

以上のPDCAサイクルを踏まえながら利用者に即した回想法を導入することで、

昼夜逆転やBPSDの改善に一定の効果があったと考えられました。

2 評価尺度を利用する際の留意点

評価尺度にはさまざまな種類があり、実施方法や評価方法もそれぞれ異なります。評価尺度を決めた後は、その評価を実施する際の手順や記録、評価点の出し方を確認することが大切です。例えば、BPSDを評価するNPI-NHでは認知症の人の生活場面における行動や生活状況をよく知っている人からの聴き取りが必要です。一方、MMSEやHDS-Rでは、認知症の人に対して直接質問のやりとりを行うため、周囲の騒音が気にならない場所の選定や本人の視力・聴力に応じた眼鏡や補聴器の事前の準備が大切です。そして、評価を受ける認知症の人にも、評価を行う介護職員にも双方に身体的・心理的な疲労がたまりやすいとされています。入浴直後などの疲労がたまりやすい時間を避けたり、評価の実施後に労いの声かけを行うなど、評価尺度の利用後も双方にとってよい信頼関係が続くような配慮が大切です。

また、前述のPDCAサイクルでは一般的に「計画（Plan）」や「実行（Do）」の部分に注目されがちですが、導入したアクティビティの効果を適切に測るためには「評価（Check）」が必要です。評価には手間や労力がかかるため、敬遠されがちな側面もありますが、認知症の人への導入の目的や介護職員で観察を行う場面の共有などを行うことで、認知症の人のQOLや生活能力の改善、職員のスキルアップにもつながります。また、評価後の「改善（Act）」のプロセスでは、当初の計画を、現状の課題や改善点を見つけながら改善し続けることが大切です。

前述の例の場合でも、当初の計画だけで終わらずに、改善点を関係者で話し合えたこと、事前に評価を行い根拠をもとにして考えることができた点が望ましいと考えられます。加えて、10名に対してよりよいアクティビティの方法がないか、違う側面の評価が必要かどうかなど、サイクルの文字どおり、よい循環を続けながら現場で検討し続けることが認知症の人のQOLやADLの改善につながります。

演習 5-2

自施設・事業所で担当している認知症の人について、他の職員や上司、他職種と相談のうえで必要な評価尺度を用いて、実際にその評価内容や評価からわかったことをまとめてみましょう。

考えてみよう！（鈴木さんの事例から）

事例6で、鈴木さんが認知症カフェへ行く際は、お金の支払い時にカードの使用や乗車座席の固定などの工夫をしています。鈴木さんのこれらの工夫は、バスの利用当初からできていたものでしょうか。おそらくお金の支払いや降車の失敗などの問題に直面し、その問題の背景や対策を考え、本人にできることや周りの人に行ってもらえることを分担しながら一つずつ対処されてきたものといえます。このときの対処方法は、PDCAサイクルの考え方が基本となっています。事例6の後半では、バスの降車時にステップを踏みはずして転倒し、右腕を骨折しています。今後のバス利用時にはどのような工夫をすればよいでしょうか。

演習5-3

- 自施設・事業所のなかで、認知症の人に提供しているアクティビティの種類やその内容についてまとめてみましょう。
- 自施設・事業所のなかで担当する認知症の人に関連して、介護のうえで気になる問題点や、それを調べるために適した評価尺度についてまとめてみましょう。

関連リンク先

＊ DASC-21「DASC-21とは」 https://dasc.jp/about
DASC-21は、簡単で短時間に「認知機能」と「生活機能」の障害を評価することが可能です。

＊ CANDy（日常会話式認知機能評価）公式ホームページ「CANDyとは」 http://cocolomi.net/candy/overview/
CANDyは認知症の人にみられる15個の会話の特徴について、自由な会話のなかでその出現頻度を評価します。

参考文献

＊ 日本看護協会編『認知症ケアガイドブック』照林社、2016年
＊ 鳥羽研二・許俊鋭監『認知症ビジュアルガイド——見てできる認知症ケア・マネジメント図鑑』学研メディカル秀潤社、2021年
＊ 黒川由紀子・扇澤史子編『認知症の心理アセスメント はじめの一歩』医学書院、2018年
＊ 粟田主一編著『認知症初期集中支援チーム実践テキストブック——DASCによる認知症アセスメントと初期支援』中央法規出版、2015年

第6章

家族介護者の理解と支援方法

目的

在宅で介護する家族支援を実践する上で、その家族の置かれている状況や心理、介護負担の要因を理解し、必要な支援方法が展開できる。

到達目標

1 在宅で介護する家族の置かれている状況や心理を理解する。
2 家族の介護負担の要因を理解し必要な支援方法が展開できる。
3 介護保険施設・事業所等の介護職員等としての家族支援の役割を理解する。

特に関連する章

第２章　認知症の人について知る
第７章　権利擁護の視点に基づく支援
第８章　地域資源の理解とケアへの活用

第1節

家族介護者の理解

1　高齢者世帯や在宅介護の実態

1　増加する高齢夫婦のみの世帯と家族介護者の高齢化

少子化、高齢化が進み、世帯の縮小が進むことで世帯構造の変化をもたらします。図6-1は、65歳以上の者のいる世帯の世帯構造の推移を示したものです。1986（昭和61）年で最も多かった三世代世帯は2019（令和元）年には最も少ない世帯となりました。夫婦のみの世帯が最も多く、単独世帯の割合も年々高くなっています。

図6-1　65歳以上の者のいる世帯の世帯構造の構成割合の年次推移

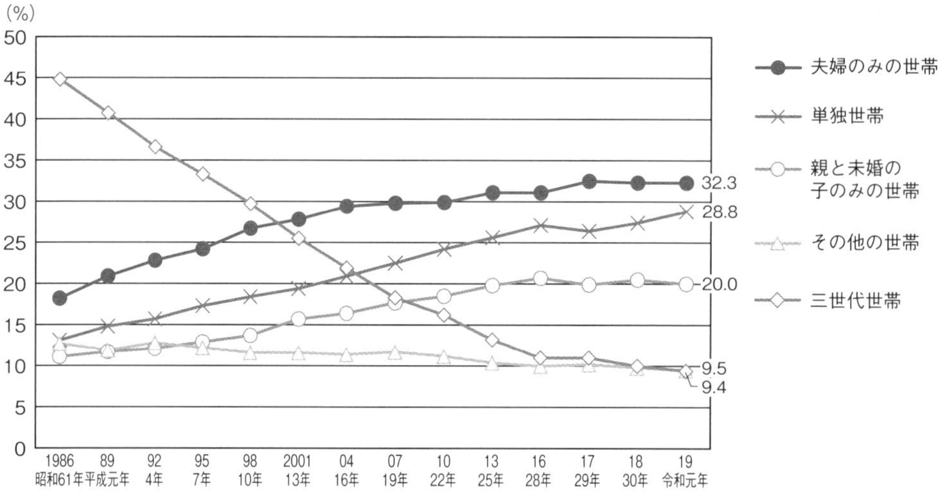

資料：厚生労働省「2019年 国民生活基礎調査の概況」を基に筆者作成

図6-2は要介護者等（在宅の要介護者または要支援者）のいる世帯の世帯構造の推移を示したもので、全世帯と同様に核家族世帯（夫婦のみの世帯、親と未婚の子のみの世帯）が最も多く、次に単独世帯が多くなっています。しかし、高齢者の単独世帯であっても家族がいないということではなく、同居せずに通い介護をしている家族もいます。これらより、現在の在宅介護では、高齢化する家族介護者の身体

的・精神的負担への支援、介護者である未婚の子への就労も含めた生活への支援、別居介護をする家族介護者への支援も考えなければならないことがわかります。

また、現に介護する人が親族ではない場合も家族支援の対象となることがあります。施設等へ入所している場合においても同様です。施設等で、認知症の人にとって望ましいケアの方針を決定していくときには、その人のことをよく知る家族や親族だけでなく、友人も含めた協力者もまた広く家族支援の対象者ととらえることができます。さらに医療行為や健康上の重要な判断が必要になった場合、介護保険サービスの代理契約者や後見人など、代理決定をする人も家族支援を行ううえで協力者となります。

図6-2 要介護者等のいる世帯の世帯構造の構成割合の年次推移

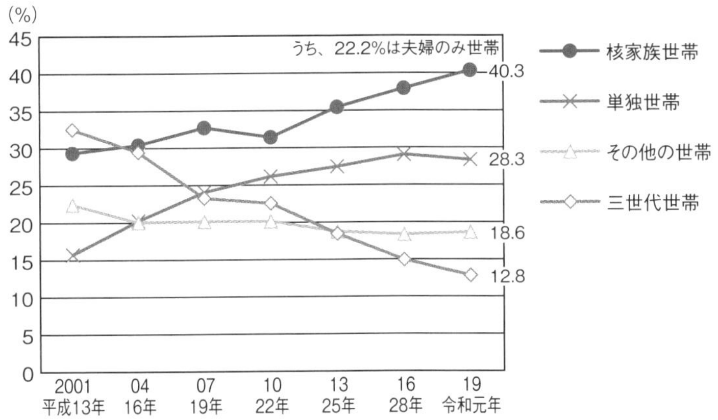

(%)
45
40
35
30
25
20
15
10
5
0
うち、22.2%は夫婦のみ世帯
40.3
28.3
18.6
12.8
2001 平成13年
04 16年
07 19年
10 22年
13 25年
16 28年
19 令和元年
核家族世帯
単独世帯
その他の世帯
三世代世帯

資料：厚生労働省「2019年 国民生活基礎調査の概況」を基に筆者作成

2 高齢者虐待の状況と世帯構造

厚生労働省が実施した「令和2年度『高齢者虐待の防止、高齢者の養護者に対する支援等に関する法律』に基づく対応状況等に関する調査結果」では、養護者との同居・別居の状況については「虐待者とのみ同居」が52.4%、「虐待者及び他家族と同居」が36.0%であり、世帯構造については「未婚の子と同居」(36.4%)、「夫婦のみ世帯」(23.3%)で多く発生しています。なお、養護者による高齢者虐待の相談・通報者は、医療福祉関係者等が全体の4割を超えており、本人や家族からは少ない傾向にあります。このことから、家族だけで行うことによる密室化や地域からの孤立化を未然に防止するはたらきかけが大切です。

2 在宅で介護する家族を取り巻く課題

1 高齢者や認知症の人同士での介護

高齢者同士の介護や認知症の人同士の介護という課題は、高齢夫婦のみで居住する世帯が増加していることから生じています。高齢の家族介護者は自分自身の健康問題を有していますし、認知症は加齢に伴い罹患率（りかんりつ）が高くなるので、居宅サービスの介護職員は送迎や訪問の際、利用者だけではなく家族の健康にも気を配る声かけや、健康管理へのはたらきかけが求められます。また、その地域の民生委員や近隣の人とコミュニケーションをとって見守り体制をつくり、予兆を察知することで早期介入につなげることが求められます。

2 介護者の社会的孤立

80代の親と同居する50代の未婚の子どもが就労せず、ひきこもりの状態になるといった、親の年金が生計の中心となり、生活が困窮し社会的に孤立する傾向が問題になっています。当初は働いていた子どもも親が要介護状態になることで離職し、経済的、社会的に孤立し困窮するということもあります。ひきこもり状態になる前に早期支援がなされることが望ましいのですが、実際は認知症などで介護が必要な人の生活能力に支障が生じてから問題として初めて表出することが多いようです。居宅サービスの介護職員は、地域包括支援センターと早期から連携し、障害や生活困窮等の他機関との連携のうえで支援体制をつくることが必要になります。

3 介護離職

「雇用動向調査」（厚生労働省）より、介護による離職は2019（令和元）年には約10万人であり、年々増加しています。「令和元年度 仕事と介護の両立等に関する実態把握のための調査研究事業報告書」（NTTデータ経営研究所）では、介護離職をした人の離職理由には「仕事と介護の両立が難しい職場であったこと」や「介護する家族・親族が自分しかいなかったこと」が上位にあげられています。また、現在介護をしている人も、問題なく仕事を続けている人は2割程度しかおらず、多くの場合は限界を感じているか、なんとか継続しているという現状があります。

認知症ケアの場合、身体的な24時間の見守りが必要になるケースもあり、より仕事との両立が難しくなることもあります。職場の理解に向けて、介護職員としても相談先や利用できる制度や給付について理解を深め、情報提供していくことが大切です（p.158の関連リンク先参照）。

4 ダブルケア

ダブルケアとは、育児と介護が同時期に発生しそれを担っている状態のことです。晩婚化の影響により出産が高齢化し、育児を行いながら介護や看護を引き受けていることが背景にあり、その支援が不足し、孤立化や離職につながっているという課題があります。「平成27年度 育児と介護のダブルケアの実態に関する調査報告書」（NTTデータ経営研究所）によると、推計では25万人以上存在しているとされており、男女比では女性が約2倍です。ダブルケアに直面した際に多くの人は離職や転職を経験しているものの、離職せずに継続できた理由には、育児サービスや介護サービスの利用、家族や職場の協力があげられています。

社会資源や相談先が育児と介護の両方にまたがるために情報の整理が難しく、不安感が大きいことから、育児と介護それぞれの専門職の連携が大切です。また、社会資源としてダブルケアカフェや専用の相談窓口を設置している自治体もありますが、まだ少数であり、これから新たな社会資源の開発が求められます。

5 ヤングケアラー

ヤングケアラーとは、家族のケアを担う18歳未満の子どもを指す言葉として使われています。専門学校や大学生などの学生も含まれ、ケアを理由に就労をあきらめてしまった若年世代の介護者全般のことをいいます。特徴として、生活の一部であったため介護は自分がするものと思い込み、本来は支援が必要であるにもかかわらず本人は気づいていない、または気づいていても誰に何を相談していいのかわからないということがあげられ、結果として、将来設計や人生設計ができないという課題が生じています。家族支援は、中高年の問題だけではなく、その家族全体の課題であると認識をして、小さな声にも耳を傾けていくことが必要です。

6 別居介護・遠距離介護

家族介護者は同居しているとは限りません。遠距離であったり、近距離であっても世帯を別にして定期的に通う人が多く存在しています。介護が必要な親が離れていることへの不安や往来による負担感も大きくなり、介護離職をせざるを得ない状況になることや、子どもの居住地への転居によって認知症の症状が悪化してしまうケースもあります。また、子どもに迷惑をかけたくない、住み慣れた自宅で暮らしたい、何か起きたら誰か助けてくれるのかという親の気持ちと、親を心配する子どもの気持ちの両方を取りもつ役割を介護職員が担うこともあります。介護職員は、いつでも連絡をとれるように顔の見える関係を築き、さまざまなサービスとの連携が図れていることを伝えるなど、少しでも離れて暮らす家族が安心できるような情報提供を行うことが大切です。

7 若年性認知症

65歳未満で発症した若年性認知症の人の家族支援では、主たる介護者が配偶者である場合も多く、子どもが就学中の場合もあることから経済的な課題が生じます。その課題に向けては、本人が現役で仕事をしていたり、本人の就労意欲も高く、その能力もあることから、就労や役割の場の創出などを検討することが望まれます。また、介護者が高齢の親の場合もあり、家族の役割や立場の変化などへの対応も課題となります。親と同居している世帯であれば複数の人が介護を必要とする場合もあり、高齢での認知症とは異なる家族介護者への支援が必要になります。診断直後から、各県に配置されている若年性認知症支援コーディネーターや地域包括支援センターとの連携が行えると、家族に対しても支援の可能性が広がります。また、若年性認知症コールセンター等の情報も伝えるとよいでしょう。

3 認知症施策における家族介護者の支援

「認知症施策推進大綱」（以下、大綱）は、認知症の人と家族の視点を重視し「共生」と「予防」を両輪として、2025（令和７）年までの施策推進の方針を明らかにしたものです。**表6-1**は、大綱での家族支援に関する内容を示したものです。大綱では、認知症の診断前からの早期発見や相談体制や連携づくり、また診断直後からの不安を軽減するための切れ目のない支援体制づくりを目指して具体的な方針が示されています。そして、「誰が」「どのように」という役割と具体的な数値目標が記載されています。大綱では、直接的に介護負担軽減に資する事業、地域づくりや認知症の理解啓発などで社会の偏見を軽減する心理的なサポートを行う事業、介護教室のように直接的な教育的な支援を行う事業が推進されています。

また、介護保険制度には、地域包括ケアシステムの実現に向けて高齢者の社会参

表6-1 「認知症施策推進大綱」における家族支援の内容

●普及啓発・本人発信支援
・認知症サポーター養成による地域の理解者や見守り体制の醸成
●医療・ケア・介護サービス・介護者への支援
・認知症疾患医療センター等との連携による診断後の本人・家族支援
・認知症地域支援推進員による認知症カフェの企画・運営
・かかりつけ医、認知症サポート医および歯科医師、薬剤師、看護師等による早期からの連携対応の体制づくり
・医療機関と地域包括支援センターの連携した家族支援体制の整備
・認知症初期集中支援チームによる本人と家族への支援
・本人・家族の意見を踏まえた「認知症ケアパス」の作成と活用による地域支援体制づくり
・育児休業・介護休業等又は介護を行う労働者の福祉に関する法律に基づく介護休業等制度のさらなる周知の実施と活用の促進
・介護サービス事業所等における家族教室や家族同士のピア活動の推進
●認知症バリアフリーの推進・若年性認知症の人への支援・社会参加支援
・チームオレンジによる認知症の人や家族の支援ニーズに合った具体的な支援活動の展開
●研究開発・産業促進・国際展開
・家族負担の軽減に焦点をあてた地域での生活を支援するための研究推進

加や在宅生活を地域で支える連携や体制整備を構築するための「地域支援事業」があります。地域支援事業には、介護予防事業を主目的とした「介護予防・日常生活支援総合事業」、地域包括支援センター業務や認知症施策推進を行う「包括的支援事業」、家族支援と介護給付適正化を行う「任意事業」があります。この任意事業では、市町村が家族介護支援を行っています。ただ任意事業であり、地域の実情に応じて実施されているために市町村によって方法が異なります。**表6-2**は地域支援事業の任意事業のうち、家族支援にかかわる二つの事業を整理したものです。

表6-2 市町村で行われている家族支援にかかわる事業

家族介護支援事業	その他の事業
① 介護教室の開催 介護知識・技術の習得や、介護サービスの適切な利用方法等についての教育支援の実施 ② 認知症高齢者見守り事業 認知症に関する理解啓発活動や講演会、認知症の人の見守りネットワークの構築 ③ 家族介護継続支援事業 介護者を対象にした健康相談やヘルスチェック、介護者交流会や慰労金の支給、介護用品の給付等	① 成年後見制度利用支援事業 成年後見制度の経費や成年後見人等への報酬の助成、利用促進のための相談など ② 福祉用具・住宅改修支援事業 福祉用具や住宅改修に関する相談や情報提供、助言のほか住宅改修費の支給の申請にかかる必要な理由がわかる書類作成の経費助成など ③ 認知症サポーター等養成事業 認知症サポーター養成講座の企画立案と実施を行うキャラバン・メイトの養成、認知症の人と家族を見守り支える認知症サポーターの養成

第 2 節

家族介護者の心理

1 家族介護者の介護負担の実態と評価

1 在宅で介護をする人の介護負担

家族介護者の介護負担感とは、介護を担うプロセスのなかでさまざまな影響からもたらされる精神的、身体的な健康、社会生活および経済的な負担や苦痛などを含めた負担感情の度合いのことをいいます。介護ストレスと呼び変えてもよいでしょう。図6-3は、負担感やストレスの要因となる出来事により家族介護者が経験する一連のプロセスを示しています。介護負担の要因となるものは、要介護者の認知症を含む疾患の状況、家族介護者の経済状況、体力的や心理的な負担感、家族や親族との関係、助けてくれる副介護者の存在の有無、物理的な介護環境などがあげられます。また、介護によって社会生活を制限されることや、要介護者とのこれまでの人間関係などによっても異なります。さらに、住んでいる地域や近隣住民の介護に対する考え方も家族にとって大きなプレッシャーとなることがあります。介護をする家族がこれらの要因や出来事に対してどのような感情を抱くのか、あるいはこうした出来事にどの程度耐性があるのかによって、介護負担感の度合いが異なります。

これらより、介護職員が介護負担感を軽減する支援をするうえでの大切な視点として次の点が考えられます。第一に、介護負担が起こっているかを知り、何が要因なのかをアセスメントすることです。第二に、介護負担を感じているときにはできるだけ速やかに察知し、対処方法を調整・準備し提供することです。

2 介護行為に関する負担感

家族介護者は介護を必要とする家族の日常生活全般を支えています。図6-4は、全国の市町村で実施された「在宅介護実態調査」(厚生労働省)の結果です。現在行っている介護としては、外出の付き添いや金銭管理、家事全般については毎日の出来事として多くの家族介護者が経験しています。

一方で、不安に感じている介護としては、認知症状への対応に最も不安を感じて

図6-3　介護ストレスの一連のプロセス

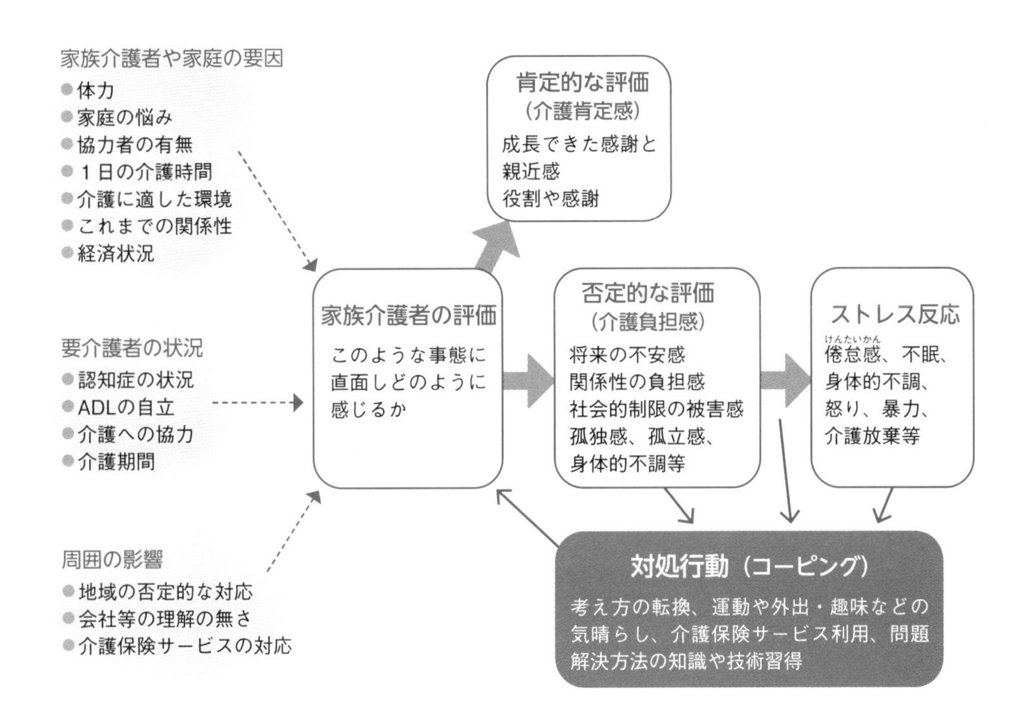

資料：Lazarus, R. S. & Folkman, S., *Stress,appraisal,and coping*, New York : Springer Pub. Co., pp.117〜135, 1984. を基に著者作成

います。認知症は進行性の疾患であり、今の状態よりよくなることが見込まれないという思いや先の予測の難しさが背景にあるといえます。また、昼夜を問わず排泄（はいせつ）介助、そして入浴介助についての不安があることがうかがい知れます。これらは、在宅介護の継続にも影響をもたらします。介護行為に関する負担感は、在宅介護を担う家族が必ず直面する共通の負担感です。介護職員は日常生活の介護行為の現状を知り、その先の不安感を取り除くサービスの提案や、もっている知識・技術を踏まえた助言が求められます。

3　認知症の症状による負担感

介護を必要とする家族にADL（日常生活動作）の低下がみられると身体的な負担感が大きくなります。特に介護者が高齢の場合、副介護者が不在の場合などは、体力的にも厳しく毎日繰り返す排泄（はいせつ）介助は大きな負担になることが予測できます。また、認知症の症状が発症することで新たな負担が生じます。認知症の原因疾患にもよりますが、初期には記憶障害や実行機能障害がみられるようになります。日常

図6-4　主介護者の現在行っている介護と不安に感じている介護

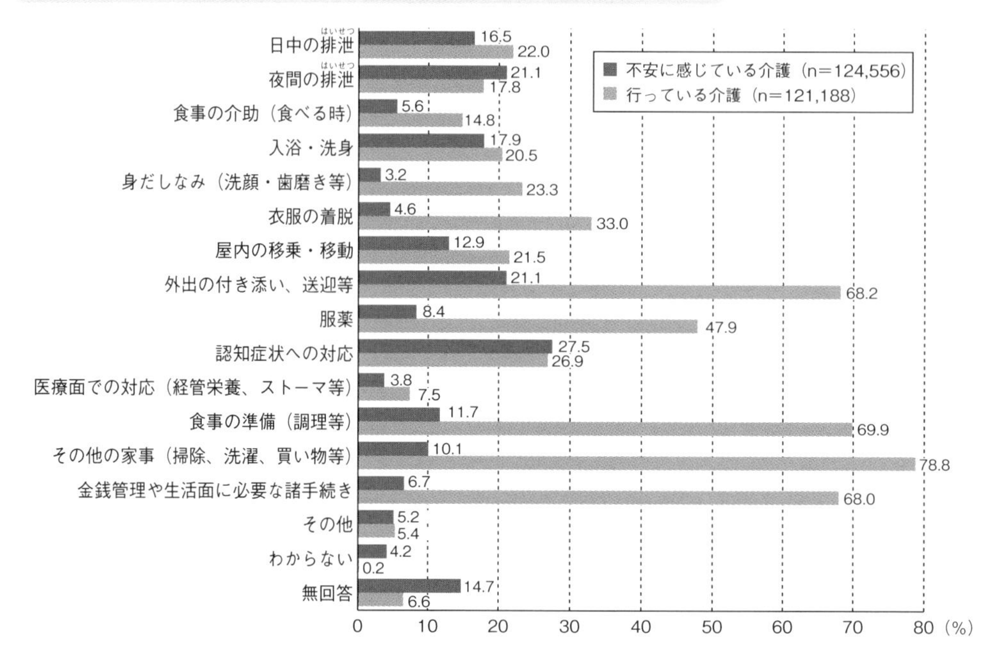

資料：三菱UFJリサーチ＆コンサルティング「令和2年度老人保健事業推進費等補助金（老人保健健康増進等事業）在宅介護実態調査結果の分析に関する調査研究事業報告書」p.78、p.88、2021年を基に筆者作成

生活でみられる本人の失敗や混乱を家族が責めてしまったり、それをきっかけとした衝突が起こることで、結果として、興奮、暴力、被害妄想などの攻撃的な言動から介護負担感が増加することになります。さらに認知症が進行すると外出しても見当識障害や記憶障害から自宅に帰れない、自宅の中でトイレの場所がわからない等、家族は昼夜を問わず目が離せない状態になり負担感は増大しやすいです。このように認知症の人の介護は悪循環を生じやすいため、初期の兆候が表出した際に、症状の悪化や認知症の行動・心理症状（BPSD）の出現の予防に向け、介護職員は家族に対しできるだけ早く対応の工夫やコミュニケーションの際の工夫の助言を行えるようにしましょう。

4 家族・親族関係、地域社会を要因とした負担感

「家族だから介護をすべき」「地域の人に迷惑をかけてしまう」「認知症を公表することは恥ずべきこと」といった見方は、家族を追い詰めてしまい、心理的な負担となります。このような社会的スティグマを取り除くために介護職員が近隣住民に認知症や介護への理解を深めるための活動を行うことも家族支援の一つです。また、こうしたスティグマや偏見は、家族も自分自身に対してもってしまうことがあ

ります（自己スティグマ）。時にこうした考え方は自分自身の価値を下げ、社会との関係が疎遠になってしまいかねません。例えば、「『高齢者虐待の防止、高齢者の養護者に対する支援等に関する法律』に基づく対応状況等に関する調査結果」から、男性介護者は介護がうまくいかず虐待をしてしまう、未婚の子と同居世帯は虐待が多いといった情報から周囲がリスクの高い介護者だと判断してしまうことで、家族介護者は支援を求める行動がとれなくなってしまうこともあります。その背景には、葛藤や不信感、劣等感、反発や恐怖などのこころ模様があるといえます。

大切なことは、「あなたには価値がある」ということをしっかり伝える他者の存在です。これは、家族内でもいえることであり、介護職員は他者やほかの家族と比較した「親子らしさ」「夫婦らしさ」「家族らしさ」をその介護者に押し付けず、一人ひとりの個人と人生を尊重した声かけが求められます。

5 介護負担の評価について

介護負担感を定量的に評価する方法は、国内外で数多く開発されています。なかでもZarit介護負担尺度は日本語版も作成されて数多く使われてきました。介護負担を「親族を介護した結果、介護者が情緒的、身体的健康、社会生活および経済状態に関して被った被害の程度」と定義しています。22項目のものと短縮版の8項目のものがあります。また、BPSDに対する介護者の負担度の評価では、NPI（Neuropsychiatric Inventory）やDBDスケール（Dementia Behavior Disturbance Scale）があり、日常生活で起こったBPSDに対する負担度を明らかにすることが可能です。

2 介護肯定感

介護はこれまでの日常生活や社会生活を変えなければならないために、最初は誰しもが戸惑うものです。介護負担感は介護に対する否定的な評価から生じますが、介護には否定的な評価だけではなく、介護肯定感といわれる肯定的な側面もあります。介護生活のなかで生じる体験に、苦しい、つらい、時間を奪われるといった否定的な評価をするだけではなく、家族を介護できる感謝の気持ちや、気持ちが通じ合い楽しい、うれしいという感情や、自分自身の成長のためになるというポジティブな意味づけや自己評価を行う感覚をもつことがあります。これを介護肯定感という概念で説明することができます。

介護肯定感は、これだけが独立してあるものではなく、負担感を乗り越えた先にある場合や、これまでの幾度も経験した苦しみを喜びとして感じる場合、または苦しさと喜びを同時に感じる場合などさまざまなときに感じると考えられています。介護職員が、介護は苦しさもあるが喜びもあることを前提に、肯定的な側面を見つけて言葉にして伝えていくことは、介護肯定感を高め、負担感の軽減となり、家族介護者が自分の気持ちに気づくことにもつながります。その繰り返しが介護を続けていく力になります。

介護肯定感は、介護負担となった要因に対処することで得られる場合もあります。これらを対処行動（コーピング）といいます。介護を行ううえでのつらい、苦しい、不安などのネガティブな感情であると介護者自身が評価・認識したとき、気持ちを落ち着かせるための気晴らしや、情報収集、助けてくれる人などをいくつかもつこと、また、困難に見舞われ体調不良や怒りの感情などの表出をした後であっても自分をコントロールし、次にどのような対応をするかということを考えることも対処行動といえます。個人によってその対処方法は異なりますが、こうした対処ができると深刻な状況に陥りにくいということがわかっています。これらの対処方法を助言することも家族支援です。

3 認知症の人を介護する家族の心理

1 認知症の人を介護する家族の孤独と空白の期間

アルツハイマー型認知症、レビー小体型認知症、前頭側頭型認知症などの神経変性疾患を起因とする認知症では、何かのきっかけで突如その症状が明らかになるわけではなく、慢性的に症状が進みます。また、記憶障害では、加齢の影響なのか認知症によるものなのかの明確な判断が難しいことがあります。そのため、一緒に暮らしている家族は異変に気がついても、認知症の影響であるということには気がつきにくいものです。また本人も、違和感を覚えていても、それを周囲に相談することをためらう場合もあります。

認知症介護研究・研修仙台センターによる認知症の人を介護する家族2356人を対象にしたアンケートの結果では、家族が認知症の疑いを感じてから、認知症の診断につながるまで約1年1か月、その後介護保険サービスの利用までに1年4か月を要しています。その期間が長ければ長いほど精神的、身体的、経済的な負担感が高くなること、さらに介護保険サービスを利用していても相談先が全くない人は全体の25%に上っていることも明らかになっています。違和感を覚えた後だけでなく、診断後も思い悩んでいることから、できるだけ早期に介護職員からの積極的な声かけや話しやすい場をつくることが大切です。

2 認知症の人を介護する家族の葛藤

認知症は、診断を境にして症状が重症化するわけではありません。家族の生活も同じで、診断後に突如生活が一変するものではありません。しかし、地域社会や住民のなかには認知症に対して「認知症になったら終わり」といった忌避感や嫌悪感、拒否感からくるネガティブなイメージが存在しています。また、家族や本人が同じようなネガティブなイメージをもっていることもあります。そのことから周囲の人に協力を求めることを遠慮し、1人で抱え込んでしまう家族も少なくありません。さらに認知症は見えない病であるため、いくつもの葛藤を生じやすくなります（**表6-3**）。理解してもらえない孤独感、周囲への不信感を生み、頼りたいけれど自分で何とかしたい、1人になる憧れと自由になることへの恐怖、愛おしいけれど憎いといった、両価的な感情からくる葛藤が生じることがあります。これらが認知症の人を介護する家族の負担感の要因にもつながります。

3 喪失と悲嘆そして受容へのプロセス

家族介護者は、認知症の診断後から症状が進行していく過程のなかで、さまざまなこころの揺らぎを感じます。記憶障害をはじめいくつかの中核症状により、これまでその人にはみられなかった言葉や行動が現れることで、家族はその人を失っていくような感覚を覚えることがあります。このときに感じる感情の一つに喪失感があります。喪失感とは、愛着を抱いていたものを奪われたり、手放さなければならなかったりする状態に表れる感情や感覚です。これは、自宅で長年一緒に暮らしていた家族の施設入所が決まり、その人が不在になったときに感じる感情でもあり、認知症ケアの末に死別した家族にも同じことがいえます。認知症の場合、進行性であり不可逆性であることから、こうした感情を抱きやすく、しかも自分が引き起こしたものではなく、「強いられた喪失」でもあります。また、介護によって仕事を辞めざるを得ない状況になったり、友人との付き合いから遠ざかることになると、

表6-3 認知症の人を介護する家族がもつ葛藤

信頼と不信感	周囲の人から介護へのねぎらいや共感を得たい一方で、拒否されたり無視されたくないという思い。
自分１人で全うしたい思いと依存したいという思い	自分の家族だから、自分１人でしっかり在宅で介護したいが、昼夜を問わず目が離せない状況に誰かにお願いしたい、施設に入所してほしいという気持ち。
回復への期待と無力感	時に症状も安定することから回復するのではという期待を抱くが、また元に戻ったり悪化することで無力さを感じる。
自尊心と劣等感	対応がうまくいったときに感じる自信と、同じように対応してもうまくいかず自分を責めて自らを見下げてしまう。
協調と対立	専門職や協力者と協調して介護を行うことはわかっているが、自分の思いどおりにしたいという思いから対立してしまう。
１人になる憧れと孤独の恐怖	在宅介護を終わりにし自分の思うままに生きたいという思いと、1人になると寂しく孤独になってしまうという恐怖。
愛しさと憎しみ	大切な家族と一緒にいられる納得や幸せと、自分の時間を奪われているという制約からくる憎しみ。
家庭と仕事	介護に専念したいという思いと、仕事もこれまでと同じように続けたいという思い。

「社会心理的な喪失」も伴うことがあります。

喪失は悲嘆（グリーフ）をもたらします。悲嘆とは、喪失に対するさまざまな心理的・身体的症状を含む感情的反応であり、その感情の深さや反応は個人差も大きいものです。そのために第三者の何気ない一言が家族介護者を深く傷つけてしまったり、怒りや敵意を抱かれてしまうこともあります。

家族介護者にかかわるうえで一つの指針になるのが、受容にいたる段階モデルです。ここでは、認知症ケアの経験者への体験的事例から用いられている４段階モデルを紹介します(**表6-4**)。すべてにこの段階的プロセスが当てはまるものではなく、症状の変化によって行ったり来たりを繰り返すことや、時間を要することがあることを前提にしてください。また、家族のこころを読み解くものではなく、共感的に理解するための指針として考えてください。

表6-4 認知症の人を介護する家族の心理的プロセス

とまどい・否定	診断前後や初期にみられる。認知症の症状が現れたことに戸惑う。治ると信じて訓練をしたり、手厳しく叱責したりする場合もある。認知症の知識を得ても否定的に考えたり、私は違うと感じてしまうこともある。1人で悩み抱え込んでしまう時期のため、家族の気持ちを受け入れしっかりと話を聞き、一緒に考えるほかの家族や介護職員が大きな支えになる。家族の会などのピアサポートも有効である。
混乱・怒り・拒絶・防衛	認知症であることを受け入れているが、認知症の症状への対応に苦慮している時期でもある。外出先で迷子になり地域の人などにお世話になることや、排泄(はいせつ)の失敗や昼夜逆転、同じ言葉や行動の繰り返しが続き家族は混乱し、怒りの感情が芽生えたり、時に拒絶し逃げ出したくなることもある。本人もとても混乱している時期であるが、家族は疲弊し本人の気持ちを考える余裕すらなくなっている。通所介護(デイサービス)などのレスパイトサービスを有効に活用し、家族が自分と認知症の人と向き合えるような支えと助言が必要である。また、介護職員からの介護への客観的評価は肯定的に受け止めるために有効である。
あきらめ・割り切り	認知症であることや、さまざまな言葉や行動は認知症がもたらすものであることを受け入れ、対応しようと考えはじめる時期である。回復をあきらめ受け入れようとしている時期でもあり、無力感にさいなまれたり、コミュニケーションをあきらめてしまうこともあるため、うつ傾向を示す家族もいる。家族の気持ちが揺れ動く時期でもあるため、介護職員はその気持ちを共感的に受け止め、たとえコミュニケーションが難しくても、認知症の人には感情がありこころがつながっていることを確認できるような声かけが求められる。些細(ささい)な変化やよい兆候について観察し、家族に伝えていくことが望まれる。
適応・受容	認知症の症状や現実を客観的に受け止め、認知症の人に対し共感的理解を示すことができる時期である。認知症の進行によって日常生活全般で介助が必要になり、コミュニケーションが難しくなる時期でもあるが、家族が自分でできること、難しいことの見定めもできるようになる。そして、家族自身の成長や介護によって得られたことにより、これからの自分の生き方を見据えることもできる。一方で、社会的制約感や介護負担感は変わっていないことや、認知症の人の体調の急変なども想定できることから、施設入所や入院、または終末期などに向けた喪失や悲嘆へのケアも視野に入れる必要がある。

考えてみよう! (鈴木さんの事例から)

事例5では、日常生活にさまざまな支障が表れ、鈴木さんは妻との衝突もみられるようになってきました。そうしたなか、地域包括支援センターの職員から介護保険サービスの利用を勧められます。このときの家族の気持ちとしてはどのようなものでしょうか。また、どのような声かけが大切でしょうか。

第3節

家族介護者の支援方法

1 家族の介護負担の軽減に向けた介護職員の役割

1 家族介護者の権利を尊重する家族支援を目指す

家族介護者の権利の尊重

介護は、どちらか一方が常に与える（ケアする）、与えられる（ケアされる）という関係性のものではありません。また、介護をすることの喜びと介護されるという安心も必要です。上野は、介護者と要介護者の人権について「相互行為としてのケア」を提唱し、「ケアする権利－ケアを強制されない権利」、「ケアされる権利－ケアされることを強制されない権利」を「ケアの４象限モデル」で説明しています[1)]。この考え方は、人生や生活のなかでのケアとして考えるうえではとても重要な考え方であるといえます。専門職である介護職員は、家族介護者の介護負担の軽減を図るとともに、介護を行うことを強要したり、介護を担うことで望まない離職や社会的役割の消失のようなことが起きないようなはたらきかけを、家族支援の概念に据えなければならないでしょう。同時に、介護される側の権利として、本当にこの家族介護者に介護をされたいのか、ということを読み取ることも必要です。このように両者の権利を尊重するためには、介護職員が認知症の人の意思決定支援を行うことと同時に、家族介護者の意思決定支援を行うことが必要です。

介護職員の役割

介護職員は家族の介護負担の軽減を目指すことと同時に、その人の歴史やこれまでの生活、個性、人生を含めて、家族が介護にどのように向き合っているかを知ることが大切になります。とはいえ、職員が「あなた自身の人生を生きてください」と助言することが望ましいとは限りません。「認知症である家族を最後までしっかり支えることこそ、私自身の人生であり幸せです」と考える家族介護者の思いも当然のことです。家族介護者と本人との相互作用で介護は成り立つことを理解し、両者の思いをつなげ、どちらにも偏らない家族支援が求められます。少なくとも家族介護者が「介護をすることでこのような苦しみを抱き、そして社会的な制約を受ける人生を私は描いていなかった」という思いを抱いている状態は望ましい状態ではありません。また、介護を担うこと、介護を受けること、または介護サービスを利用したり施設への入所を選択した際に、偏見の目で見られたり社会的な制約を受けたりしないような地域づくりに介護職員がかかわり参画することは、両者の望まない対立や葛藤をなくすために大切な役割といえるでしょう。

2 家族介護者へのアセスメント

家族を知るためにはアセスメントが必要です。アセスメントは在宅介護の家族支援でも、施設へ入所をしている人の家族支援でも必要であり、事業所や施設においては、アセスメントシートをつくっておくことが望まれます。

最初に大切なことは、家族が「どの程度介護にかかわりたいか」あるいは「かかわれるか」についてよく話し合うことです。その後にアセスメントが始まります。「かかわりたいけれど、現状は難しい」「将来はわからない」など、家族の思いをよく聞き、なぜそう思うのかをゆっくりと丁寧に話し合う時間が必要です。その背景には、その家族にしかわからない理由が必ずあり、介護だけではない家族関係からもたらされる葛藤や悩みがあるものです。こうした思いを介護職員の価値観で考えず、目の前の家族の声に耳を傾けることから始めるようにします。そして、**表6-5**の項目例にあるようなアセスメントを行ったうえで、先々のことだけではなく、目の前の現状について解決すべきことを明らかにします。

表6-5　家族介護者へのアセスメントの項目例

基本情報	身体的健康	睡眠（時間）、食事（回数や自炊状況）、飲酒、血圧、既往歴、健康診断等
	心の健康	家族関係、要介護者との関係、趣味や時間の使い方、不安、うつ傾向
	家族の状況	家族構成、要介護者との関係、家族の大切なことの決定者、要介護者以外の１週間のスケジュール、介護についての考え方
介護状況	要介護者の現状	年齢、性別、疾患、必要な介助（ADL）、認知症の状況
	ケアプラン	現在の介護の方針、利用しているサービス、事業所等との関係や満足感

	介護の役割	買い物、ADLの介助、通院の付き添いや見守り、専門職との連絡や決定
	介護者の知識や技術	介護保険サービスの知識、認知症の知識や理解、介護や病気の知識、介護技術、インフォーマルサービスの活用
	住居環境	介護に適した住居（バリアフリーや手すり）
就労や学業、経済状況	経済的状況	経済的負担、主な収入源、貯蓄
	就労状況	就労意欲、雇用形態、就業先の配慮や理解、就労内容（勤務、通勤時間、残業など）の理解者
	学業	通学・授業時間、友人関係、相談者の有無、学校の相談先・者の有無、介護者になったきっかけ、負担感
他のケアの責任	子育て	子育てに要する時間、負担感、家族・親族の協力者の有無、子どもの状況、制度利用の有無
	他のケア	その他のケアが必要な人の有無（通いや遠距離を含む）

資料：認知症介護研究・研修仙台センター編『専門職のための認知症の本人と家族が共に生きることを支える手引き——2,400人の家族の声からつくる家族介護者支援必携』ワールドプランニング、pp.9-10、2018年を基に筆者作成

介護保険施設・事業所等の役割

1 居宅系サービスにおける家族支援

介護保険サービスは、介護保険の被保険者が介護が必要になったときに費用が給付されるサービスです。そのなかで、通所系サービスや訪問系サービスなどの居宅系サービスは、本人の心身機能の維持・向上を目指すことが目的ですが、実際には家族の介護負担の軽減や一時的な休息（レスパイト）として大切な役割を担っています。

▶通所系サービスにおける支援

通所系サービスでは、認知症の人の心身の機能維持や向上に目が行きがちになります。しかし、利用している時間は気分が高揚していても、その日中の覚醒が自宅での生活や夜間にどのような影響を与えているのかは個人によって異なることもあるため、自宅に帰ってからの生活の安定を視野に入れた支援が求められます。家族としっかり連携しながら、どのようなかかわりが望まれるのかを検討しましょう。また、通所系サービスの送迎時は短時間ですが重要な家族支援の場になります。その際に、家族へのねぎらいの言葉や、家族に対する介護の評価などを行うことは介

護肯定感を高める効果があります。こうしたはたらきかけを介護職員から行うことで、家族の心理的な安定と信頼関係の構築につながります。

▶訪問系サービスにおける支援

訪問系サービスでは、他者が自宅に入ることに抵抗があることを理解したかかわりが求められます。訪問系サービス利用時には家族が不在のことも多くあり、職員は自宅での生活の一端を垣間見る大切な役割を担っています。ベッドの位置、部屋の明るさ、部屋の中の混乱、介護に障害となる物理的環境など、家の様子から家族の疲労や家族と本人との関係性を観察できることもあります。また、別居介護、遠距離介護であっても、家族への連絡やねぎらいの言葉を手紙やメモで記録として伝えるようにすると、家族も一緒に介護を行う仲間であるという意識をもつきっかけになります。

▶地域社会における支援

家族が暮らす地域社会へのはたらきかけも家族支援といえます。地域住民が認知症への理解が薄かったり、認知症や介護サービス利用への偏見があると、家族は周囲からの理解をためらい孤立してしまう原因にもなります。また、外出して帰れなくなることや、地域でのトラブルが生じた経験から、本人の外出を制限してしまうことにもつながります。このような環境は認知症の行動・心理症状（BPSD）を悪化させてしまう要因になり、家族にとっても介護負担感が増大し悪循環が生じます。

認知症サポーター養成講座での理解者づくりや、町内会や民生委員など地域住民と事業所の職員の協働企画による認知症カフェ運営は、認知症になっても暮らしやすいまちづくりに有効な方法です。そして、地域包括支援センターや家族支援に関するインフォーマルサービスなどの社会資源につなげることも重要です。各県にある認知症の人と家族の会では介護者同士のピアサポートが行われ、電話相談もあります。こうした社会資源の情報を家族に提供したり、介護職員がそうした場に参加することも求められます。

表6-6　居宅系サービスにおける家族支援

通所系サービス	送迎時の家族への声かけ、サービス利用時の報告
訪問系サービス	在宅介護の助言、在宅環境づくりの助言
地域づくり	認知症サポーター養成講座の開催、住民協働による認知症カフェの企画・開催、社会資源の情報提供や運営の協力

2 入所系サービスにおける家族支援

施設入所を選択した家族は、多くの場合は仕事や子育てとの両立の難しさ、本人との関係悪化、家族間の関係悪化、家族の身体的疲弊などの生活上やむを得ない状況で入所を選択しています。家族は身体的な介護負担からは解放されているものの、入所したことを親族から責められたり、面会に訪れたときに本人から責められたりすることや、「自宅に帰してほしい」と懇願されることもあります。こうしたことから、家族のこころは安堵感(あんどかん)と罪責感の両価的な葛藤の状態にあります。

そのため、入所してからも毎日のように施設に通い続ける人や、施設に訪問し、職員の介護方法やかかわり方に対して、不満を抱いたり、指導したりする人もいます。これは、クレームとしてとらえるのではなく、入所を選んだ自分の決断に対する不安や悩み、葛藤からくる混乱した状態であるととらえる必要があります。入所させてしまったという罪責感がある人は、自分を守るための防衛機制から他者を責めたり、よい介護ができなかった思いを職員に投影（責任転嫁）することがあります。一方で、感謝の気持ちや信頼の気持ちを最大限に表現する場合もあります。いずれにせよ不安定な状態であることに変わりはないため、家族会といったその気持ちを語り合う場や時間をもつ必要があります。入所を選択した家族介護者とのつながりや絆(きずな)を感じることで、相互の安心感になります。

また、施設での様子や情報を定期的に伝えること、生活の様子がわかる写真を家族に渡すこと、手紙や施設の便りを渡すこと等は大切な家族支援の方法です。そして、施設サービス計画（ケアプラン）を作成する、医療的治療をする、入院するなどの重要な選択の際には、本人が意思決定するのが困難な場合、家族は同席し意思決定支援の有力な代理決定を行ってもらう役割があります。その際に介護職員は、意思形成がしやすいリラックスできる環境づくりや、意思を表出しやすいよう選択肢を用意するなどの準備が求められます。なお、これらはICT（Information

表6-7　入所系サービスにおける家族支援

情緒的サポート	訪問する家族への声かけ、話をする時間をつくる、施設での様子を手紙や通信で定期的に知らせる、家族会の開催
手段的サポート	入所に関する手続きや事務的作業の説明、手続きへの助言やサポート、施設サービス計画作成などへの同席、医療機関や他機関との連携

and Communications Technology：情報通信技術）を活用しオンライン形式で実施することも、離れて暮らす家族や就労している家族に対して有効な方法です。

3 家族支援のための具体的な方法

核家族化の進行により世帯や家族は小さくなり、また、高齢化が進んでいます。ライフスタイルの選択の可能性が広がり、家に縛られず個人のそれぞれの選択が尊重されることで、在宅介護のこれまでの形態を大きく変容させています。結果として、高齢者同士の介護は介護者自身の健康問題や先行きの見えない介護による負担の大きさ、子どもと親のみの世帯における介護や別居介護は介護を理由にした離職の増加やその後の復職の難しさなどの新たな課題を生んでいます。

介護職員が行う家族支援は、家族や世帯のおかれた世帯状況を元に戻そうというアプローチではありません。家族のおかれた現状の課題や困難な現状について、内在化したその思いを表出できるようにするために積極的なはたらきかけを行うことです。また、家族支援の形は、同居だけではなく、別居介護、遠距離介護も含めたものであり、住み慣れた場所での介護生活がよりよくなるための地域や周囲の人へのはたらきかけを行うことも家族支援です。しかし、個人情報の保護に関する法律の制定により、家族のことは私的領域でプライバシーに関することであるので保護されなければならないという意識が広く浸透しています。これによって地域とのかかわりが薄くなり、地域の関係も薄れてくるという課題は残されています。これらを前提にして以下の点を認識した家族支援の方法を検討する必要があります。

①縮小化した家族に配慮する。	④地域へはたらきかける。
②家族内機能に依存しない。	⑤幅広く多様な家族を受け入れる。
③個人の生き方を尊重する。	⑥携帯電話や SNS、ICT を活用する。

家族支援のための演習

本章で学んだことを踏まえ、入所系サービス、居宅系サービスにおける家族支援にかかわる演習の事例を用いて、家族介護者の心理、アセスメントで重要と思う項目や具体的な支援方法を考えてみましょう。個人で考えたのち、グループで共有しましょう。個人ワークは 10 分程度、グループワークは 30 分程度です。

演習 6-1 入所系サービスの事例

Aさん（55歳、女性）は、母親に会うために週に4回程施設を訪れます。昼食の際に食事介助を行ってくれますが、食材の産地、味つけや盛りつけに一言挟んできます。そしてほかの利用者の食事介助についてもいろいろと言われるために困っています。Aさんへのかかわり方や支援方法について考えてみましょう。

演習 6-2 居宅系サービスの事例

Bさん（77歳）は、妻（75歳、要介護2）と二人暮らしです。妻は、3年前にアルツハイマー型認知症の診断を受けており、通所介護（デイサービス）を週3日利用しています。ADL（日常生活動作）は自立ですが、1人で外出して帰って来られなくなることが多々あります。近所の家の花壇から花を取ってきてそれを咎（とが）められ、言い争いになることが何度もあり、地域からも孤立気味でBさんは大変疲弊しています。Bさんへのかかわり方や支援方法について考えてみましょう。

関連リンク先

* 厚生労働省「介護休業制度」 https://www.mhlw.go.jp/seisakunitsuite/bunya/koyou_roudou/koyoukintou/ryouritsu/kaigo/
* 厚生労働省「介護離職ゼロポータルサイト」 https://www.mhlw.go.jp/stf/seisakunitsuite/bunya/0000112622.html

引用文献

1）上野千鶴子『ケアの社会学――当事者主権の福祉社会へ』太田出版、p.61、2011年

参考文献

* 三菱UFJリサーチ＆コンサルティング「令和2年度老人保健事業推進費等補助金（老人保健健康増進等事業）在宅介護実態調査結果の分析に関する調査研究事業報告書」2021年
* 内閣府男女共同参画局『平成27年度 育児と介護のダブルケアの実態に関する調査報告書』2016年
* Zarit, S. H., Reever, K. E., Bach-Peterson, J., 'Relatives of the impaired elderly : correlates of feelings of burden', *Gerontologist*, Dec；20（6）, pp.649-655, 1980.
* 片山禎夫監、認知症の人と家族の会編著「認知症の診断と治療に関するアンケート調査 調査報告書」2014年
* 広瀬美千代「家族介護者の介護に対する肯定・否定両評価に関する文献的研究――測定尺度を構成する概念の検討と『介護評価』概念への着目」『生活科学研究誌』第5巻, pp.175-187, 2006年
* Stroebe, W. & Stroebe, M.S., *Bereavement and health*, Cambridge University Press, 1987.

第7章

権利擁護の視点に基づく支援

目的

権利擁護の観点から、認知症の人にとって適切なケアを理解し、自分自身の現状のケアを見直すとともに、身体拘束や高齢者虐待の防止の意識を深める。

到達目標

1 認知症の人の権利擁護を目的とした制度を理解する。
2 認知症の人にとって適切なケア、不適切なケアを理解する。
3 身体拘束や高齢者虐待を防止しその役割を担い実践できる。

特に関連する章

第３章 認知症ケアの理念・倫理と意思決定支援
第６章 家族介護者の理解と支援方法
第８章 地域資源の理解とケアへの活用
第10章 アセスメントとケアの実践の基本

第 1 節

権利擁護の基本的知識

1 認知症の人の人権・権利と職員の役割

1 認知症の人の人権・権利

日本国憲法は、すべて国民は健康で文化的な最低限度の生活を営む権利を有し（第 25 条）、すべて国民は個人として尊重され、公共の福祉に反しない限り幸福を追求する権利をもっている（第 13 条）と定めています。そして、これらをはじめとする、国民がもつさまざまな権利は基本的人権として享有を妨げられず、侵すことのできない永久の権利として憲法で保障されています（第 11 条）。

認知症の人は認知機能の低下に伴って、自分で自分のことができる「自立」と自分で自分のことを決める「自律」が次第にできなくなり、自らの力で「自分らしく生きる」ことへの支援が必要になります。介護職員の最低限の責務は倫理的な配慮のもと、認知症の人を個人として尊重し、最低限度の生活の保障と幸福を追求する権利を守ることといえます。このように、介護は法律や制度を理解し実践する仕事です。認知症ケアの実践においては、憲法に定められた条文を一つずつ確認するよりも、表7-1に書かれたような内容で、認知症の人の立場に立った実践ができているかを振り返ることにより、人権・権利を意識していくことができます。

2 介護職員の役割

介護職員として認知症の疾患を正しく理解し、認知症の人を深く知り、認知症ケアの理念に基づいた知識・技術・倫理観により実践することが、権利擁護の実践の第一歩となります。

認知症の疾患の理解

認知症の記憶障害は覚えられないこと（記銘力低下）と思い出せないこと（想起力低下）で起こります。ご飯を食べたのに「食べてない」と繰り返し訴える認知症の人に「さっき食べましたよね」と言ってしまう職員や、認知症のことを「ニンチ」

表7-1　認知症ケアの実践にあたって

- 個人として扱われ、自分の好みや嗜好（しこう）を主張する機会をもつこと。
- 自分が選ぶ誰とでもつきあえること。今までの友だちや関係を維持できること。
- 自分自身や持ち物、することについてのプライバシーを守られること。
- 自分のケアプラン作成にできるだけ関わることが出来ること。主な家族介護者も同様に関わることができること。
- 地域社会の施設やサービスについて説明してもらい、利用できること。
- ふさわしい娯楽活動を選択し、定期的に参加する機会を得ること。
- 質の高い医療と身体介護を受けること。
- 文化的、宗教的、性的な必要性を尊重されること。
- 苦情をいうことができ、それに適切に対応してもらうこと。また、代わりに苦情を言ってもらえること。
- 安全で安心でき、できるだけ家庭的な居住空間があること。
- 家族や友だちの善意につけ込まないような支援やケアを受けること。
- 生活の質を高めるための妥当なリスクを引き受けること。
- できるだけ自立すること。
- 自分のペースで物事をすること。
- ケアに際して身体拘束や薬物による拘束を受けないこと。
- これらの権利について情報の提供があること。家族にも同様に情報の提供があること。

出典：T. キットウッド・K. ブレディン、高橋誠一監訳、寺田真理子訳『認知症の介護のために知っておきたい大切なこと――パーソンセンタードケア入門』ブリコラージュ、pp.126-127、2018年

と略して言う職員は、認知症の疾患が理解できているとはいえません。このような認知症の疾患に対する理解不足によって認知症の人とのコミュニケーションがうまくできなかったりすることが、不適切なかかわりにつながります。認知症の人の個人の価値を低める行為としてわかろうとしなかったり、その人らしさを無視した行為（p.47参照）は、虐待につながるおそれもあるため、このような行為を行わないようにしていくには、認知症の疾患を正しく理解することが必要です。

認知症の「人」の理解

介護を必要とする認知症の人を理解するためには、アセスメント（情報の収集と分析・評価）が必要不可欠です。情報の収集は事業所で使われるフェイスシート（基本情報）だけではなく、最低でも厚生労働省の定める課題分析標準項目に準拠したアセスメントシートなどを使用して、可能な限り本人から情報の収集を行います。加えて、認知症の人のこれまでの生活歴や習慣など生活を継続するための情報も必要に応じて把握し、集めた情報を基にかかわることが必要となります。また、日々のケアの場面でたくさんの会話をして認知症の人の思いを聴いておくことが大切です。こうして認知症の人とのかかわりのなかで得た情報は、その人が自己決定や意

思表示が困難となったときに、その人にとっての幸せと最善の利益を考えることに役立ちます。

このようにアセスメントを通じて認知症の人の内的な面（生活歴など）ともっている力（能力）を把握することで、認知症の人は何もできない、何もわからないといった偏見や誤解がなくなっていき、自己決定や意思決定を尊重した権利擁護や虐待防止につながるといえます。

認知症ケアの理念に基づいた実践

例えば、施設での起床・就寝（消灯）時間、食事時間、リハビリテーションやレクリエーションの時間や内容など、施設の決めたプログラムのなかで生活することは認知症の人が主体とはいえません。また、食事介助は介護業務としてとらえられていますが、認知症の人にとっての食事は業務ではなく、おいしく食事を摂る楽しみな時間です。入浴介助や排泄（はいせつ）介助も同様に、業務というとらえ方は介護職員側の考え方といえます。

このように介護をする側と介護を受ける側では同じ行為のとらえ方が違います。こうした対等でない関係性は、介護をする者が強い立場で受ける者が弱い立場という認識を生み、理解・判断することが難しい認知症の人の場合、介護職員が介護の内容や方法を一方的に決定するということが行われてしまいます。

介護職員が一方的に決めつけるのではなく、認知症の人を主体として、人が本来もっている「自分のことは自分で決める権利」と「個人が尊重され幸福を追求する権利」を護ることを意識していく必要があります。

考えてみよう！（権利侵害の行為）

介護施設等でのクリスマスや節分のイベントで、利用者にトナカイのカチューシャ、鬼のかつら等を被せている場面を見たことはありませんか。この行為は利用者の権利侵害にあたるでしょうか。

介護保険法および関連する法律と権利擁護

ここでは権利擁護の観点から、どのような法制度が根拠となっているのかを考えます。

1 介護保険法

高齢者介護を社会全体で支えるしくみとして、2000（平成12）年4月に介護保険制度が始まりました。介護保険法第1条では、要介護状態となった者の尊厳を保持し、その者がもっている能力に応じた自立したその人らしい生活を営むことができること（被保険者の「尊厳の保持」と「自立支援」）を法の目的としています。また第2条では、被保険者の心身の状況、その置かれている環境等に応じて、被保険者の選択に基づき、適切なサービスが提供されるよう配慮されなければならないという「利用者本位」について示されています。その他、介護サービス事業者が行うべき業務の規定、契約によるサービスの提供、法令遵守、市町村に権利擁護事業を必須の事業とすることなどが定められています。

介護保険法は3年ごとに改正が行われ、最近では地域包括ケアシステムの構築に向けた地域支援事業の充実や地域共生社会の実現に向けた取り組みの推進のために我が事・丸ごとの地域福祉推進の理念が規定され、新たに共生型サービスが位置づけられています。

2 社会福祉法（旧・社会福祉事業法）

社会福祉法第1条では、「社会福祉を目的とする事業の全分野における共通的基本事項を定め、社会福祉を目的とする他の法律と相まって、福祉サービスの利用者の利益の保護及び地域における社会福祉（以下「地域福祉」という。）の推進を図るとともに、社会福祉事業の公明かつ適正な実施の確保及び社会福祉を目的とする事業の健全な発達を図り、もって社会福祉の増進に資することを目的とする」と定められています。福祉サービス（介護サービス）の利用者の利益の保護とは、利用者に対し適切な情報提供とそれによるサービスの選択、サービス利用の申込みを行うための支援と書面による契約の義務、サービス利用中における苦情解決への取り組みのことです。

第3条では、「福祉サービスは、個人の尊厳の保持を旨とし、その内容は、福祉サービスの利用者が心身ともに健やかに育成され、又はその有する能力に応じ自立した日常生活を営むことができるように支援するものとして、良質かつ適切なものでなければならない」とし、第78条では、社会福祉事業を経営する者は自らその提供する福祉サービスの質の評価を行うことで、常に福祉サービスを受ける者の立場に立って、良質かつ適切な福祉サービスを提供するよう努めなければならないとしています。これらは良質なサービスを適切に利用することが認知症の人の権利擁護につながることを指しています。また、2020（令和２）年に地域共生社会の実現を図るために社会福祉法の一部が改正され、社会福祉法人等が社員となり、福祉サービス事業者間の連携・協働を図るための取り組み等を行う社会福祉連携推進法人制度が始まりました。

3 老人福祉法

老人福祉法第１条では、「老人の福祉に関する原理を明らかにするとともに、老人に対し、その心身の健康の保持及び生活の安定のために必要な措置を講じ、もって老人の福祉を図ることを目的とする」と定められ、基本理念として第２条では、「老人は、多年にわたり社会の進展に寄与してきた者として、かつ、豊富な知識と経験を有する者として敬愛されるとともに、生きがいを持てる健全で安らかな生活を保障されるものとする」と定められています。これらの目的と基本理念は、介護保険制度を補完するものとなっています。例えば、介護保険サービスは契約により利用できますが、やむを得ない事由が発生した場合には、老人福祉法第10条の４、第11条の「措置」により市町村が職権をもってサービス利用につなぐことが決められています。やむを得ない事由とは、「老人ホームへの入所措置等の指針について」（平成18年3月31日老発第0331028号）により、介護サービスの契約や要介護認定の申請を期待することができず介護サービスを利用することができない場合、高齢者虐待からの保護や養護者支援のために必要性がある場合とされています。

4 高齢者虐待防止法

高齢者虐待の防止、高齢者の養護者に対する支援等に関する法律（高齢者虐待防止法）第１条では、「高齢者に対する虐待が深刻な状況にあり、高齢者の尊厳の保持にとって高齢者に対する虐待を防止することが極めて重要であること等にかんがみ、高齢者虐待の防止等に関する国等の責務、高齢者虐待を受けた高齢者に対する保護のための措置、養護者の負担の軽減を図ること等の養護者に対する養護者による高齢者虐待の防止に資する支援（以下「養護者に対する支援」という。）のための措置等を定めることにより、高齢者虐待の防止、養護者に対する支援等に関する施策を促進し、もって高齢者の権利利益の擁護に資することを目的とする」と定められています。この法律は虐待を発見し、市町村へ通報し、虐待をした加害者を罰することが目的ではありません。虐待を防止する、虐待を受けた者を保護する、養護者を支援する、つまり、通報することによって虐待を受けた者や虐待を行った養護者を支えることが目的であることを理解しておくことが大切です。虐待の防止だけでなく、虐待が起きたときに支援ができるようにしておくことが必要となります。

3 認知症の人の権利擁護に役立つ制度（成年後見制度等）

1 日常生活自立支援事業

日常生活自立支援事業（旧・地域福祉権利擁護事業）の目的は、認知症高齢者、知的障害者、精神障害者等のうち判断能力が不十分な者に対し、事業の利用者との契約に基づき、福祉サービスの利用援助等を行うことにより、地域において自立した生活が送れるよう支援することとなっています。判断能力が不十分な者とは、日常生活を営むのに必要なサービスを利用するための情報の入手、理解、判断、意思表示を本人のみでは適切に行うことが困難な状態にある者となります。具体的には預金の引き出しや生活費の管理、通帳や印鑑、書類の保管、定期的な訪問によって生活の様子を把握するなどの支援が行われます。定期的な訪問や日常生活上の金銭管理によって自立した生活が見込める人に適した事業です。この事業を利用するときに本人と契約を行いますが、契約内容の理解ができないほど判断力が低下していると、この事業の対象ではなく成年後見制度の対象となります。(図7-1)。

2 成年後見制度

認知症、知的障害、精神障害などの理由で判断能力の不十分な人は、不動産や預貯金などの管理や、遺産相続の手続きなどの財産管理などを１人で行うことが困難な場合があります。また、自分に不利益な契約であることがわからないままに契約を結び、悪質商法の被害に遭うこともあります。このような判断能力の不十分な人を法的に保護し、支援するのが成年後見制度で、民法を基本としています。また、

図7-1　日常生活自立支援事業と成年後見制度の利用の流れ

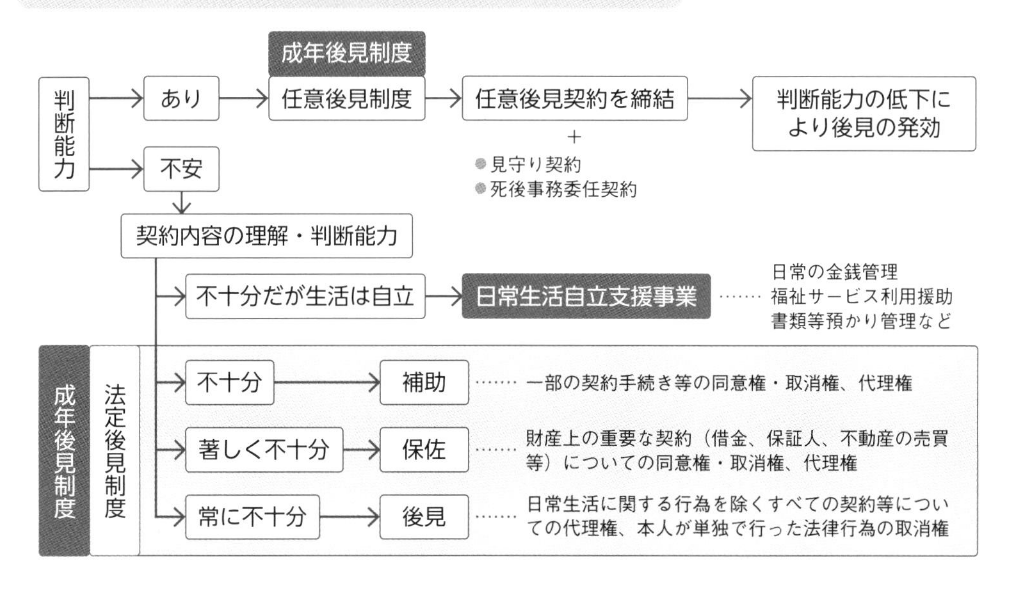

身上保護といって福祉サービスの利用契約や施設入所、病院での入院契約の締結、ふだんの生活や医療・福祉サービスなどが適切に行われているかの確認なども行います。成年後見制度は判断能力などによって「法定後見制度」と「任意後見制度」の二つに分かれます。

法定後見制度

法定後見制度は申し立てにより判断能力の程度に応じて、「補助」「保佐」「後見」の三つの類型の審判の後、家庭裁判所によってそれぞれ補助人、保佐人、成年後見人が選任されます。成年後見人等は本人の利益を最優先に、本人の代理で契約などの法律行為をしたりすること（代理権）、本人が自分で法律行為をするときに同意を与えたりすること（同意権）、本人が同意を得ないでした不利益な法律行為を後から取り消したりすること（取消権）によって、本人の望む暮らしを支援します。法定後見は、申立て→審理→法定後見の開始の審判・成年後見人等の選任→審判の確定という流れで開始されます。申立てから法定後見の開始までの期間は、多くの場合４か月以内となっています。必要なときにすぐに利用ができないので、認知症の進行とともにどのような生活のしづらさが現れるのかを予測し、早い段階で利用の相談を地域包括支援センターや権利擁護センターなどにしておくことが重要です。

任意後見制度

任意後見制度は判断能力が不十分となる前に、任意後見人を決めて、その後見人にどのような権限をもたせるのかをあらかじめ決めておく制度です。判断能力が低下した状態をいち早く把握するために、支援者が定期的に連絡・訪問するといった見守り契約を事前にしておくと、必要なときに任意後見の発効につなげることができます。認知症の進行とともに生じる財産管理の問題や終末期の医療の問題などがあらかじめ想定される場合には、積極的に任意後見制度を利用することが望まれます。制度利用後は任意後見人に任せるだけでなく、専門職や任意後見人などが一体となり、本人にとっての最善を本人とともに考え続けることが必要です。

3 経済的な支援に関する制度

最低限度の生活を保障するための生活保護制度があります。生活保護については福祉の世話になりたくないと申請に抵抗を感じる人も少なくないですが、収入などに応じて住宅扶助、医療扶助、介護扶助など、今の生活で足りない部分だけ補ってもらいましょうと話をすると申請に応じてもらえる人もいます。また、生活保護に至る前の段階から就労準備支援や生活支援などをしたりする生活困窮者自立支援制度が 2015（平成 27）年から始まっています。

若年性認知症の人については、働き盛りの人が認知症になることで経済的な問題が起こることがあります。休職した場合は「傷病手当金」、退職した場合は「失業等給付」が雇用保険によって支給されます。病気やけがで生活に著しい制限を受ける場合は「障害年金」の受給、医療については「自立支援医療制度」や「無料低額診療事業」の利用、指定難病である前頭側頭葉変性症の場合は「特定医療費」の受給、介護保険サービスの提供を行う社会福祉法人等による利用者負担軽減制度の利用で経済的な負担の軽減が可能となります。さらに、低所得者や高齢者、障害者の生活を経済的に支えるため、都道府県社会福祉協議会が実施主体となる「生活福祉資金貸付制度」もあります。働くことの権利を守る施策としては、障害者の日常生活及び社会生活を総合的に支援するための法律（障害者総合支援法）の就労移行支援・就労継続支援などがあります。このような権利擁護に関する法律や制度などの情報をふだんから集め、あらかじめ理解しておき、必要なときに迅速な支援ができるようにしておくことが求められます。

第 2 節

権利侵害行為としての高齢者虐待と身体拘束

1 高齢者虐待防止法の概要

① 養護者による虐待と養介護施設従事者等による高齢者虐待の傾向

介護保険制度が施行されて 20 年を超え、高齢者人口の増加に伴い介護サービス事業所、介護従事者が増加しています。しかし、高齢者の QOL（生活・人生の質）を図るための介護保険制度であったはずが、高齢者虐待の通報件数、虐待と判断された事例が年々増えてきています。

厚生労働省の「令和 2 年度『高齢者虐待の防止、高齢者の養護者に対する支援等に関する法律』に基づく対応状況等に関する調査結果」(以下、高齢者虐待調査結果) によると、2020（令和 2）年度では、相談・通報件数は 3 万 7871 件、虐待判断件数は 1 万 7876 件にのぼり、2006（平成 18）年度の結果と比較して相談・通報件数は 2 倍以上、虐待判断件数は 1.4 倍以上となっています。

2020（令和 2）年度に高齢者虐待と判断された 1 万 7876 件のうち、養護者による高齢者虐待が、1 万 7281 件と圧倒的に多い結果となっています。

② 高齢者虐待防止法

高齢者虐待防止法による定義

高齢者に対する身体・心理的虐待、介護等放棄が家庭や介護施設などで表面化し社会問題となってきたため、高齢者虐待の防止、高齢者の養護者に対する支援等に関する法律（高齢者虐待防止法）が、2006（平成 18）年 4 月に施行されました。

高齢者虐待防止法では、「高齢者」を 65 歳以上の者としており、「高齢者虐待」を養護者による高齢者虐待と、養介護施設従事者等による高齢者虐待と定義しています。また、「高齢者が他者からの不適切な扱いにより権利利益を侵害される状況や生命、健康、生活が損なわれるような状態に置かれること」[1)] も広い意味での高齢者虐待ととらえ、高齢者虐待防止法の対象を規定しています。

▶養護者による高齢者虐待

養護者とは、「高齢者を現に養護する者であって養介護施設従事者等以外のもの」とされており、高齢者の世話をしている家族、親族、同居人等が該当すると考えられます。養護者による高齢者虐待とは、養護者が養護する高齢者に対して行う表7-2の行為とされています。

表7-2 養護者による高齢者虐待の行為

①身体的虐待	高齢者の身体に外傷が生じ、または生じるおそれのある暴力を加えること
②介護等放棄	高齢者を衰弱させるような著しい減食または長時間の放置、養護者以外の同居人による①③④の虐待行為の放置など、養護を著しく怠ること
③心理的虐待	高齢者に対する著しい暴言または著しく拒絶的な対応その他の高齢者に著しい心理的外傷を与える言動を行うこと
④性的虐待	高齢者にわいせつな行為をすることまたは高齢者にわいせつな行為をさせること
⑤経済的虐待	養護者または高齢者の親族が当該高齢者の財産を不当に処分すること、その他当該高齢者から不当に財産上の利益を得ること

▶養介護施設従事者等による高齢者虐待

養介護施設従事者等による高齢者虐待とは、老人福祉法または介護保険法に規定する「養介護施設」または「養介護事業」の業務に従事する職員が表7-2の行為を行うことです。

表7-3 高齢者虐待防止法に定める「養介護施設従事者等」の範囲

	養介護施設	養介護事業	養介護施設従事者等
老人福祉法による規定	・老人福祉施設 ・有料老人ホーム	・老人居宅生活支援事業	「養介護施設」又は「養介護事業」の（※）業務に従事する者
介護保険法による規定	・介護老人保健施設 ・介護老人福祉施設 ・介護医療院 ・地域密着型介護老人福祉施設 ・地域包括支援センター	・居宅サービス事業 ・地域密着型サービス事業 ・居宅介護支援事業 ・介護予防サービス事業 ・地域密着型介護予防サービス事業 ・介護予防支援事業	

（※）業務に従事する者とは、直接介護サービスを提供しない者（施設長、事務職員等）や、介護職以外で直接高齢者に関わる他の職種も含みます（高齢者虐待防止法第２条）。
出典：厚生労働省「市町村・都道府県における高齢者虐待への対応と養護者支援について」p.3、2018年を一部改変

早期発見と通報の義務

2015（平成 27）年の介護保険法改正により、地域支援事業の一つとして市町村に対して「被保険者に対する虐待の防止及びその早期発見のための事業」の実施が義務づけられています。特に養介護施設従事者等には、自らの施設での虐待もしくは、虐待の疑いであっても通報する義務があります（高齢者虐待防止法第 21 条第 1 項）。虐待かどうかわからない場合であっても、高齢者の権利(生命や健康、生活)を侵害するような行為が予測される場合なども通報する必要があります。

守秘義務と不利益取り扱いの禁止

高齢者虐待防止法では、通報等を行った者に対して、守秘義務と不利益取り扱いの禁止の規定が定められています。養介護施設従事者等は、サービス利用者の個人情報の取り扱いについて、たとえ職務を終えたとしても他者に漏らしてはいけないことになっています。万が一、虐待の疑いで通報等を行ったとしても、高齢者虐待の可能性がある場合は、個人情報の漏洩（ろうえい）、プライバシーの侵害に問われることはありません。また、職場で起こった虐待を通報したことによる、解雇、降格、減給などの通報者にとって不利益となる行為は禁止されています（虚偽や過失の場合を除く)。

高齢者虐待の定義に当てはまらない虐待

若年性認知症の増加や家庭環境の多様化により、定義に当てはまらない虐待が顕在化してきています。65 歳未満の者、65 歳以上の障害者、医療機関での虐待、養護者・養介護施設従事者等以外からの虐待、セルフ・ネグレクト等、定義に当てはまらない虐待であっても支援は必要であり、高齢者虐待の定義を広くとらえる必要があります。特に、介護や医療サービスの利用拒否など、社会から孤立し、生活行為や心身の健康維持ができないセルフ・ネグレクト状態にある高齢者は生命、身体に重大な危険が生じるおそれがあるため、高齢者虐待に準じた対応が必要です。

考えてみよう！（鈴木さんの事例から）

事例 4 で、鈴木さんは「何もすることがなく、誰とも会いたくない」と家にいることが多くなっています。この状態の鈴木さんにどんな支援が必要でしょうか。

3 高齢者虐待防止のための体制

養介護施設従事者等が虐待を発見した場合は、市町村への通報を行います（図7-2）。市町村では、高齢者の安全確認、緊急性の判断、立ち入り調査などの事実確認を行います。養護者による虐待の事実を確認できた場合は、被虐待者の保護や虐待者である養護者の支援を行います。また市町村には、再発防止のための保健医療福祉サービスや関係専門機関の介入ネットワークが構築されています。

養介護施設従事者等による虐待では、ケース会議等を開催し事実確認を行います。虐待の事実が確認できた場合には、当該施設への立ち入り調査などを行い、改善に向けて原因の調査および指導が行われます。市町村は、毎月都道府県へ虐待の状況等を報告していますが、虐待の事実確認ができた場合などは、施設への立ち入り検査、改善命令、悪質な場合は事業停止命令、指定取り消しなどの処分が下される場合があります。

図7-2 高齢者虐待の対応に向けたスキーム

養護者による高齢者虐待	養介護施設従事者等による高齢者虐待
[市町村の責務] 相談・通報受理、居室確保、養護者の支援 [都道府県の責務] 市町村の施策への援助等	[市町村の責務] 相談・通報受理、老人福祉法・介護保険法に基づく適切な権限を行使 [都道府県の責務] 老人福祉法・介護保険法に基づく適切な権限を行使、措置等の公表 [設置者等の責務] 当該施設等における高齢者に対する虐待防止等のための措置を実施
虐待発見 →（通報）→ 市町村 ①事実確認（立入調査） ②措置（やむを得ない事由による措置、面会制限） ③成年後見人の市町村申立て	虐待発見 →（通報）→ 市町村 → 都道府県 市町村：①事実確認 ②老人福祉法、介護保険法の規定による権限の適切な行使 都道府県：①監督権限の適切な行使 ②措置等の公表

出典：厚生労働省「市町村・都道府県における高齢者虐待への対応と養護者支援について」p.17、2018年

2 高齢者虐待・身体拘束の実態

1 高齢者虐待と身体拘束

2020（令和２）年度の高齢者虐待調査結果において、養介護施設従事者等による高齢者虐待と事実確認できたケースのなかでは、身体的虐待が最も多く52.0%を占めています。また身体的虐待のうち、身体拘束を行っており、身体的虐待と判断されたケースが25.7%となっています。

身体拘束

介護保険法の施行に伴い、介護保険施設等での身体拘束は禁止されています。しかし、介護保険施設等で高齢者虐待に至るまでの経緯には、安易な身体拘束が行われていることも少なくありません。

表7-4 身体拘束に該当する行為の例

① 徘徊（はいかい）しないように、車いすやいす、ベッドに体幹や四肢をひも等で縛る。
② 転落しないように、ベッドに体幹や四肢をひも等で縛る。
③ 自分で降りられないように、ベッドを柵（サイドレール）で囲む。
④ 点滴・経管栄養等のチューブを抜かないように、四肢をひも等で縛る。
⑤ 点滴・経管栄養等のチューブを抜かないように、または皮膚をかきむしらないように、手指の機能を制限するミトン型の手袋等をつける。
⑥ 車いすやいすからずり落ちたり、立ち上がったりしないように、Ｙ字型拘束帯や腰ベルト、車いすテーブルをつける。
⑦ 立ち上がる能力のある人の立ち上がりを妨げるようないすを使用する。
⑧ 脱衣やおむつはずしを制限するために、介護衣（つなぎ服）を着せる。
⑨ 他人への迷惑行為を防ぐために、ベッドなどに体幹や四肢をひも等で縛る。
⑩ 行動を落ち着かせるために、向精神薬を過剰に服用させる。
⑪ 自分の意思で開けることのできない居室等に隔離する。

出典：厚生労働省「身体拘束ゼロ作戦推進会議」「身体拘束ゼロへの手引き」p.7、2001年

身体拘束は、原則禁止です。しかし、利用者本人、またほかの利用者の生命や身体を保護するために、「緊急的にやむを得ず」行うことが認められています。ただし、以下の条件を満たし、手続きを踏んだ場合に限ります。

◎緊急やむを得ない場合の要件

例外３原則（三つの要件をすべて満たすことが必要）
①切迫性 本人やほかの利用者等の生命・身体が危険にさらされる可能性が著しく高いこと
②非代替性 身体拘束その他の行動制限を行う以外に代わりになる介護方法がないこと
③一時性 身体拘束その他の行動制限が一時的なものであること

やむを得ない要件を満たしたとしても、以下の手続きを行う必要があります。

- 例外３原則の確認等の手続きを「身体拘束廃止委員会」等のチームで行い、記録する。
- 本人や家族に、目的、理由、時間(帯)、期間等をできる限り詳しく説明し十分な理解を得る。
- 状況をよく観察・検討し、要件に該当しなくなった場合は速やかに身体拘束を解除する。

「やむを得ない場合」は、身体拘束を行おうとしている介護職員側が判断することになります。職員の視点だけでなく、本人の視点に立ち倫理的に妥当かどうか、その拘束が本人にとって最善の利益となるか十分検討する必要があります。

行動のコントロール

認知症の人のペースで暮らしていくためのケアのはずが、いつの間にか介護職員のペースでケアが行われ、認知症の人の行動をコントロールしようとすることは安易な身体拘束につながります。

例えば、いすから立ち上がっただけで、どこに行くのか、何をするのか聞く（スピーチロック）、転倒リスクが高いから、立ち上がりにくいいすに座ってもらう（フィジカルロック）、認知症の行動・心理症状（BPSD）が出現したからと、ケアの工夫をせずに向精神薬を飲んでもらう（ドラッグロック）ことがあげられます。

2 身体拘束による弊害

身体的弊害

・関節の拘縮、筋力の低下といった身体機能の低下や圧迫部位の褥瘡（じょくそう）の発生などの外的弊害が起きます。
・食欲低下、心肺機能や感染症への抵抗力の低下などの内的弊害をもたらします。
・車いすにずっと座らされていることに対し、無理に立ち上がろうとして転倒に至ったりします。
・ベッドの４方向をサイドレール（柵）で囲むことで、柵を乗り越えようとして転落事故につながったり、柵の隙間に身体を挟み窒息等の事故につながったりします。

精神的弊害

・人として扱われていないという屈辱や悲壮感、自らで解除できないことによる不安感、恐怖感、あきらめ等、精神的にダメージを受けます。
・精神的ストレスからせん妄の悪化、気力の低下、そして心身機能の低下につながり認知症が進行したりすることにもなります。
・身体拘束されている姿を家族や親しい人が見ることによって罪悪感にさいなまれ、施設入所を後悔することにつながります。
・介護職員は今までのケアが間違っていたのではないかといったジレンマを感じ、どういうケアをするとよいのか悩んでしまいます。
・認知症の人の行動を抑制することにより、私たちの想像以上のストレスを本人は感じます。

社会的弊害

・身体拘束を行うことで、利用者、その家族などから、身体拘束を行う施設や事業所と認識され、口伝えなどにより地域での施設や事業所の信頼が損なわれます。
・一施設・事業所だけの問題ではなく、介護職員に対する悪いイメージを増幅します。

3 高齢者虐待の背景

1 認知症と高齢者虐待の関連性

2020（令和２）年度の高齢者虐待調査結果では、養介護施設従事者等による被虐待高齢者のうち要介護３以上の者は66.2%となっており、またそのうち、認知症高齢者の日常生活自立度Ⅱ以上である者は69.6%となっています。虐待の種別ごとにみていくと、養介護施設従事者等では、身体的虐待が52.0%と最も多く、心理的虐待が26.1%、介護等放棄が23.9%となっています。養護者では身体的虐待が68.2%、心理的虐待が41.4%、介護等放棄が18.7%となっています。結果として、身体的虐待を受ける割合が高い傾向にあるといえます。

養介護施設での虐待の発生要因をみてみると、「教育・知識・介護技術等に関する問題」が48.7%で最も多く、次に「虐待を助長する組織風土や職員間の関係の悪さ、管理体制等」が22.2%、「職員のストレスや感情のコントロールの問題」が17.1%となっています。

また、在宅での養護者からの虐待の発生要因としては、虐待者の「性格や人格（に基づく言動）」が57.9%、被虐待者の「認知症の症状」が52.9%、虐待者の「介護疲れ・介護ストレス」が50.0%、虐待者の「被虐待者との虐待発生までの人間関係」が46.5%、虐待者の「精神状態が安定していない」が46.1%、虐待者の「理解力の不足や低下」が43.1%、虐待者の「知識や情報の不足」が42.6%となっています。

認知症ケアは、その時々でケア方法が変化します。今、何に困っているのか等、認知症の人の内的世界を理解するためには、認知症に対する知識と正しい介護技術が必要であり、施設や事業所での人材育成が必要となってきます。また、BPSDは何度も繰り返されることもあり、介護職員や家族の負担感が強く感じられる傾向にあるため、ストレスの要因やBPSDの出現過程を理解したうえで、虐待防止策を講じる必要があります。その一方で、少なくとも初めから高齢者を虐待しようと思い介護に従事したり、在宅介護を行っていたりする人はいないということも前提として理解しておく必要があります。

2 非意図的な高齢者虐待

不適切なケアの常態化

通報やニュースなどで報道されるような顕在化した虐待の背景には、意図的な虐待が存在し、その意図的な虐待に至るまでには、非意図的な虐待ややむを得ない場合以外の身体拘束などが潜んでいます。そして、そうした虐待等に至るまでには、ケアの場面において、不適切なケアが常態化していることが考えられます。

不適切なケアが起こる背景には、介護する側、介護される側の関係性があります。介護される側のできないこと、わからないことが多ければ多いほど、介護する側は無意識のうちに優位に感じ、「その人のため」といった本人の意向にかかわりなく、生活や行動に干渉し制限を行うこと（パターナリズム）によって不適切ケアにつながったりします。

チームケアにおける集団心理

認知症ケアにはチームケアが不可欠です。介護や医療、生活場面での多様なニーズの変化があるなかで、どんなときに、認知症の人が困り、ケアが必要になるかわからないからです。チームケアにより、認知症の人の望む暮らしの実現に向けて適切なケアを行うことができます。しかし、人は集団になると、負の連鎖を起こす場合もあります。集団心理において、個人ではいけない行為だと思っていても、集団になることで考えることをやめてしまい、人の言葉に影響される傾向がみられます。

不適切なケアや安易な身体拘束は、一見虐待に直接つながっていないように感じますが、不適切なケア等を日常的に行っていることで、負の集団心理がはたらき、エスカレートしていきます。だからこそ、介護職員は、常に無意識のうちに優位性を感じてしまうものであることを意識するとともに、今、そこにある問題は誰にとって問題であるのか、行っているケアは認知症の人にとって最善の利益につながるケアであるのかを振り返って考える必要があります。

第3節

権利擁護のための具体的な取り組み

1 介護サービスにおける権利侵害のとらえ方と防止の考え方

介護サービスの提供において、利用者の意思の尊重が重要であることは介護保険法等で示され、また権利侵害から高齢者を守るための制度も整備されています。しかし、高齢者虐待の件数は右肩上がりで、その被害の多くが認知症の人であり、身体拘束などの虐待や不適切なケアが行われています。介護保険施設・事業所は権利侵害を生み出しやすい環境でもあるからこそ、権利侵害とはどのような行為なのかを正しく認識する必要があります。

1 権利侵害のとらえ方

介護サービスの提供においては、利用者本位が基本といわれますが、介護現場においては時間の制約や人員の不足などにより、「介護職員主体」の介護が行われがちです。また、介護保険制度以前は、「認知症の人は何もわからない」などの間違った解釈のなかで、身体拘束や虐待を行ってきた時代がありました。当時は、人としての尊厳を無視していました。まさにこの時代は権利が侵害されていたといえます。

そうした時代があったなかで、認知症の人本位のケアを実践するうえでは、本人の声を聴くことなく、できることまで奪ってしまい、介護する側の価値観や考え方で物事を決めてしまっていないか、その結果、本人に不利益が生じ、権利侵害となっていないかを常に意識することが必要です。また、そこには「介護される側」と「介護する側」という関係性に基づく問題があり、この点からも権利侵害をとらえておく必要があります。

2 権利侵害の防止の考え方

認知症の人の声や望み、思いなどが反映されていないかかわりは権利を侵害していることになりますが、多くの介護職員は、この点に気づくことができずにいます。このような権利侵害を防止するためにはどうしたらよいのでしょうか。

▶疑問を感じたら、相談し共有する

例えば、認知症のＡさんが嫌がっているのにトイレ誘導を行っている場面に遭遇したとき、「無理に行かなくても、後でいいのに」「あんな介助をしてはだめだ」と感じるのではないでしょうか。そのときに「Ａさんはトイレになかなか行ってくれないから、仕方ない」と納得してしまうと、そのような介護が「普通」になってしまい、何も改善しません。感じたことを上司や先輩、同僚などに相談し、共有することが大切です。認知症ケアはうまくいかないことも多いため、立ち止まり話し合うことでその人に配慮したケアを考え、進めていくことができます。日々の介護場面において気になることを共有し、早い段階で権利侵害の芽を摘んでおくことが重要です。

▶自分自身のケアを振り返る

自分自身が認知症のＡさんに対して無理にトイレ誘導をしてしまった場合には、そのかかわりについて「申し訳なかった。ほかのかかわり方はなかったのか」と振り返ることが大切です。日々の業務に追われるなかでケアを振り返ることは意識しなければできません。「Ａさんの清潔保持のためには仕方ない」とあきらめてしまうのではなく、Ａさんの気持ちを考えることが大切です。自分自身のかかわりを振り返ることで介護のスキルも上がり、権利侵害の防止につながると考えられます。

▶自分たちの実践に「疑問」をもち続ける

自信をもってケアの実践にあたることは大切ですが、介護場面では、相手の思いや考え、状況などに応じてかかわる必要があります。つまり、「Ａさんは今、何を考え、どのように感じているか」を常に察し、汲(く)み取りながら実践することが大切です。ある程度の自信は大切にしつつ、常に「どうかな」「これで大丈夫かな」といった疑問や認知症の人の状況を察することを忘れずに、他の職員とコミュニケーションを図りながら実践することで、権利侵害の防止につながります。

考えてみよう！（鈴木さんの事例から）

事例 11 で、夜間、頻回にナースコールを押す、ベッドから降りようとして転倒する危険性がある等の理由から、鈴木さんには就寝時に眠剤が処方されています。けがをしないための対応だと考えられますが、何らかの権利侵害が行われてはいないでしょうか。

2 権利侵害の防止のための具体的な方策

1 在宅における権利侵害の防止のための具体的な方策

在宅における権利侵害は、家族が意図的に行っていること（例えば、経済的な虐待）より、意図的ではなく、結果的に虐待になっていることが多くあります。在宅における権利侵害を未然に防止していくためには、支援者の存在が重要となります。支援者は理解者や協力者であり、介護・医療の専門職や友人、地域のボランティアなど広くつながっていることが望まれます。

在宅における虐待発生のリスク

在宅介護のさまざまな介護環境や、認知症に対する偏見が社会や地域・家族のなかにもまだ存在していることが、虐待が発生する背景にあると考えられます。

▶認知症に対する知識や理解の不足

在宅介護においては、家族介護者のなかにも認知症に対する理解が不十分なことが多く、認知症に特化した症状にうまく対応できず虐待に至ることがあります。例えば、排泄（はいせつ）の失敗はトイレの場所がわからないといった見当識障害によって起こります。排泄（はいせつ）の失敗があると後始末などの負担が増加するため、家族介護者は意図的に水分摂取を控えさせるかもしれません。水分摂取を控えることは、程度によっては要介護者の健康・生命にかかわることもあります。この状況を防止するには、介護職員の介入による正しい情報提供が有効となります。

▶家族介護者の状態（心身状態や経済状況など）

家族介護者は常に気が休まることがなく、ストレスを抱えて生活を送っています。「いつまでこの状態が続くのか」「なぜ、私だけが……」といった不安や怒りを感じ、からだにも不調が現れてきます。また、介護を行うことで仕事を制限したり、なかには仕事を辞めざるを得ないこともあります。そうした家族介護者は１人で介護を担い、孤立していることも少なくありません。特に心理的な負担を軽減するためのねぎらいの言葉をかけるなど、情緒的サポートを行っていくことが望まれます。

▶密室化する介護環境

認知症の人と家族介護者という閉鎖的な関係や、他者の介入がなく、社会的支援が乏しく、地域とのつながりがないといった状況において、介護の密室化が起こります。この状況は家庭内で起こっている権利侵害や虐待に気づくタイミングを遅らせ、家族介護者と要介護者をさらに苦しめる状態となります。在宅で介護を継続していくうえでは介護環境をどのように整えていくかがとても重要なことであり、そのための支援が求められます。

密室化を防ぐために必要な支援

なかなか他者の介入を受け入れない家族介護者もいますが、根気よく認知症の教育や家族会など「集う場」の情報提供を行っていくことが重要です。また、主介護者だけでなく家庭内等に副介護者がいればともにこのような場に参加したり、一緒に考えたりすることを促すことが有効となります。

介護が密室化していく過程で地域の人は、「最近、隣の奥さん見かけないね」「近頃、旦那さんと会ってもあいさつしないね」など変化を感じているものです。しかし、それ以上の介入はプライバシーの問題などで踏み込もうとはしないのが実状です。こうした状況下では、認知症サポーター養成講座を自治会などで開催したり、近隣のサロンや認知症カフェを活用して認知症の啓発を行ったりすることも重要です。認知症は、誰がなってもおかしくない時代です。この密室化を防ぐためには地域や社会のなかで認知症に対する理解が進み、見守っていくことが望まれます。

考えてみよう!　**（鈴木さんの事例から）**

事例10で、「買い物、三度の調理と食事介助に後片づけ、ごみ出し、掃除、洗濯、入浴の準備、歯みがきの介助、外出時の準備など、身体的、心理的負担が増えている」と鈴木さんの妻は感じているようです。介護負担を軽減するためにどのような支援が必要でしょうか。

2 施設・事業所における権利侵害の防止のための具体的な方策

施設・事業所における権利侵害の防止策を考える前に、①介護実践のなかで疑問に感じたことなどを上司等に相談し、共有できているか、②自分自身のケアを振り返ることができているか、③自分のケアに疑問をもつことができているか、を自分自身で考えてみてください。

この3点を振り返り実践することは権利侵害の防止につながります。また、ミーティングやカンファレンスなどの場面において質問や意見を述べる、他者の考えを聞くといったことも大切です。このように認知症の人とのかかわりに苦慮するなかで、精神的に追い詰められることのないようセルフケアが重要となります。

さらに、虐待の要因としては、「教育・知識・介護技術等に関する問題」「職員のストレスや感情のコントロールの問題」「虐待を助長する職場風土や職員間の関係の悪さ、管理体制等」などがあげられています（p.175参照）。自己啓発やコーピング（ストレス対処のための行動）など、個人として取り組める部分はありますが、1人で解決していくには難しいこともあります。こうした課題については、組織としてまたチームとしてどのように向き合い、具体的にどのように解決していくかが権利侵害の防止の鍵となります。

教育・知識・介護技術等の問題

介護職員は、介護技術等を高めていくために学ぶ姿勢や機会をもつことが大切です。その学びを自分だけのものにしておくのではなく、チームのメンバーと共有し、意見交換をすることでより学びが深まっていきます。例えば、外部研修への参加は、他施設・事業所の職員との意見交換ができる場ともなり刺激を受け、自分自身のケアを振り返ることにつながります。

教育・知識・介護技術等の向上のためにはこうした計画的な外部研修の受講も有効ですが、それ以上に職場内教育（On the Job Training：OJT）が大切です。OJTでは権利侵害につながらないように、職場内で適時、認知症の人への対応のよくなかった点や改善点を考えたり、考えた対応を共有していくことが求められます。

職員のストレスや感情のコントロールの問題

人は誰でも何らかのストレスを抱えています。しかしそのストレスが心身の状態に影響するほどの状態は好ましくありません。認知症ケアは感情ケアともいわれますが、介護職員は認知症の行動・心理症状（BPSD）等のさまざまな状況に直面するなかで、介護がうまくいかずストレスを感じ、不安感や焦燥感などから暴言を吐いてしまうといった状況もあります。この状況を改善していくには、まずはセルフケアができることがいちばん大切です。つまり、身近な人に愚痴を聞いてもらうなど、ストレスの発散方法を自分自身でもつことです。しかし、そうしたセルフケアができる人ばかりではありません。そこで施設・事業所におけるストレスマネジメントの体制が重要になります。

体制としては、上司や管理者への報告や連絡・相談がすぐにできる環境づくりとその相談等への対応の迅速性（環境調整など）が重要です。また、転倒や誤嚥（ごえん）などの介護リスクに対する責任の所在を明確化し、安心して働ける環境も大切です。

感情のコントロールでは実践のなかでうまくいかないこともあるという前提で、ゆとりをもって対応することが大切です。仕事への強い使命感によって、自分自身をより追い詰めたり、認知症の人への対応が自分の思うようにいかず怒りに代わってしまうかもしれません。介護職員として情動的な共感（相手の状態や感情を自分ごととしてとらえること）とともに認知的共感（相手の状態や感情などを冷静に受け止めること）をもつことで、自分自身を客観視することも大切な技術です。

虐待を助長する職場風土や職員間の関係性の問題

職場に虐待を助長するような風土がある場合は、職員間の関係性に問題があることが考えられます。かかわり方がおかしいと感じていても、指摘すると自分に不利益が生じると感じさせる職場環境があるということです。

このような職場風土の改善に向けては、施設や事業所内で共通の目標をもつことです。管理者やリーダーがチームに対して明確に理念を伝えることが最も重要であり、介護をすることの意義や尊さを言葉で具体的に伝えることが必要です。また、職員同士のコミュニケーションを活発に行うことも大切です。例えば、日常の介護場面のなかで「Bさんのトイレ介助に入りますね」「Cさんと気分転換に散歩に行ってきますね」など職員間での声かけを意識的に行うことから始めることも職場風土を改善する方法の一つです。自分自身のケアの根拠も含めて職員の間で共有することで関係性が改善されていくのではないでしょうか。すぐに職場の風土が改善されるというような即効性のあるものでなくても、これまでとは異なる視点で改善策を探ることも必要です。1人では困難なこともあるので、自分自身の感じていることをチームのメンバーや上司・管理者に伝え、職場の環境改善に努めていきましょう。認知症の人・職員双方に同じように幸せになる権利があります。権利侵害が起こっていたら、傍観者にならず組織として変革していくことが求められます。

虐待等の事例が発生した場合の対応方法

1 在宅における虐待等が発生した場合の対応

在宅における虐待は密室化した家庭のなかで行われることが多いことや、高齢者・養護者に虐待の自覚が乏しいことが発見を遅らせる要因となっています。被虐待者の保護の観点から養護者との距離をおく措置が必要となる場合もあるため、市町村担当者および地域包括支援センターとの連携が重要です。高齢者虐待の防止、高齢者の養護者に対する支援等に関する法律（高齢者虐待防止法）は高齢者を守るとともに養護者への支援についても定められており、発覚後の対応として地域包括支援センターを中心に支援が行われます。

在宅で介護をする人は、認知症の症状に対して「こうするしかない」「仕方ない」など精神的に追い込まれている状況があります。他者に相談することもできず、懸命に介護してきたことを責めることはできません。支援者は、周囲にはわからないさまざまな関係性が家族には存在することを十分に理解し、養護者と要介護者に対する支援を行い、家族関係の再構築に努めていくことが求められます。

2 施設・事業所における虐待等が発生した場合の対応

施設・事業所で虐待等が発生した場合、まずは現状を把握するために情報収集等を行い、被害を受けた本人および家族への謝罪をした後、市町村への通報や報告が必要です。事実認定後に市町村と連携し、改善計画および再発防止策の策定が必須となります。ここで大切なのは、「なぜ、虐待等の権利侵害が起こったのか」を職員全員で徹底的に話し合うことです。どうしても行為に至った者だけを責めてしまいがちですが、重要なことは虐待等に至った背景や要因を探ることです。これが再発を防ぐための第一歩となります。そこには管理者等にはみえていない、介護現場の実情などがあるはずです。そのうえで改善計画および再発防止策を策定し実施していきます。また、本人はもちろん、家族も大きなこころの痛みや怒りなどを感じ、複雑な心境であるはずです。管理者や職員は、この事実を真摯に受け止め対処することが求められます。

組織としては、虐待をしてしまった職員に対して、虐待による被害の程度に応じて処分を行うことになります。そして、介護現場は「虐待等の行為を起こしやすい環境である」という観点から当該職員の改心を促し、再出発できる環境を整えることも必要になります。そのために組織としてリスクマネジメント体制を構築し、利用者、家族、地域からの信頼回復に努めていくことが望まれます。

演習 7-1

- **これまでの自分のケアや職場のケアを振り返り、権利侵害（人権侵害、高齢者虐待、身体拘束、不適切なケア）と思われる場面があったか考えてみましょう。**
- **権利侵害と思われる場面を改善するためにはどのような取り組みが必要か考えてみましょう。**

引用文献

1）厚生労働省「Ⅰ　高齢者虐待防止の基本」p.3　https://www.mhlw.go.jp/topics/kaigo/boushi/060424/dl/02.pdf

参考文献

＊ 一番ヶ瀬康子編著『現代の社会福祉１ 新・社会福祉とは何か』ミネルヴァ書房、1990 年
＊ 小澤勲・黒川由紀子編著『認知症と診断されたあなたへ』医学書院、2006 年
＊ 箕岡真子『認知症ケアの倫理』ワールドプランニング、2010 年
＊ B. ラヴデイ、高橋誠一監訳、寺田真理子訳『リーダーのためのパーソンセンタードケア――認知症介護のチームづくり』全国コミュニティライフサポートセンター、2018 年
＊ 大川弥生『介護保険サービスとリハビリテーション――ICF に立った自立支援の理念と技法』中央法規出版、2004 年
＊ 認知症介護研究・研修仙台センター「介護現場のための高齢者虐待防止教育システム」2009 年
＊ 日本ソーシャルワーク教育学校連盟編『最新 社会福祉士養成講座 精神保健福祉士養成講座９ 権利擁護を支える法制度』中央法規出版、2021 年
＊ 上田晴男・小西加保留・池田直樹編著『新・基礎からの社会福祉８ 権利擁護とソーシャルワーク』ミネルヴァ書房、2019 年
＊ 成年後見センター・リーガルサポート『実践成年後見 No.85』民事法研究会、2020 年
＊ 社会福祉の動向編集委員会編『社会福祉の動向 2021』中央法規出版、2021 年
＊ 長寿社会開発センター「地域包括支援センター業務マニュアル」2011 年
＊ 厚生労働省「市町村・都道府県における高齢者虐待への対応と養護者支援について」2018 年
＊ 厚生労働省「令和２年度『高齢者虐待の防止、高齢者の養護者に対する支援等に関する法律』に基づく対応状況等に関する調査結果」
＊ 加藤伸司・矢吹知之編著『家族が高齢者虐待をしてしまうとき』ワールドプランニング、2012 年
＊ 林田俊弘『鼻めがねという暴力――どうすれば認知症の人への虐待を止められるか』harunosora、2016 年
＊ MS&AD インターリスク総研「令和２年度老人保健事業推進費等補助金（老人保健健康増進等事業）介護施設における効果的な虐待防止研修に関する調査研究報告書」2021 年

第 8 章

地域資源の理解とケアへの活用

目的

関係職種、団体との連携による地域づくりやネットワークづくり等を通じて、既存の地域資源の活用や認知症の人が地域で自分らしく暮らし続けるための地域資源の開発の提案ができる。

到達目標

1 認知症の人にとっての地域資源の意味と介護職員等の役割を理解する。
2 インフォーマルな地域資源をケアに活用する提案や実際の活用ができる。
3 フォーマルな地域資源を理解し、ケアに活用できる。
4 各種地域資源を活用し認知症の人が地域で自分らしく暮らし続けるための取り組みができる。

特に関連する章

第 4 章 生活環境づくりとコミュニケーション
第 6 章 家族介護者の理解と支援方法
第 7 章 権利擁護の視点に基づく支援

第1節

認知症の人にとっての地域資源と実践者の役割

1 「地域」の考え方

1 認知症ケアにおける地域をどう考えるか

地域とは

地域とは、一般的には一定の範囲の土地のことを指します。例えば、地域包括ケアシステムにおいては、おおむね30分以内で駆けつけられる中学校区が日常生活圏域として設定されています。一方、地域包括ケアシステムや地域共生社会、地域福祉という場合、そうした一定の空間という意味に加え、そこに住む人々の生活の営み、社会の存在が想定されます。これは、ある一定の範囲の土地の中で、その土地に住んでいるという意識をもちつつ、お互いに関係性をもっているものといえます。

地域には、共同の社会観念、共同の習慣、共同の伝統、帰属意識、社会的類似性のなかから自然発生した集団もあれば、ある目的をもって計画的につくられた会社や学校、議会、介護施設や事業所などの集団もあります。共同社会としてのコミュニティに着目したマッキーバー（MacIver, R. M.）は、前者の自然発生した共同生活をコミュニティとして、後者の人為的で計画的かつ意図的につくられた集団であるアソシエーションと区別しています。

このような意味を踏まえつつ地域をとらえていくと、ある一定の範囲の土地という共通の基盤と、そこにある自発的集団や、人為的・計画的につくられた集団があり、相互関係をもちながら存在しているものを指すという考え方でとらえることができます。そして、そこに住む人々は消費、生産、労働、教育、衛生･医療、祭礼、スポーツなどにかかわり合いながら、その地域のもつ自然環境、公共財や伝統・歴史を共有しつつ、生活を営んでいます。

地域がもつ機能

地域には、自治会や町内会といった地縁的な共同体や、サークル活動やボランティア活動など特定の目的をもった自発的な共同体が存在しています。これらの共同体を通して、冠婚葬祭、福祉、教育、防災等の生活に関する相互扶助や、伝統文化等の維持、治安や防災に関する取り組みを進めています。一方、地域のなかにあるそうした相互扶助を生み出す意識は、その外縁におかれた存在との間で、利害関係を生み出し、排除や差別を生み出す側面も併せもっています。

つまり、認知症の人にとっての地域とは、地域がもつ機能を通して、認知症になることによって生じるさまざまな生きづらさを癒し、軽減し、希望を取り戻す、あるいは希望を実現していく場所である一方で、異質な存在、あるいは共同体の安全と福祉を脅かす存在として、排除や差別の対象になってしまう場所という両面をもっているといえるのです。介護職員として、地域がもつ両面を理解しながら、認知症の人の暮らしを豊かにできる地域資源を見出し、活用し、育くんでいくこと、そして、生きづらさを生み出す要因を軽減し、認知症の人が地域のなかで共生できるようにしていくことが期待されます。

考えてみよう!（鈴木さんの事例から）

事例8では、地域の見守り活動が紹介されています。こうした活動を通して認知症の人への理解が広がることが期待される一方、認知症の人を特別視して「認知症の人＝見守る必要がある人、支援される人」という意識ができてしまうかもしれません。そのことによって生じる本人の生きづらさはどのようなものが考えられ、そうならないためにはどのようなことが必要でしょうか。

2 地域包括ケアシステム・地域共生社会と認知症ケア

1 地域共生社会

地域共生社会とは

地域には、「認知症の人と同居している人が知的障害や精神障害があり支援が必要な状態だった」「認知症の人を主に介護している人が育児も行っていた」といった複数の課題を抱えているケースがあります。一方で、「空き家を利用して、認知症の人にも協力をしてもらいコミュニティカフェを始めた」「耕す人がいなくなった農地を借り受け、近くの障害者支援施設の入所者や認知症対応型共同生活介護（グループホーム）の入居者と野菜をつくり販売した」といった、地域にあるさまざまな（社会福祉的な資源だけでない）物的・人的資源に光をあて、支援を受ける人、支援する人の立場を超えた実践例が報告されています。地域共生社会とはこうした課題や実践を考えるうえで重要な理念や考え方をもっています。その理念・考え方を整理しながら、地域における認知症ケアの実践を考えていく必要があります。

現在、厚生労働省は、地域共生社会の実現を掲げ、その具体化に向けた改革を進めています。地域共生社会とは、分野ごとに縦割りの制度や、支え手や受け手という関係を超えて、地域住民や地域の多様な主体が「我が事」として参画し、人と人、人と資源が世代や分野を超えて「丸ごと」つながることで、住民一人ひとりの暮らしと生きがい、地域をともにつくっていく社会であるとしています（図8-1）。

図8-1　地域共生社会のしくみ

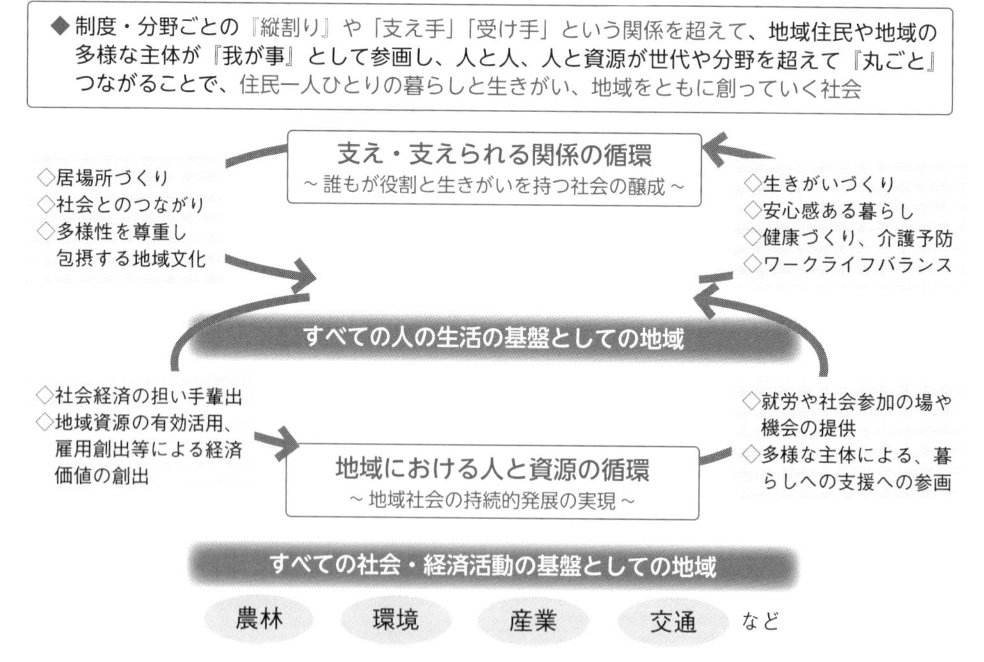

出典：厚生労働省「『地域共生社会に向けた包括的支援と多様な参加・協働の推進に関する検討会』最終とりまとめ」2019年

地域の現状

地域共生社会を進める背景には、高齢化と人口減少、さらに社会保障制度のしくみの問題があります。すでに中山間地域では社会経済の担い手が減少し、耕作放棄地や、空き家、商店街の空き店舗の増加、祭礼などの文化継承の途絶、さらには集落の消滅などさまざまな課題が顕在化しています。福祉的機能に目を向ければ、地域の相互扶助や家族同士の助け合いなど、地域・家庭・職場といった人々の生活のさまざまな場面において、支え合いの機能が低下しています。

一方、日本の社会保障制度は地縁や血縁あるいは社縁等による福祉的機能を前提に、障害、高齢、児童といった対象別に、縦割りで制度が発展してきました。しかし今、その前提となっていた地縁や血縁、社縁といったつながり支え合う「共同体」機能が低下しています。その結果、「社会的孤立」が社会的な問題となっています。加えて、従来の縦割りの制度のしくみでは対応ができない、高齢の親と働いていない独身の子が同居している世帯（8050問題）、介護と育児に同時に直面する世帯（ダブルケア）、障害のある子どもの親が高齢化し介護を要する世帯、ひきこもりなどさまざまな課題が複合して生活が困窮している世帯、ごみ屋敷等の生活課題・複合的な課題を抱える世帯への支援の必要性が指摘されています。また、さまざまな問題を抱えていても、公的支援制度の受給要件を満たさない「制度の狭間」があることも指摘されています。そうしたなかで、今後も続く人口減少により医療や福祉分野のみならず、あらゆる分野で地域社会の担い手が不足してきています。

2 地域共生社会の実現に向けた検討

地域共生社会に向けた改革骨子

こうした課題を背景として、地域共生社会の実現に向けた検討は、2015（平成27）年の「新たな時代に対応した福祉の提供ビジョン」を端緒とし、2016（平成28）年の「ニッポン一億総活躍プラン」に地域共生社会の実現が盛り込まれたことにより始まりました。その年、「我が事・丸ごと」地域共生社会実現本部、および地域における住民主体の課題解決力強化・相談支援体制の在り方に関する検討会（地域力強化検討会）が設置され、当面の工程が示されました。その改革骨子として、「地域課題の解決力の強化」「地域丸ごとのつながりの強化」「地域を基盤とする包括的支援の強化」「専門人材の機能強化・最大活用」があげられます。

そのなかでは、生活に身近な地域において、住民が世代や背景を超えてつながること、そして、相互に役割をもち、「支え手」「受け手」という関係を超えて支え合う取り組みを育成して、地域の課題を解決していく力を強化していくことが掲げられています。また、耕作放棄地の再生や森林などの環境の保全、空き家の利活用、商店街の活性化など、地域社会が抱えるさまざまな課題は、逆に、高齢者や障害者、生活困窮者などの就労や社会参加の機会を提供する資源でもあるとしています。そして、社会・経済活動の基盤でもある地域において、社会保障・産業などの領域を超えてつながり、人々の多様なニーズに応えると同時に、資源の有効活用や活性化を実現するという循環を生み出していくことで、人々の暮らしと地域社会の双方を支えるとしています。

改革骨子の動き

・2017（平成29）年に公布された社会福祉法の改正では、地域福祉の理念とその実現のために市町村が行う包括的な支援体制づくりに関する規定が設けられました。それに伴い、「地域課題の解決力の強化」においては、地域包括ケアの理念を普遍化し、高齢者のみならず、生活上の困難を抱える障害者や子どもなどが地域において自立した生活を送ることができるよう、地域住民による支え合いと公的支援が連動し、地域を「丸ごと」支える包括的な支援体制を構築し、切れ目のない支援を実現するとしました。

・「地域丸ごとのつながりの強化」としては、社会福祉法人が制度の狭間の問題等に対して地域における公益的な取り組みを行いやすいようにしたり、若年性認知症の人を中心とした介護サービス事業所における地域での社会参加活動の実施をしやすくするための取り組みを行うこととしました。

・「地域を基盤とする包括的支援の強化」としては、高齢者と障害児者が同一の事業所でサービスを受けやすくするため、2017（平成29）年に公布された地域包括ケアシステムの強化のための介護保険法等の一部を改正する法律により、介護保険と障害福祉両方の制度に新たに共生型サービスを位置づけました。

その後、市町村における包括的な支援体制の全国的な整備を推進する方策について検討を進めるため、有識者による地域共生社会に向けた包括的支援と多様な参加・協働の推進に関する検討会（地域共生社会推進検討会）が2019（令和元）年から開催されました。その議論のなかで、今後の対人支援について求められるアプローチとして、これまでの各属性や課題別の「具体的な課題解決を目指すアプローチ」だけでなく、本人と支援者や地域住民が継続的につながりかかわり続ける、「つながり続けることを目指すアプローチ（伴走型支援）」の二つのアプローチの必要性が示されました。これは二つの支援を両輪として組み合わせ、地域のセーフティネットを強化し、重層的なものにしていくためです。また、地域における重層的なセーフティネットを確保していく観点として、対人支援の観点から取り組む人・団体、あるいはまちおこしの観点から取り組む人・団体など多様な地域づくりの担い手が出会い、さらなる展開が生まれる「場」となるプラットフォームの構築についても示されました。

3 地域包括ケアシステム

地域共生社会の実現と地域包括ケアシステムの構築、認知症施策の推進は密接な関係にあるといえます。市町村が策定する第８期の介護保険事業計画作成に向けた基本指針においては、地域包括ケアシステムの構築、地域共生社会の実現と併せて、「認知症施策推進大綱」を踏まえた認知症施策の推進が示され、介護保険事業計画が進められています。

地域包括ケアシステムとは、「ニーズに応じた住宅が提供されることを基本とした上で、生活上の安全・安心・健康を確保するために、医療や介護のみならず、福祉サービスを含めた様々な生活支援サービスが日常生活の場（日常生活圏域）で適切に提供できるような地域での体制」[1)] とされています。

介護分野において地域包括ケアシステムの概念が初めて明確に示されたのは、2003（平成15）年に高齢者介護研究会において取りまとめられた報告書「2015年の高齢者介護」でした。報告書では、在宅において365日・24時間、介護の安心を得ることができるしくみとして、「本人（や家族）の状態の変化に応じて、様々な介護サービスが、切れ目なく、適時適切に在宅に届けられること」、これら一連のサービスが、「安心をいつも身近に感じられ、また、即時対応が可能となるよう、利用者の生活圏域（例えば中学校区あるいは小学校区ごと）の中で完結する形で提供されること」が必要であるとされました。その後、2008（平成20）年の地域包括ケア研究会で、前述の地域包括ケアシステムの定義が示され、生活圏域については、おおむね30分以内に必要なサービスが提供される圏域として、具体的に中学校区を基本とするとされました。また、介護保険サービス（共助）、医療保険サービス（共助）、住民主体のサービスやボランティア活動（互助）、セルフケアの取り組み（自助）など数多くの資源について、各地域がもつ「自助、互助、共助、公助」の役割分担を踏まえながら、提供されるシステム構築の必要性が示されました[2)]。

2016（平成 28）年度の地域包括ケア研究会においては、対象を高齢者だけではなく、障害者や子育て中の家族への支援なども含めた「地域共生社会の実現」がキャッチフレーズとして示され[3]、2017（平成 29）年には地域共生社会の実現に向けた骨子内容の一つに、これまで高齢者の分野で先行していた地域包括ケアの理念を、障害者や子どもなどに拡大・普遍化していくこととされました[4]。

4 地域包括ケアシステム・地域共生社会と認知症ケアとの関係

地域で暮らし続けるためのしくみ

2012（平成 24）年の報告書「今後の認知症施策の方向性について」と、これを受けて各種整備目標を掲げた 2012（平成 24）年の「認知症施策推進 5 か年計画（オレンジプラン）」、その後継である 2015（平成 27）年の「認知症施策推進総合戦略（新オレンジプラン）」、そして、2019（令和元）年から実施されている「認知症施策推進大綱」（以下、大綱）は一連の継続性をもった施策として展開されています。

「今後の認知症施策の方向性について」では、「認知症になっても本人の意思が尊重され、できる限り住み慣れた地域のよい環境で暮らし続けることができる社会」を実現することが掲げられましたが、これはその後の計画においても貫かれている考え方であるといえます。認知症の人が地域で暮らし続けるには、認知症の状態に合わせて必要なサービスを適時に利用していける体制づくりが欠かせません。認知症ケアパスをはじめ、各資源のコーディネーターとしての認知症地域支援推進員などや、資源へのアクセスのための認知症初期集中支援チームといったしくみづくり、医療と介護等の多職種連携のための研修等はそうした体制を地域に創出するための施策であるといえます。

また、認知症の人の地域での暮らしを支えるうえでは、介護サービスのみならず、初期段階から認知症の進行を予防するための資源に加え、早期発見・早期対応、日常診療を担当する医療機関、合併症や状態が悪化した際に対応する医療機関の医療サービスが不可欠です。加えて、地域での見守りや生活支援、居場所づくりなどは認知症の初期から終末期まで一貫して必要なかかわりであるといえます。これは、いわば認知症の人のための地域包括ケアシステムを構築しているといえます。

地域共生社会の理念・考え方を踏まえた認知症ケア

一方で、新オレンジプランから登場した「認知症への理解を深めるための普及・啓発の推進」「認知症の人を含む高齢者にやさしい地域づくりの推進」は、大綱の「普及啓発・本人発信支援」「認知症バリアフリーの推進・若年性認知症の人への支援・社会参加支援」に引き継がれ、まさに「共生」のための施策が展開されているといえます。「普及啓発・本人発信支援」の基本的考え方は、「認知症の人やその家族が地域のよい環境で自分らしく暮らし続けるためには、認知症への社会の理解を深め、地域共生社会を目指す中で、認知症があってもなくても、同じ社会の一員として地域をともに創っていくことが重要である」と示されています。普及啓発として、小売業・金融機関・公共交通機関等の従業員等向けの認知症サポーター養成講座の開催の機会を拡大していたりします。

「認知症バリアフリーの推進・若年性認知症の人への支援・社会参加支援」においては、移動や消費、金融、小売などさまざまな生活環境を改善することで、認知症の人が暮らしやすい社会を形成する「認知症バリアフリー」の考え方が示され、交通や金融サービスなど地域生活に必要なさまざまな分野へと対象が広がっています。これは医療や福祉の範囲に収まらない、地域に存在するあらゆる資源との協働が模索されているといえます。こうした考え方は、地域共生社会の実現に向けた動きと連動しているといえるため、その動きを理解しておく必要があります。

また、縦割りの支援制度の限界を克服すること、社会的孤立や制度の狭間を生み出さないための地域のつながりの再構築をすることは、認知症の人やその家族の支援においても重要な課題です。地域における認知症ケアでは、地域共生社会の理念・考え方を踏まえ、支える側、支えられる側の関係や、さまざまな分野を超えた連携や協働のもとにお互いに知恵を出し合い、創造的に展開していくことが求められています。

考えてみよう！（鈴木さんの事例から）

事例4で、鈴木さんは認知症カフェに参加するだけでなく、ボランティアとして参加することを提案されます。また、事例9では、宅配業者のメール便を配る仕事を始めました。このことが、鈴木さんの生活のありようにどのような変化を与えたか考えてみましょう。

3 認知症の人の生活と地域資源

1 地域資源とは

地域資源とは明確な定義があるわけではありませんが、「特定の地域に存在する自然資源のほか、地域で生産、生成された『流動資源』を含め、地域内に存在する地域内の人間活動に利用可能な（あるいは利用されている）有形、無形のあらゆる要素をいう」[5)] とされています。その特徴として、①非移転性（地域的存在であり、空間的に移転が困難）、②有機的連鎖性（地域内の諸地域資源と相互に有機的に連鎖）、③非市場性（非移転性という性格から、どこでも供給できるものではなく非市場的な生活を有するもの）があります。地域資源の例として、家族、親族、近隣、友人・同僚などの人的資源のほか、ボランティア組織、特定非営利活動法人（NPO法人）、町内会などの地域の団体、組織、行政、企業等のほか、伝統技術等の文化資源があげられます。認知症ケアの実践における地域資源とは、認知症の人の社会的ニーズを充たすために用いられる社会資源の一つとして、より地域に根づいたものと考えることができます。

2 フォーマルな社会資源とインフォーマルな社会資源

社会資源とは、「福祉ニーズを充足させるために活用される施設・機関、個人・集団、資金、法律、知識、技能等々の総称」[6)]とされています。こうした社会資源を、フォーマルなものとインフォーマルなものとに分ける考え方があります。

フォーマルな社会資源

フォーマルな社会資源とは、介護保険サービスのような制度化されている社会資源を指します。介護保険サービスの場合、訪問介護（ホームヘルプサービス）は、本人以外の部屋の掃除やペットの世話などをしないように、提供時間や提供内容について一定の制限やルールがあります。その意味でさまざまな生活のスタイルや突発的な事態などに柔軟に対応するといったことが難しい反面、契約内容に基づいて、訓練を受けた専門職による一定の水準のサービスを継続的に受けることができます。

インフォーマルな社会資源

インフォーマルな社会資源とは、ボランティアなどの制度化されていない社会資源を指します。一定のルールや内容の制限がないので、柔軟で多様な支援を受けることができますが、継続性や専門性が担保されているわけではありません。また、ボランティアを例にすれば、ボランティアを行う人の都合や、動機とその活動がマッチしていることが必要になります。つまり、フォーマルな社会資源とは異なり、インフォーマルな社会資源による支援活動は提供する側の動機やメリットと、受け手のメリットとのマッチングが重要です。動機が弱くなったり、メリットがないといった状態になると、活動は維持できなくなってしまいます。

3 ソーシャル・サポート・ネットワーク

ソーシャル・サポートは、社会的支援と訳され、良好な人間関係のなかで、周囲の人々から受けられる有形無形のさまざまな支援のことを指します。「情報的（informational）」「道具的（instrumental）」「情緒的（emotional）」「評価的（appraisal）」の分類がよく知られています。「情報的サポート」とは、介護サービスの情報など役立つ情報を提供してくれる支援になります。「道具的サポート」とは、掃除を手伝いに来てくれたり、高齢者の見守りを代わりにしてくれたり、電球の取り換えをしてくれたりといった支援になります。「情緒的サポート」は、愚痴を聞いてくれたり、共感してくれたり、励ましてくれたりする支援になります。「評価的サポート」とは、「介護頑張っているね」といったような認めてあげる支援のことです。こうしたソーシャル・サポートが提供されるつながりのことをソーシャル・サポート・ネットワークといいます。

4 地域での暮らしと地域資源

認知症になる前から続く暮らし

認知症は後天的な疾患です。認知症の人の地域での暮らしは、認知症になってから始まったわけではなく、認知症になる前から続いています。認知症になってから転居してくる場合もありますが、転居前にもどこかの地域での暮らしがあったはずです。本人は認知症になる前から、その地域のなかでさまざまな地域資源とのかかわりをもち、役割や出番を得て、ソーシャル・サポートを受けながら暮らしているのです。認知症の人の生活と地域資源について考えるとき、まず大事になるのは、認知症になる前から続く暮らしのありようについて知ることです。いつも世話になっていた八百屋や、散歩道の途中の公園、行きつけの喫茶店など、その人の暮らしを形づくるさまざまな地域資源とのつながりがあったことの気づきになります。

地域資源を踏まえた本人の望む暮らしの構築

認知症が進行するなかで、地域とのつながりが維持できなくなっていく場合があります。介護職員は、認知症の人のこれまでのつながりが保てなくなるという喪失感やアイデンティティの危機に思いをはせる必要があります。そして、そのつながりが維持できるのか、あるいは再構築できるのかについて検討する必要があるでしょう。居場所をなくしてひきこもってしまっている場合、その人の居場所を簡単に通所介護（デイサービス）に置き換えることはできません。安易な介護保険サービスの利用が、本人の暮らしのありようにどう影響するのかについても考えていく必要があります。本人が望む暮らしのありようを検討するうえでは、こうしたフォーマルな社会資源の限界性をよく認識し、本人がもっている、あるいはもっていたインフォーマルな社会資源とのつながりをまず大切にします。認知症であることを受け入れてくれる地域の人や場所、組織になっていくことで、「認知症になっても大丈夫」と、認知症になる前の関係性を再構築していくこともできるかもしれません。また、認知症になることによって新たなつながりを構築できるかもしれません。認知症になりどのような暮らしをしていくのかは認知症の人自身が決めていくものですが、それはかかわる介護職員のありようでも大きく変わります。

認知症が進行し、さまざまな障害が顕在化してくると、介護保険サービス等の利用を増やさざるを得なくなり、フォーマルな社会資源が暮らしのなかに多く入り込んできます。そこでも、地域から切り離す支援ではなく、地域とともにある支援を行えるかどうかが重要です。地域包括ケアシステムを基盤としながら、そのシステムの外側にあるさまざまな地域資源とも連携・協働し、その人とその地域ならではの豊かな暮らしのありようを構築していくことが重要になります。

考えてみよう！（鈴木さんの事例から）

事例の鈴木さんの周囲には、どのような地域資源がありましたか。また、認知症の状態に合わせてそれらがどう変遷していきましたか。

4 介護職員等の地域での役割

介護という仕事は、認知症の人の生活に密接にかかわることになります。介護職員はその専門性を発揮し、認知症の人の支援をしながら、その人の障害と併せて、もっている能力に気づくことができます。また、本人が心地よいと感じる暮らし方、かかわり方に関するノウハウを蓄積していくことができます。そうした情報を、家族やほかの専門職と共有し、認知症の人の暮らしを支援していけるようにする必要があります。

そして、こうした本人の生き方への思いを共有し、その実現に向けた支援を、専門職だけでなく、地域の人たちも巻き込みながら行っていくことが大切です。地域の人とは、介護分野のみならず、地域の商業・サービス業、工業、農林水産業、防犯・防災、環境、まちおこし、交通、都市計画なども含め、分野・世代を超えた、地域経済・社会全体の人のことです。また、活動の機会は、介護場面だけでなく、施設・事業所で実施するイベント、地域のなかでのイベントの企画や実施、参加を通して、あるいはサービス担当者会議や地域ケア会議等の参加を通じてなど、さまざまな機会があります。認知症の人の力･強みと地域のもつ力･強みに焦点をあて、「相互に支える、支えられる関係」のもと、認知症の人とともに地域で暮らし続けていくためにそれぞれができることを考え、知恵を出していけるようはたらきかけていくことが大切になります。

考えてみよう！（鈴木さんの事例から）

事例７において、鈴木さんが出会う、前頭側頭型認知症の水野さんは、周囲の人から奇異な目で見られることを気にかけています。若年性認知症対応の通所介護の職員だとしたら、どのような地域へのはたらきかけができるでしょうか。

第２節

インフォーマルな地域資源活用

地域住民の認知症の理解

1 「共生」に向けた認知症の理解へのはたらきかけ

「認知症施策推進大綱」（以下、大綱）によれば、「認知症の人やその家族が地域のよい環境で自分らしく暮らし続けるためには、認知症への社会の理解を深め、地域共生社会を目指す中で、認知症があってもなくても、同じ社会の一員として地域をともに創っていくことが必要である」としています。そのための施策として、認知症サポーター養成の推進をあげています。また、生活環境のなかで認知症の人とかかわる機会が多いことが想定される小売業・金融機関・公共交通機関等の従業員等向けの認知症サポーター養成講座の開催機会の拡大や、学校教育等における認知症の人などを含む高齢者への理解の推進を行うとしました。

認知症ケアにかかわる専門職間の連携についてももちろんですが、ふだん認知症ケアにかかわっていない、学校や企業、住民組織といった地域資源とも連携や協働をしていく場合に、認知症に対する認識を共有しておくことが重要になります。なぜなら、地域で頻回に外出をしてしまう認知症の人に対して「早く施設に入れてしまえばいい」や「どうやって徘徊（はいかい）しないように監視するか、あるいは薬や身体拘束による抑制をするか」といった考えの人や組織とでは、連携や協働に支障をきたすからです。連携・協働の機会や、あるいは認知症サポーター養成講座等の学習の機会を通じて、その認識を変えていく必要があります。

認知症に限らず、偏見や差別は無知や無関心がその背景にあります。認知症に関する知識を深めること、認知症について関心をもつことは、認知症に対する偏見や差別を解消し、認知症になっても住みやすい地域社会をつくっていくための基盤となります。

2 正しく認知症を伝えるために

認知症という言葉がなかった時代には、高齢者の状態の一つのようなとらえ方をされていたといえますが、医学という権威を背景に「痴狂」「痴呆」という用語が生まれ、一般の老人や高齢者の状態とは別の状態として認識されるようになりました。これらの言葉や概念ができることによって、その人の困りごとを社会的に位置づけ、支援していくためのしくみがつくられる一方で、その対象に対して一方的な形で「特別な存在」「支援すべき対象」として区別してしまう副作用があります。認知症のことを伝えていくうえで、支援者、専門職といったように社会的に位置づけられた存在が、被支援者、非専門職という対象に対してもつ権威性と、その対象に与える影響について自覚的にならなければいけません。

また、認知症ケアにおいて、認知症の行動・心理症状（BPSD）という言葉は近年一般的に使用されるようになりましたが、少し前までは「問題行動」という用語もよく使われていました。行動症状の一つである徘徊を例にあげてみると、「目的もなく歩き回る」というように説明され、認知症が原因で発生する行動として回廊式の施設がつくられる背景ともなっていました。しかし今は、本人にとっては何らかの目的があると考え、その行動の背景・理由を本人の視点から考え、解釈していくことが認知症ケアの基本的なアプローチになりました。ある人にとっては「家に帰ろうとしている」のかもしれないし、「会社に出勤しようとしている」のかもしれません。したがって、ケアの視点からは徘徊ではなく、その人その人に別々の意味・目的をもつ行為であるととらえるようになってきています。このようなアプローチは、他者から一方的に意味づけられた解釈を、本人の視点から解釈し直しているといえます。

家族や地域の住民に理解してもらうためには、このように常に認知症の人の視点に立って、どう伝えるべきか検討していくことが大切です。

3 当事者からの発信

かつての認知症のネガティブなイメージを変えていく大きなきっかけになったのは、認知症の当事者が社会に自らの思いを発信していったことです。認知症になっても、社会のなかで役割をもち活動している姿は、介護職員にとっても、BPSDの対応をどうするかという発想から、認知症とともに今を生きる人の支援を考える、という発想へ転換をもたらしたといえます。

こうした動きを背景に、大綱においても、「認知症の人が生き生きと活動している姿は、認知症に関する社会の見方を変えるきっかけともなり、また、多くの認知症の人に希望を与えるものでもあると考えられる」と評価しています。そのうえで

「地域で暮らす認知症の人本人とともに普及啓発を進め、認知症の人本人が自らの言葉で語り、認知症になっても希望を持って前を向いて暮らすことができている姿等を積極的に発信していく」としました。

これまで、当事者以外の人によって与えられてきた「認知症」「認知症の人」の言葉に沁(し)みついたネガティブなイメージを当事者の声で変えていくことは、認知症であってもなんら恥ずべき存在ではなく、地域社会の一員として尊厳をもって生きていくうえできわめて重要な意味をもっています。何よりもかかわった認知症の人が、生き生きと社会のなかで活躍しているというのは、介護職員として目指す認知症ケアの一つであるといえます。

一方で、当事者が発信する素晴らしさ、重要性を認識しつつも、介護職員としては、そうしたプロセスをすべての認知症の人に強いることはできないこと、声なき認知症の人の声があるという認識をもつことも大切です。当事者自身のなかにも認知症に対する偏見は存在し、多くの人にとって、そうした自分を受け入れることは容易なことではなく、深い葛藤と苦悩があります。葛藤や苦悩を乗り越え、社会に発信できた人も、それができない、そうしない人も一つひとつが大事な声であるという認識に立ち、その声に耳を傾け、尊重する姿勢が大切です。

考えてみよう!（鈴木さんの事例から）

事例9で、鈴木さんは福祉大会で講演を行うことになります。当初、家にひきこもりがちだった鈴木さんがこのような気持ちになった背景について整理してみましょう。

2 介護保険施設・事業所等での家族会の役割とその効果

認知症の人を介護する家族は、認知症の症状による意思疎通の困難さや症状への適切な対応の仕方がわからないといったこと、夜間の対応や排泄(はいせつ)のケアなどの具体的な介護の負担、自身の体力や家族関係から生じる負担などを経験します。いつまで、そしてどこまでやればいいのか出口の見えない不安を抱えている場合があります。このように家族は本人とは別のニーズを抱えており、介護職員はその両者のニーズが充たされる支援をしていく必要があります。

家族会は、同じ境遇にある家族同士の語り合いの場になります。そこでは、同じ境遇の人が、「支援する、支援される」という関係ではなく、対等な関係のなかで情報の交換や感情の交流が行われます。同じ仲間がいるという寄りどころになるとともに、参加した家族の心理的な休息や認知症に関する知識の取得により、家族のエンパワメントにつなげることができます。

家族会では、主に介護経験が共有されます。感じていること、悩んでいること、やりたいことなどを話したり、ほかの参加者の話を聞いて、悩みを共有したりすることを通して自分自身を客観的に見直す機会となります。また、認知症がどのように進行していくかということや、介護方法や生活のなかの工夫を学ぶ機会となります。家族会には介護職員が入ることもありますが、基本的には、参加者間の自発的なコミュニケーションが活発になるように間接的なかかわりを行う役割となります。

介護保険施設・事業所で家族会を実施するメリットとしては、施設・事業所を利用する認知症の人の家族に声をかけることができる点にあります。また、自施設・事業所を会場に行う場合、機材の確保も容易です。一方、グループのなかに入っていくことに抵抗を感じる場合や、すでに介護負担がかなり大きくなっており、参加することそのものが大きな負担になってしまう場合もあります。介護職員として、家族会のメンバーと新しく参加する人をつなぐ役割を担っていく配慮をしていきましょう。

3 インフォーマルな地域資源の活用の具体的方法

認知症の人の支援にとってのインフォーマルな地域資源とは、認知症の人の社会的ニーズを充たすために用いられるもので、介護保険サービス等の制度化されたものではない地域資源を指します。地域資源には、家族、親族、近隣、友人・同僚などの人的資源のほか、ボランティア組織、特定非営利活動法人（NPO 法人）、町内会などの地域の団体、組織、行政、企業等のほか、伝統技術等の文化資源[7]、さらに集団や個人の有する知識や技能が含まれます。

地域資源の活用においては、創造的で柔軟な発想がなければなりません。そのために、地域のなかに存在するさまざまな人、場所、組織のなかに多くの可能性があることに気づく必要があります。例えば、インフォーマルサービスとして、地域団体や特定非営利活動法人(NPO法人)、ボランティアグループ等が実施する見守り、配食サービス、買い物支援、訪問理・美容サービス、傾聴などのサービスなどが考えられます。さらに地域資源というと、教育機関、農協や企業などの団体・機関、農地や商店街の空き店舗といった場所、自治会や防災組織、PTAといった組織、語学や伝統芸能などの特殊な技能や知識をもった人、祭礼や運動会といったイベントも含まれるといえます。

認知症の人の日中の活動の充実を考えたとき、その認知症の人の希望やもっている能力と、こうした地域資源との出会いをつくり、ニーズ充足の機会とするといった創造的なアプローチが重要になります。しかし、インフォーマルな地域資源は、フォーマルな地域資源とは異なり、認知症の人に配慮した物理的空間やかかわり方が必ずしも確保されているわけではありません。また、必要なときに必要な内容のサービスが必ず提供されるといったものではなく、地域資源側の都合や希望とのマッチングが必要になります。地域資源側のニーズを把握するために介護職員は、人や団体・組織とのかかわりを積極的に行い、協働のための関係づくりをしていくことが必要です。そして、インフォーマルな地域資源とのつながりをベースとしながら、フォーマルな地域資源と有機的に連携・協働できるネットワークの構築と運用が重要になります。

考えてみよう! (鈴木さんの事例から)

事例9で、鈴木さんは小規模多機能型居宅介護の利用後も、認知症カフェの運営ボランティアに加え、宅配業者のメール便を配る仕事を始めます。この段階における鈴木さんにとっての小規模多機能型居宅介護の意味とはどのようなものだったのかを考えてみましょう。

第 3 節

フォーマルな地域資源活用

1 認知症施策の理解と連携

1 認知症施策の理解

認知症施策の理解にあたっては、「認知症施策推進５か年計画（オレンジプラン）」と、その修正を行った「認知症施策推進総合戦略（新オレンジプラン）」、その後継施策である「認知症施策推進大綱」（以下、大綱）について、基本的な考え方、施策の柱とその主な内容、その背景等について確認し、オレンジプラン以降の施策展開についての流れをつかんでおくことが重要です。

そして、各市町村の認知症施策について、介護保険事業計画や認知症ケアパス等がまとめられた冊子やWEBサイトがあれば確認するようにします。また、各地域にある、認知症カフェや認知症疾患医療センター等に行ってみたり、認知症地域支援推進員や認知症初期集中支援チームのメンバーと顔見知りになり、実際の話などを聞くことによって、施策の実際の展開の様子なども把握できるとともに、連携や活用のための関係づくりを行うことができます。

2 医療職との連携・協働

実際の医療職や介護職の連携・協働においては、地域包括ケアシステムや認知症ケアパスを踏まえた対応が必要になります。認知症ケアパスに関連して、「今後の認知症施策の方向性について」では、認知症の早期発見・早期対応およびその後の支援のあり方について示されています。具体的には、認知症初期集中支援チームや、早期診断や認知症の行動・心理症状（BPSD）増悪期等の際に対応するための認知症疾患医療センター等の専門医療機関、そして日常診療を行うかかりつけ医の役割が整理され、状態が悪化しても施設や病院等での対応が固定化されず、状態が安定すればまた自宅等の生活に戻っていく循環型のしくみを構築していくことが示されました。こうしたしくみづくりの進行状況は地域によってさまざまです。どのようなしくみづくりを行おうとしているのかを理解し、連携していく必要があります。

さらに、これらのしくみづくりを含めた地域のコーディネーター役として認知症地域支援推進員、地域医療体制の中核的な役割を担う認知症サポート医の存在も重要です。連携のためには、地域でこうした役割を担っている人が誰であるかを知り、顔の見える関係づくりをしておくことが重要です。

認知症ケアは介護と医療の連携が欠かせません。認知症施策では、認知症の人の支援に求められる治療等の医療支援、生活や人生に対する介護等の支援を生活支援の一部として位置づけ、多職種協働で行う認知症ライフサポートモデル（認知症ケアモデル）の策定が行われています。こうした認知症施策とその各地域での展開を理解したうえで、フォーマルな地域資源との多職種連携を行っていくことが大切です。

考えてみよう！（鈴木さんの事例から）

事例8では、鈴木さんの市に「SOS見守りネットワーク」や「ワンワンパトロール」というグループがあることがわかります。このような取り組みは認知症施策とどのように関連づけられるでしょうか。また、皆さんの地域ではどのような取り組みがされているでしょうか。

2 介護保険以外のフォーマルな地域資源の活用の具体的方法

介護保険制度は、介護という社会的ニーズに対する包括的なサービスの提供が可能な制度です。一方、保険給付としての対象範囲が限定され、また区分支給限度基準額の設定によって無制限に保険給付が受けられないことになっています。例えば、訪問介護（ホームヘルプサービス）の場合、庭の手入れやペットの世話、利用者が使用する部屋以外の掃除など、利用者以外のための行為や、訪問介護員（ホームヘルパー）が行わなくても日常生活に支障がないと判断される行為、日常的に行われる家事の範囲を超える行為は給付の対象外となっています。自治体や社会福祉協議会、シルバー人材センターによっては、こうした生活支援のニーズに対応するための家事・援助サービスを介護保険とは別に制度化している場合があります。また、自治体では配食サービスや緊急通報装置などの提供を行っていることも多く、一人暮らしの高齢者の安否確認などの目的に活用することが考えられます。金銭管理や福祉サービスの利用についての不安があり、頼れる人がいないといった場合には、日常生活自立支援事業や成年後見制度の活用が考えられます（pp.165-167 参照）。

介護保険制度は費用負担が伴うため、負担を気にして利用を控える場合もあります。介護保険制度内においても高額介護サービス費などの負担軽減のしくみがありますが、制度外では、社会福祉法人等による利用者負担軽減制度の利用や、状況によっては生活保護の利用を検討する必要があります。家族が本人の年金を頼りにしている場合などで、いわゆる高齢者虐待が疑われる場合には、介護職などの専門職は市町村に通報する必要があるでしょう。

定期的な安否確認を要するケースのなかには、セルフ・ネグレクトの状態になっている場合があります。セルフ・ネグレクトとは、医療・介護サービスの利用の拒否などにより、社会から孤立し、生活行為や心身の健康維持ができなくなっている状態です。この場合、地域包括支援センターや行政機関と連携をとり、本人の安全や生命に注視しながら、伴走的なかかわりをしていくことが必要になります。地域ケア会議等を通して、地域の関係機関と支援方針を検討する必要があります。

考えてみよう！（鈴木さんの事例から）

事例4では、鈴木さんの支援において、認知症地域支援推進員の太田さんはさまざまな形で支援を行っています。認知症地域支援推進員が行っているフォーマルな地域資源やインフォーマルな地域資源のネットワークづくりについて考えてみましょう。

第 4 節

地域資源としての介護保険施設・事業所等

1 地域における介護保険施設・事業所等の果たす役割・機能

介護保険施設・事業所は、認知症ケアに関する知識や介護のノウハウを蓄積している場所であり、地域にさまざまな貢献をすることができます。例えば、家族介護者教室や認知症カフェ、認知症サポーター養成講座の開催を通じて、日々の認知症ケアの実践でのノウハウを地域に還元することができます。個々の認知症の人の支援においては、家族への説明、地域の各専門職との連携や、サービス担当者会議、地域ケア会議等を通じて、日々、認知症の人を介護するなかで知り得た、本人のできること、得意なことといった強みや、よい状態、悪い状態のときの様子、嫌なこと、好きなこと、大切にしている暮らしのありようなどを提供することができます。

また、介護サービスの提供のみならず、災害時には避難場所として、地域住民やほかの施設・事業所から避難してきた人々の受け入れ先となります。さらに、施設のスペースを提供することで、地域住民の活動の場所となることもあります。

このように、地域において施設・事業所は、その地域で暮らす認知症の人やその家族を支えるための拠点となります。そして、地域資源と連携・協働することで、子ども食堂やコミュニティカフェ、サロンの会場、ボランティアやサークルの活動場所、地域の子どもが訪れる場所となるなど、地域にさまざまな価値を生み出していくことが可能になります。

考えてみよう！（鈴木さんの事例から）

事例 10 で、鈴木さんの状態が少しずつ悪くなってきているなか、妻の負担も増えてきています。このような妻の介護負担の増加に対し、地域連携の視点からどのようなはたらきかけができるでしょうか。

2 介護保険施設・事業所等と地域とのつながり

介護保険施設・事業所が各地域においてどのような連携や協働ができるのかは、各地域の地域性や施設・事業所のあり方、経営者の考え方等によって多様です。いずれにせよ、大事な考え方は、地域に住む人々にとって、施設・事業所は介護サービスの提供をして支援する立場であっても、同じ地域のなかでさまざまな形で「支え、支えられる」というお互い様の関係にあるということです。その地域のもつ自然環境や文化、そして住民とのかかわり合いを通して認知症の人の生活はより豊かなものになっていくといえます。

そうした地域との関係づくりを行っていくためには、介護職員が地域の人に同じ仲間として受け入れられていなければなりません。そして、その関係は一朝一夕ではなく、日々の介護サービスの提供を通してつくられます。また、毎日のあいさつから始まり、地域の清掃活動や、祭礼、防災訓練などに参加し、地域の一員としての役割を積極的に果たしていくことでお互い様の関係がつくられていきます。

地域連携というと、医療と介護の連携が思い浮かびます。また、地域資源の開発というと、見守りネットワークや、認知症カフェをつくるといったことが思い浮かびます。もちろん、それらも地域連携や地域資源開発の一つですが、地域に住み、活動しているさまざまな人や組織とかかわり合い協働することも一つの連携です。施設の外食イベントのときに、近所のお店を利用する、お祭りなどの施設のイベント、地域のイベントのときにお互いに助け合うというのも連携といえるでしょう。また、「畑仕事がしたい」という認知症の人のために畑を貸してもらうというのも地域資源の開発の一つのあり方といえるでしょう。

考えてみよう！（鈴木さんの事例から）

告知後の鈴木さんにとって、認知症カフェという居場所や、ボランティアという役割・出番ができたことは、その後の鈴木さんの生活に大きな意味をもっていたといえます。こうした居場所づくりという点で、自施設・事業所ができることにはどのようなことがあるか考えてみましょう。

演習 8-1

・ふだんの認知症ケアの実践のなかで、地域資源とのかかわり合いがある場面をあげてみましょう。

・認知症の人の願いや思いを踏まえ、自地域にある地域資源とどのような協働ができそうか考えてみましょう。

引用文献

1）地域包括ケア研究会「地域包括ケア研究会報告書――今後の検討のための論点整理」p.6、2009 年

2）同上、pp.6-7

3）三菱 UFJ リサーチ＆コンサルティング「平成 28 年度老人保健事業推進費等補助金（老人保健健康増進等事業）地域包括ケア研究会報告書――2040 年に向けた挑戦」pp.5-6、2017 年

4）地域における住民主体の課題解決力強化・相談支援体制の在り方に関する検討会「地域力強化検討会最終とりまとめ――地域共生社会の実現に向けた新しいステージへ」p.5、2017 年

5）日本認知症ケア学会認知症ケア用語辞典編纂委員会編『認知症ケア用語辞典』ワールドプランニング、p.209、2016 年

6）中央法規出版編集部編『六訂 社会福祉用語辞典』中央法規出版、p.237、2012 年

7）前出 5）、p.209

参考文献

* R. M. マッキーヴァー、中久郎・松本通晴監訳『コミュニティ―社会学的研究：社会生活の性質と基本法則に関する一試論』ミネルヴァ書房、1975 年
* 厚生労働省「我が事・丸ごと」地域共生社会実現本部「『地域共生社会』の実現に向けて（当面の改革工程）」2017 年
* 高齢者介護研究会「2015 年の高齢者介護――高齢者の尊厳を支えるケアの確立に向けて」2003 年
* 日本認知症ケア学会認知症ケア用語辞典編纂委員会編『認知症ケア用語辞典』ワールドプランニング、2016 年
* 地域包括ケア研究会「地域包括ケア研究会報告書――今後の検討のための論点整理」2009 年
* 三菱 UFJ リサーチ＆コンサルティング「平成 28 年度老人保健事業推進費等補助金（老人保健健康増進等事業）地域包括ケア研究会報告書――2040 年に向けた挑戦」2017 年
* 認知症の人と家族の会「平成 23 年度老人保健事業推進費等補助金（老人保健健康増進等事業）認知症の介護家族が求める家族支援のあり方研究事業報告書――介護家族の立場から見た家族支援のあり方」2012 年
* Wills, T. A., 'Social support and interpersonal relationships', Clark, M. S. (Ed.), *Prosocial behavior*, Sage Publications, Inc., pp. 265–289, 1991.
* House, J. S., Kahn, R. L., McLeod, J. D. & Williams, D., 'Measures and concepts of social support', Cohen, S. & Syme, S. L. (Eds.), *Social support and health*, Academic Press, pp. 83–108, 1985.
* House, J. S., *Work stress and social support*, Addison-Wesley Pub. Co., 1981.

第9章

生活支援のための認知症の行動・心理症状（BPSD）の理解

（生活支援のためのケアの演習２（行動・心理症状））

目的

認知症の行動・心理症状（BPSD）が生じている認知症の人に対して、行動の背景を理解した上で生活の質が高められるようチームで支援できる。

到達目標

1 認知症の人の行動の背景を洞察しケアを展開できる。
2 認知症の行動・心理症状（BPSD）に対してチームで対応できる。
3 認知症の行動・心理症状（BPSD）にとらわれすぎず、生活の質を高めるケアを検討できる。

特に関連する章

第２章 認知症の人について知る
第３章 認知症ケアの理念・倫理と意思決定支援
第４章 生活環境づくりとコミュニケーション
第５章 QOL を高める活動と評価の観点
第10章 アセスメントとケアの実践の基本

第1節

認知症の行動・心理症状（BPSD）の基本的理解

1 認知症の行動・心理症状（BPSD）のとらえ方

認知症の行動・心理症状（BPSD）（p.67参照）は同じような症状にみえて、その原因や対応方法は認知症の人によっても、場面によっても、ケアする人によっても変わります。ここではBPSDのケアを考える際にBPSDをどのようにとらえればよいかをみていきます。

1 認知症の症状だろうという思い込みに気をつける

認知症の人のことを認知機能障害の影響で、物事を現実とズレて理解しているという前提でとらえると、認知症の人なりに精一杯訴えていることを軽く受け止める結果になってしまいます。例えば、「帰りたい」と繰り返し訴える認知症の人を自宅に連れて帰ったら、郵便受けで家賃収入の明細書を確認すると、その後1か月は特に帰りたいという訴えがなくなった（家賃収入で生計を立ててきたので明細を確認できて安心した）、という例があるように、認知症の人がはっきりとした目的をもって帰りたいと訴えている場合もあります。認知症の人の一見つじつまが合わないような行動をすべてBPSDととらえるのではなく、認知症の人の訴えとして受け止めて、それに対応することが基本です。

ほかにも、BPSDに似た症状で、認知症の人がせん妄の状態になっていることもあります。せん妄は軽度の意識障害に加えて認知機能障害を呈する症状で、水分不足や薬剤の影響、低血糖その他の要因で生じます。これらの要因の対処をすれば、徐々に軽減しますが、薬剤性のせん妄の場合、訴えを傾聴するといった対応では、改善が期待できません。その人の今の行動が、認知症以外の影響から生じている可能性があることを意識しておく必要があります。

2 認知症の人にとっての問題を整理する

「認知症の人の困った症状を何とかしたい」という考えのままでは、認知症の人にとっての問題の解決には至りません。BPSDをとらえるときには、まず問題と思える場面を具体的にあげ、認知症の人にとっては、どのような問題が生じているかを明らかにしていく必要があります。このとき、まずは本人に行動の理由を尋ねるということが重要です。介護職員にとっては的はずれと感じる回答が返ってきたり、言語的コミュニケーションが十分とれないかもしれませんが、質問と回答の経過から本人がどのように感じているかを類推することもできます。

このような、本人にとっての問題を整理するために、困りごとを、「○○したい」という意欲と、「○○できない」という能力に分けて考える方法があります。例えば、外に出て道に迷う人では、外に出てまんじゅうを買いたい（意欲）けれど、道がわからない（能力)、そのため、道に迷って困るなどといった分析ができるかもしれません。こうして困りごとを能力と意欲に分解すると、できないことをサポートし、意欲を満たすというケアの方向に導くことができます。具体的には、道がわかるように地域住民等と連携したり、認知症対応型共同生活介護（グループホーム）の入り口に目印を置いてわかりやすくするなどの対策が立てられるかもしれません。同様に「まんじゅうを食べたい」という意欲を満たす視点も重要です。このように困りごとを本人の意欲と能力という観点からとらえ直すことが、短絡的でない解決を目指すためには大切です。

3 認知症の行動・心理症状（BPSD）が生じている場面を具体的にとらえる

BPSDのケアを考える際には、「繰り返し」「徘徊（はいかい）」「暴力」「暴言」「入浴拒否」などと、専門用語でとらえず、その場の様子をできる限り、事実に即して理解することが大切です。例えば、一言で「入浴拒否」といっても、入浴を誘ったときに断られる場合と、浴室に着いてから入らないと言われる場合とでは本人にとっての困りごとやそれに基づくケアは異なるものになります。訪問介護員(ホームヘルパー)が居宅を訪問した際に、「ヘルパーが来ることを聞いていない」と言って家に入れてくれない場合と、「ヘルパーは必要ない」と言って家に入れてくれない場合も、前者はもの忘れの影響が強く、後者は自尊心を保ちたい気持ちが強い可能性が類推できます。このようにBPSDを専門用語で理解するのではなく、その場の状況をできるだけ具体的にとらえることが本人を理解することとケアに役立ちます。

4 中核症状・生活障害と認知症の行動・心理症状（BPSD）の関係

BPSDを理解してケアする際には、BPSDと中核症状・生活障害との関係を分析するという視点も重要になります。本書の冒頭の鈴木さんの事例13にある「時々夜中に部屋の隅で放尿する」という例で考えると、認知症によって生じる場所の見当識障害によって、寝ている場所からどこにトイレがあるかわからないという状態となり、結果として部屋の隅で放尿しているととらえることができます。このように多くのBPSDは中核症状の影響により、生活の難しさ（生活障害）が生じ、その影響を受けて二次的に発生します（図9-1）。中核症状はケアで軽減することができないため、BPSDを抑え込むのではなく、生活障害に対するケアを考えることが重要になります。

図9-1　部屋の隅で放尿する背景①

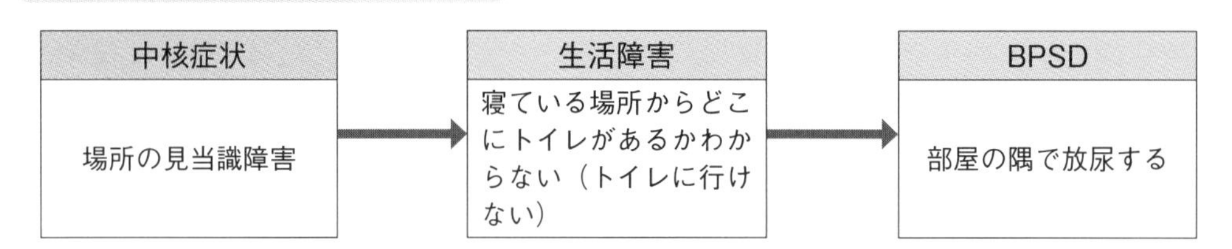

なお、部屋の隅で放尿するというBPSDについては、場所の見当識障害が影響していることが推測されますが、ほかの中核症状の影響も考えられます。例えば、近時記憶障害と注意障害がある人がトイレに行こうと移動しはじめたものの、部屋についているエアコンやテレビの明かりが気になり、部屋に移動したことで何をしようとしていたかわからなくなり、我慢することができず放尿してしまうといった場合です（図9-2）。

図9-2　部屋の隅で放尿する背景②

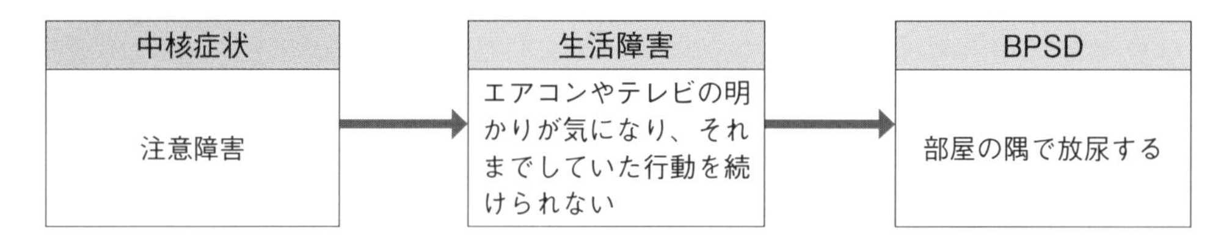

このように、同じようにみえるBPSDであってもその背景にある中核症状が異なる場合があります。BPSDのケアを考える際には、BPSDの背景にある中核症状や生活障害を事実確認しながら明らかにし、そこに対応していく視点をもつ必要があります。例えば、同じ放尿であっても、場所の見当識障害については、トイレまでの物理的環境をわかりやすくしたり、部屋にポータブルトイレを置いたりするという方法が考えられます。注意障害で明かりが気になる場合は、トイレまでの移

動空間を明るくしておくなどの方法があります。なお、中核症状や生活障害は同時に発生している場合もあるため、中核症状について理解したうえで、生活上にどのような難しさがあるためにBPSDが生じているのかという視点でとらえるとケアを検討しやすいでしょう。

5 認知症の行動・心理症状(BPSD)の背景要因をとらえる

BPSDの背景要因をとらえる際には、その背景にある中核症状や生活障害だけでなく、その他のさまざまな要因を吟味していく過程をたどります。

「部屋の隅で放尿する」という例についても、中核症状や生活障害だけでなく、病気や薬、身体、かかわり・ケア、物理的環境、能力と行動のズレ、生活歴・なじみなどの影響を想定することができます。例えば、以下のような複数の要因が関係している可能性が考えられます(図9-3)。

① 日中あまり動いていない(能力と行動のズレ)ため、寝つきが悪く、寝つきやすくなるように寝る前にホットミルクを飲んでもらうようにしている(かかわり・ケア)が、動脈硬化で日中の排尿量が少なく、ベッドで横になると蓄尿が促進(病気や薬)され、夜間トイレに行きたくなる。

② 場所の見当識障害があり、中途覚醒でぼうっとしている(身体)なかで、以前暮らしていた家とトイレの方向が違う(生活歴・なじみ)ほか、トイレが部屋から見えず、部屋の隅から加湿器の音が聞こえ(物理的環境)、そちらに注意が向くということが重なって、部屋の隅で放尿をしてしまう。

図9-3 認知症の行動・心理症状(BPSD)の背景要因

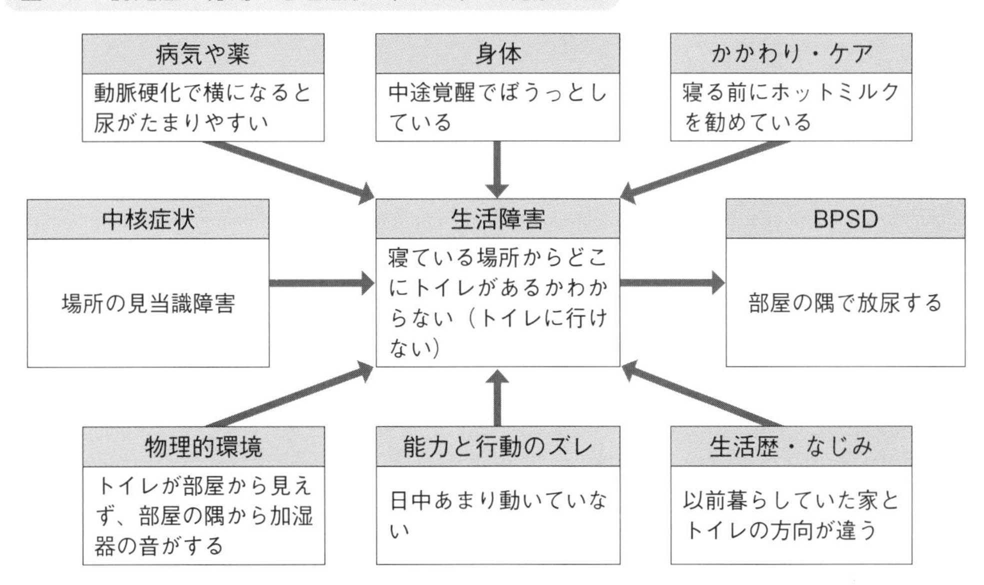

図9-3を整理して考えると、以下のような対応につなげることができます。

① 日中の活動を増やすために、本人ができる活動を一緒に決めて楽しんでもらう。就寝しやすくなり、尿意を催すほど夜間に尿がたまらない状況をつくることにもつながる。
② 日中の排尿量が増えるように歩く機会を増やす。就寝後1時間程度で一度トイレに誘導してみることによって、深夜自分1人でトイレに行くような状況を回避する。
③ 音の小さい加湿器に変えたり、加湿器の位置を変えることで音が気にならないようにする。

このように、BPSDはさまざまな要因の影響によって生じている可能性があります。どのような状況でBPSDが生じているか、背景を幅広くとらえることによって、本人にとって不快なBPSDの軽減を模索することができます。

考えてみよう！（鈴木さんの事例から）

事例12で、鈴木さんは、場所等がわからなくなり、見慣れた環境を探そうと建物の周りをウロウロするようになりますが、このようにウロウロするようになった背景にどのようなことが考えられるでしょうか。

2 認知症の行動・心理症状（BPSD）のアセスメント視点

本来アセスメントでは、利用者の生活全体の情報を収集し、ニーズや解決すべき課題を分析し、明らかにしたうえで、ケアにつなげていきますが、ここでは、ケア実践計画を立てるうえでのBPSDのアセスメント視点について押さえます。例えば、認知症介護研究・研修センターにおいて開発された「ひもときシート」などが役立つでしょう。以下では、「ひもときシート」の視点を参考にしながら、アセスメント視点について解説します。

1 認知症の人の意欲をとらえる

BPSDが誰にとっての、どのような問題かを明らかにする際に、認知症の人の意欲をとらえることが役に立ちます。「認知症の人が歩けないのに立ち上がる」ととらえると問題が強調されますが、困りごとを、「配膳を手伝いたい」けれど「自分が歩けないことを自覚できない」など、意欲と能力に分けて整理することができれば、ケアのヒントになります。意欲をとらえるためには、まず認知症の人の声を聴くということが重要です。

2 健康状態や身体の要因

認知症ケアにおいて、身体の状態に気を配ることはとても重要です。痛みやかゆみなどは、BPSDの原因あるいは背景要因となりますが、見落とされがちです。食事であれば、入れ歯の不具合や口内炎などが拒否の原因にもなりますし、食事の姿勢が保持されていなければ、嚥下（えんげ）が難しく、結果、食事を食べたくなくなるといったことも起こります。さらに、視力が衰えてくることで無気力になったり、拒否的になったりしますし、聴力が低下すれば、意思疎通に時間がかかりイライラしたり、意思疎通ができないことで疎外感につながる場合もあります。さらに、日中の活動不足や睡眠不足もBPSDの背景要因になりますし、水分や食事の摂取量の過多によって、体調が整わないこともBPSDの背景要因になり得ます。

3 認知症以外の病気・症状、薬剤の要因

認知症以外の現病や既往は、背景要因としてBPSDに影響を与えていることが多々あります。例えば便秘症があれば、腹部の不快感からイライラが募り、攻撃的なBPSDにつながります。腰や膝の関節症等による痛みも同様です。認知症の人は、言語の流暢性（りゅうちょうせい）が低下するなどにより、自分が感じていることを言葉でわかりやすく伝えることができない場合があります。歩き方、しぐさ、表情、行動に変化がないか、ふだんの様子を観察しておくことが大切です。また、薬剤が新しく処方されたり、量が変更となったりしたときは、薬の影響で認知症の人の様子に変化がないか注意が必要です。医療職と連携しながら、薬の副作用や効きすぎが認知症の人にとって悪影響を与えていないか確認する必要があります。

4 心理的要因

認知症の人は、認知症の症状によって、さまざまな不安や不快を体験しやすい状況におかれています。人物の見当識障害により、周りにいる人が誰かわからず不安になったり、前後の状況がわからないために、これから何をすればよいかわからなかったり、配偶者や子ども、親戚等、自分にとって大切な人の様子がわからず心配になったり、言葉がうまく出てこなくてイライラしたりなど、さまざまな心理がBPSDの背景要因になり得ます。例えば、今井と半田は、350名の認知症の人の

BPSDの評価結果を分析し、不安が幻覚や妄想、不適切な行動の背景要因として機能していることを明らかにしました[1)]。BPSDの背景にある心理的要因を確認することはケアの基本の一つです。

5 環境要因

物理的環境・感覚的刺激

物理的環境として具体的に、暑さ・寒さ、日差し、湿度等が本人に合っていない場合などは認知症の人がイライラしたり、落ち着かなくなる要因になり得ます。また、人が目の前を何回も移動したり、点滅するものが目に入ると気になって集中できない、目に入るものの数が多いと理解できないなど、視覚刺激が不安や混乱を招くこともあります。さらに、さまざまな音が同時に聞こえると混乱しやすく、例えばテレビの横で話していると、表情が硬くなって、いつもならできるような会話もできなくなるなどといったことも生じます。壁とドアの色が似ていて出口が認知しにくいことや、床が白黒のタイル張りになっていて歩くのが怖かったり、段差の距離感がつかみにくく転びそうになるなど、建物の設えにより色や奥行きが認知しにくいことが認知症の人の不安や不快を引き起こしている場合があります。

人的環境

人的環境は、BPSDの背景要因として最も意識したい側面の一つです。例えば、認知症の人にとってなじみがない施設入所やサービス利用の初期などは、落ち着かずBPSDが生じやすい時期でもあります。そのため、介護職員が本人の意思を尋ね、尊重しながらケアをすることや、認知症の人にとってわかりやすい言葉やスピードで話すこと、否定しないこと、不安を与えない表情であることなど、認知機能の低下に配慮したかかわりを意識する必要があります。また、地域住民などと交流がもてたり、家族や友人など大切な人の様子がわかること等も、認知症の人が安心できる要因になります。

6 本人がもっている能力と行動のズレ

本人がもっている能力と行動がズレることで、BPSDの背景要因になることがあります。例えば、立ち上がることができない人の場合、ほかの人が掃除をしているときに、立って掃除ができないことを申し訳なく思ったり、不安になったりするかもしれません。その場合、いすに座ってテーブルを拭いてもらうなど、ゆっくりであってもできることに取り組むことで、自信や自己効力感を得られるようになり心理的に安定します。逆にできないことを無理にさせようとすると、それもBPSDの背景要因になります。できる活動に取り組むためには、認知症の人の「したい」という意欲との関連を見きわめながら、「できること」で「したいこと」をできるようサポートするといった視点が基本となります。いずれにしても、できないことをさせていたり、できることをさせていなかったり、できることでもしたくないことをさせていたりなど、能力や意欲と行動のズレを確認することがケアのヒントになります。

7 生活歴・なじみ

以前の暮らし方や生活歴と現在の生活のズレが、認知症の人の行動に影響している場合があります。例えば、食事介助をしてもなかなか食事を食べなかったグループホームに入居する認知症の人が、みんなが食事を終えた後に介助するようになると、自分で食べるようになりました。後で家族に尋ねると、以前から家族全員が食べ終わってから食事を摂っていたということでした。その人は他者への気遣いや過去の習慣が残っていたからこそ、みんなと一緒には食べなかったと考えられます。BPSDの背景には中核症状があり、できないからこそ生じるという見方をしてしまいがちですが、覚えていること、昔からの習慣などできることや保たれている個性が影響していることも数多くあります。そのため、本人や家族と対話し、知り得たことがケアのヒントになる場合があります。

8 認知症の行動・心理症状（BPSD）に関連する情報の分析（能力・意欲の分析）

これらのアセスメント情報は、ただ集めるだけでなく、BPSDの理解につなげていくことが大切です。集めた情報から、なぜBPSDが生じているのか、認知症の人は本当はどうしたいのか、仮説を構築できるとケアに結びつきます。

具体例として、認知症の人が何度も「薬をください」と繰り返す場面について、表9-1のような状況が情報収集できた場合、どうして認知症の人が繰り返し「薬をください」と訴えるのか、仮説を考えてみます。

表9-1 認知症の人が繰り返し「薬をください」と訴えるときの状況（例）

意欲	健康でいたい、ゆっくり過ごしたい
身体要因	腰部脊柱管狭窄症（きょうさくしょう）で腰が痛い
病気・症状、薬剤	認知症治療薬を利用している
心理的要因	日常的にわからないことがあり不安
物理的環境	食器の音や話し声がする
人的環境	周囲でほかの利用者が薬を飲んでいる、介護職員から「さっき飲みましたよね」と言われる
能力と行動のズレ	自分でできるのに、介護職員が薬包を片づけている
生活歴・なじみ	昔から薬を飲み続けている

◎ 情報をもとに考えられる仮説

腰部脊柱管狭窄症（きょうさくしょう）で腰が痛い。そのうえ、食器の音や話し声がして落ち着かないなか、昔から薬を飲み続けてきた習慣と、周囲でほかの利用者が薬を飲んでいるという環境により、薬を飲んだことを忘れて薬をくださいと介護職員に伝えたところ、「さっき飲みましたよね」と伝えられて、より不安な気持ちが増幅され、また尋ねたくなる。自分でできるのに、職員が薬包を片づけているため、薬を飲んだことを覚えていることが難しくなっているほか、認知症治療薬の副作用で消化器系の症状を呈していることが不安な気持ちを助長している可能性もある。本当は服薬や体調の不安を少なくし、ゆっくり過ごしたいと思っているのではないか。

この例では、以上のように整理できるかもしれません。このように単に情報を羅列するのではなく、関連づけながら仮説として整理すれば、本人が何に困っていて、どうしたらよいのかということを具体的にイメージし、チームで検討する材料になるほか、認知症の人の状態についての理解を他職種と共有する機会にもなります。

考えてみよう！（鈴木さんの事例から）

事例13で、鈴木さんから、「マンションの売却やお金のことで、勝手に売られた、お金を全部盗られたなどの訴え」があったことが示されていますが、このときの鈴木さんの訴えの理由について、仮説を立ててみましょう。

認知症の行動・心理症状（BPSD）のアセスメントに基づくケア

1 アセスメントとの連動性

BPSDのアセスメントを行った後には、アセスメントに基づくケアを行います。アセスメントに基づくケアにおいて、まず重要なのは、アセスメントとケアの連動性です。アセスメントに基づくケアの統一は、簡単にできることではなく、細かい配慮がなされた結果達成できる、重要な専門性の一つととらえるべきでしょう。ケアの統一のためには、チームでアセスメント結果を共有する過程が重要になります。特に対応に苦慮しているケースであれば、分析の過程もチームでたどることによって、認知症の人の理解を統一することができます。これにより認知症の人がよい状態に変化していくかもしれないという予測が立ち、ケアを実施するモチベーションにつながります。

2 アセスメントに基づくケアの実施可能性

ケアを考えていく際には、実施可能性を検討することも必要です。どんなによいと思われるケアでも、現在の条件のなかで実施できなければ絵に描いた餅です。アセスメントに基づいたケアをいかに実現できるか、どのようにすると認知症の人のニーズを充たせるかを考え、ニーズを充たす方法の選択肢を準備することも介護技術の一つといえるでしょう。例えば、認知症の人が県外に墓参りに行きたいと考えた場合、それを毎月実現するというのは、限られた人員では難しいかもしれません。しかし、認知症の人の意欲を深くアセスメントし、墓参りは亡くなった夫を身近に感じたい、丁寧に供養したいといった気持ちから生じているということが確認できれば、夫の思い出話をする機会を設けたり、部屋に位牌（いはい）を置くなどの工夫を凝らしていくことができるかもしれません。アセスメントに基づくケアが重要なのは、ケアの実施可能性が低い場合でも、現在の条件に合わせてニーズを充たすケアを考えることができる点にあります。

3 意欲・能力に応じたケア

また、BPSDのケアを考える際の基本的視点として、自分で決める、できることは自分でするといった視点が重要です。できることは自分でしてもらうことによって、ADL（日常生活動作）だけでなく、認知機能の廃用を防ぎ能力の維持につながることが期待できます。そして、できることを補うことによって安心感を醸成することもできます。ただし、杓子定規につど本人の意思を確認することなく、できることはすべて本人にしてもらうようにすると、本人の自律が損なわれ、意欲低下に至ることもあります。あくまでも生活の主体は認知症の人であるという姿勢で、本人が考えたことや決めたことは尊重することが、結果的に信頼関係を育むことにつながります。

4 認知症の行動・心理症状（BPSD）がみられる前のケアとBPSDがみられた後のケア

基本的にBPSDがみられた後のケアは、対症療法的なケアになりがちです。例えば、暴言･暴力に対して、「どのように声かけすれば落ちついてもらえるか」は、すでにBPSDがみられた後のケアです。暴言・暴力が生じた後のケアも検討する必要はありますが、BPSDがみられる前に、いかにイライラする環境を取り除けるかを検討し、音や室温、痛みやかゆみ、職員のかかわり方、不安や不快が軽減するような見当識への支援など、暴言・暴力に至りにくいケアを行うことが重要になります。また、尊重してほしい、安心して過ごしたい、役に立ちたいといったような暴言・暴力の奥にある認知症の人のニーズを推測し、充たすようなケアを計画していくことができれば、認知症の人にとってのよりよい状態を目指していくことができるでしょう。

ただし、BPSDがみられた後のケアを軽視するということではありません。BPSDがみられた後のケアを丁寧に行うことは、信頼関係の形成につながったり、BPSDがみられる前の不安を解消するようなケアとして機能するといったこともあります。

5 生活歴やなじみの暮らしの活用

認知症の人の生活歴やなじみの暮らしを理解することがきっかけで、本人の不安・不快な状態が軽減していく場合があります。例えば、無為・無関心の状態で、いつもぼうっとして過ごしていた認知症の人が、地元の祭りばやしが流れてきたときに合わせて、その祭りばやしを口ずさんでいたのを見て、介護職員が祭りのときの法被を用意したところ、周囲の人を巻き込むように元気に踊っていた、というように生活歴やなじみの暮らしを活用したケアは無数にあります。中核症状の影響を踏まえて、不安や不快、失敗を取り除くケアを考えることも大切な視点ですが、生活歴やなじみの暮らしをヒントにして本人の意欲が高まるケアを考えていくことも非常に有意義です。

ただし、昔編み物をしていた人に毛糸と編針を渡したところ、上手に編むことができなかったというように、昔好きだったからこそ、今できなくなった自分に直面してショックを受けるということも出てくる場合があります。そういった場面も予測しながら慎重に考える必要があります。

考えてみよう！（鈴木さんの事例から）

事例 12 で、鈴木さんがウロウロするようになる行動がみられる前のケアとみられた後のケアについて、それぞれどのようなケアが考えられるか、またその理由について考えてみましょう。

第2節

認知症の行動・心理症状（BPSD）の発症要因とケアの検討

1 基本的な介護技術

1 信頼関係の形成

認知症の人の困りごとから、意欲や能力を明らかにし、認知症の行動・心理症状（BPSD）の背景要因に対するケアを行うためにはかかわり方が重要です。認知症の人に対してトイレ誘導を行うにも、着替えを手伝うにも、安心してケアを受けられる、自分のことを尊重してくれると思ってもらえる信頼関係（ラポール）を形成しておくことが重要になります。基本的なことですが、折にふれて、「信頼できる人だと認知症の人に思ってもらえているか」という視点で、それぞれの認知症の人との関係を思い返してみましょう。また、認知症の人との信頼関係の形成においては、中核症状に応じたコミュニケーション技術を駆使することが役に立ちます。実践のなかで繰り返しながら、一人ひとりに合わせたコミュニケーションができるよう、日々意識して実践することが技術の向上にもなります。また、認知症の人の意思を尊重することは特に中核になるため、意思決定支援を意識しながらコミュニケーションをとることも大切です。

2 身体介護技術

BPSDのケアを行う際にも、身体介護技術をしっかりと活用できることが重要です。意思確認を十分に行わずに車いすを押したり、移乗介助が痛いなど、介護に不快を感じると認知症の人の介護拒否や暴力等の反応につながる可能性が高まります。また、食事を拒否する認知症の人に対して、わかりやすい説明や食事を認知しやすくする工夫の前に、食べやすい姿勢を保持できていないためにむせやすく、食事を摂りたくなくなっているのではないかなどと考えることも必要です。基本的なケアの知識と技術を押さえたうえで、認知症ケアを行うことが必要です。

3 観察する力・類推する力

BPSDが生じている背景を考えるためには情報が必要です。その情報は多くの場合、本人がもっています。もちろん行動の理由を本人に尋ねることが最も重要ですが、ほかにもさまざまな観察結果から類推していき、原因を確かめながらケアをしていくことも重要です。

例えば、「認知症の人が歩けないのに立ち上がる」とき、「食事の準備を手伝いたいのだろうか」「トイレに行きたいのだろうか」「テレビを消したいのだろうか」などと推測しながら、様子の観察を進めるのではないでしょうか(図9-4)。その結果、食事の時間帯に立ち上がることが多い、職員が忙しく動いている、一方で、立ち上がったときにトイレに誘導したが排泄はなかった、テレビは消えていたなどと情報が集まってくると、トイレに行きたい、テレビを消したいという理由で立ち上がっている可能性は低く、食事の準備を手伝いたい可能性が高いと類推することができます。さらに、その類推を確かめることも意図して、実際に準備を手伝ってもらうために濡れた台拭きを渡したら、テーブルを拭いてくれたなどの事実確認ができたとすると、「食事の準備を手伝いたかったから立ち上がっていたのかもしれない」という類推の確かさが増します。このように、BPSDのケアでは、認知症の人の様子をよく観察する力、観察結果からBPSDの背景にある認知症の人の気持ちを

図9-4 「認知症の人が歩けないのに立ち上がる」場合の意欲を類推する過程

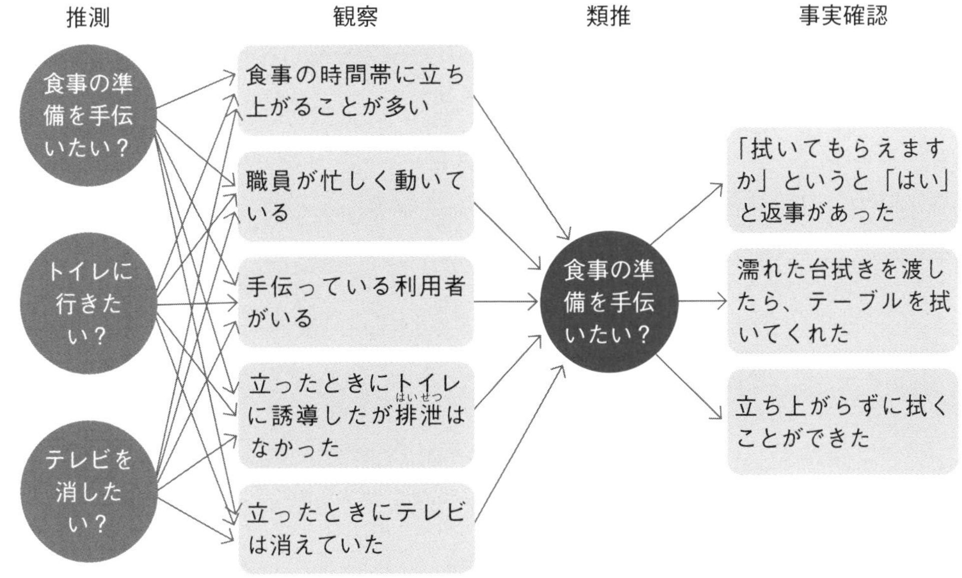

推測
食事の準備を手伝いたい？
トイレに行きたい？
テレビを消したい？

観察
食事の時間帯に立ち上がることが多い
職員が忙しく動いている
手伝っている利用者がいる
立ったときにトイレに誘導したが排泄はなかった
立ったときにテレビは消えていた

類推
食事の準備を手伝いたい？

事実確認
「拭いてもらえますか」というと「はい」と返事があった
濡れた台拭きを渡したら、テーブルを拭いてくれた
立ち上がらずに拭くことができた

類推する力などを高めていくと、認知症の人の理解に近づきます。

4 本人のもっている能力を見きわめる力

本人の意欲を類推した後には、その意欲を実現するためのケアを考えることになりますが、その際に本人のもっている能力を見きわめることが重要になります。なぜならば、本人ができることは自分でしたほうが能力（認知機能・ADL（日常生活動作））の維持になるほか、プライドや自信を維持することにもつながるからです。一方で、できないことを無理にさせようとすると、意欲を満たす前に自信を喪失し、前向きな活動が展開しにくくなることがあります。

認知症によってさまざまな行動が難しくなっている場合がありますので、それを細かく観察し、本人ができること、できないことを見きわめる能力を介護職員が高めていく必要があります。例えば、認知症の人がお茶を出すということで考えれば、一部でもできることを実現することで、役割の発揮につながります。具体的には、湯を急須にそそいで、それを湯飲みにつぎ分けることは難しくても、茶葉がどこにあるか覚えておいて準備したり、来客に湯呑を持って行って出すことはできたりするかもしれません。認知症の人の生活場面のなかで、何ができて何ができないかを見きわめ、能力を適切に発揮してもらうようにすることは重要な技術の一つといえます。

考えてみよう!（鈴木さんの事例から）

事例 13 で、鈴木さんから、「マンションの売却やお金のことで、勝手に売られた、お金を全部盗られたなどの訴え」があったことが示されています。このとき、鈴木さんのできること、できないこと（わかること、わからないこと）について、事例から読み取れる範囲で、それぞれあげてみましょう。

2 主な症状の発症要因とケアの検討

ここでは、主な症状の発症要因とケアについてどのように検討するかポイントを押さえていきます。ただし、以下の内容はあくまでも参考として理解してください。実際のケアにおいては、目の前にいる認知症の人の話をよく聞き、本人の気持ちや本人にとっての理由をとらえていくことになります。つまり、認知症の人を理解しようとし続ける姿勢が重要といえます。

1 暴言・暴力

慢性的なストレス・不安

暴言・暴力とひと括りにして説明されますが、認知症の人が具体的に何と言っているか、暴力とは具体的にどのような行動を指すか、改めて考えてみることが第一歩となります。例えば、何か話しかけたときに「なんだよ。うるせえな」などと言って怒る人は、話しかけられた言葉がうまく理解できず、イライラしてしまうのかもしれません。ほかには、介護職員が話しかけた言葉を失礼に感じたり、突然話しかけられて驚いたりといったことがあるかもしれません。具体的な行動、発言、どのようなときに暴言・暴力と介護職員が感じるのかを振り返ってみることが理解のヒントになるでしょう。

そもそも、少しのことで怒るときというのは、ストレスが高いときである可能性があります。言語の理解が難しいなかで、周囲にいる人が話している様子を見て自分の悪口を言っているのではないかと感じたり、時間や場所の見当識障害により間違いを指摘されることが多かったりすると、ストレスが高まりやすくなりイライラしやすいでしょう。こうしたことを防ぐためには、認知機能障害をサポートするような体制が必要です。

また、介護職員がその場しのぎで答える、周囲の人が馬鹿にするなど、コミュニケーションにおいて不快が生じる場合もあります。暴言・暴力がみられると、それによって周囲の人との関係もさらに希薄になり、余計に本人のストレスや不安、寂しさを高めていることもあります。どのようなコミュニケーションをとっているか、少ないことで不安にさせていないかなど振り返ってみるとよいでしょう。そのほか、排泄（はいせつ）の失敗で不安・不快が続いていたりなど、暴言・暴力がみられる前に、本人がストレスをためていることがないかを振り返り、対応をすることも大切です。

健康状態や環境の影響

痛みやかゆみ、便秘・下痢、視力や聴力の低下、麻痺（まひ）や筋力低下でからだが動きにくいことなど、健康状態によってはイライラしやすい状況が生じたり、日差しや室温、湿度、うるさい音や気になる動きなどでのストレスも背景要因になっているかもしれません。また、暴言や暴力等の激しい症状は、せん妄の場合もあります。急激な変化などが生じている場合は、薬剤や水分、栄養不足などによるせん妄の可能性を検討し、該当するようであれば、直接的な要因や背景要因等を取り除くようにケアを行います。

2 入浴拒否

入浴に対する不快な気持ちがある

一言で入浴拒否といっても、誘ったときに嫌がる人、着替えの際や風呂に入るときに嫌になる人などさまざまです。誘ったときに嫌がる場合は、風呂に入る理由がわからなかったり、今いる場所から移動するのが不安、ほかのことをしている、風呂に入るのが面倒など、さまざまな原因が考えられます。

風呂に入る理由がわからない場合は、風呂に入る必然性が必要になるでしょう。汗をかいているから入る、明日来客があるから入るといった理由がきっかけにつながります。

着替えの際に嫌になる理由として、裸になることに抵抗があったり、動作が難しくなったりしていることが考えられます。プライバシーへの配慮や、衣服の着方・脱ぎ方がわからなくなっているときは、必要に応じ手伝うようにします。口頭の説明で着脱が難しい人は、着脱の仕方を実際に見せたり、最初のボタンだけ手伝う等その人の身体機能・認知機能に合わせて不快の少ない方法を考えておくことも必要です。

入浴自体を楽しみにしてもらえるように、音楽をかけるといった工夫をする場合もあります。また、人から強いられるよりも、自分で決めて入りたいという気持ちがある場合、ほかのことをしていないときに誘うと、入浴の意欲を高めることになります。さらに、清拭やそのほかの清潔を保つ方法も考慮に入れて無理強いせず、入浴に対する不快な気持ちを取り除くことも必要といえます。

おかれている環境に不安がある

施設に入所したばかりの頃や通所介護（デイサービス）を利用しはじめたばかりの頃など、時間や場所、自分の立場が定かでないために風呂に入る理由がわからないこともあります。まず、今どこにいて、何をしていて、風呂に入ることはおかしいことではないということを本人が納得できることが大事です。今いる場所から移動することに不安を抱えている人は、風呂に誘う前に安心してもらう必要があります。例えば、職員のことを見て、信頼できると思えるようであれば、安心して入浴しようという気持ちになるかもしれません。今何をしていて、これからの予定や、どんな場所なのか、どこに何があってという環境を伝えることで、安心して入浴することにつながります。

3 繰り返し尋ねる

気になる気持ちがある

あることについて、繰り返し尋ねる背景には、近時記憶障害があります。また、尋ねていることが本人にとって、とても気になることであるといえるでしょう。訪問介護員（ホームヘルパー）が来るか繰り返し尋ねる人は、部屋をきれいにしておかないといけないという気持ちになっているのかもしれません。薬が欲しいと繰り返し訴える人であれば、体調が心配であったり、自分の身体は自分で管理したいという気持ちの表れであったりするかもしれません。体調について情報を本人と共有したり、体調を整えるようなことを日課として行ったりすることで安心感をもってもらうようにします。

介護職員のかかわり方で不安を感じる

介護職員のかかわり方が認知症の人の不安を助長する場合もあります。心配なことを職員に尋ねて、それを受け止めてもらえていないと感じると、さらにほかの人に尋ねたくなったり、繰り返し尋ねたくなったりします。

近時記憶障害があり繰り返し質問がある場合は、例えば、帰りたいという認知症の人と傾聴しながらもほかの仕事をしたいと思っている職員というように、認知症の人と職員との気持ちにギャップが生じやすくなります。対応が難しいと感じる場合には、無理せずにほかの職員に対応を替わってもらう等の自己コントロールも必要です。また、表情や話し方に注意しながら、繰り返し質問に答えたり要望に応えることで、この人は話を聴いてくれるなどと感じられるようになり、徐々に安心感をもてるようになります。

物理的環境の要因

薬を飲んだか尋ねる人の場合、薬を飲んだのか心配になっていたりすることがあるため、食事が終わったら、食器を片づけて、薬を飲んで、歯をみがきに行くといった習慣をつくることにより、本人が薬を気にする機会を減らすことになります。また、本人が薬のある場所やごみ箱を確認するまでの行動の流れや環境をわかりやすいように設定する場合もあります。

薬が気になる場合、実際に体調不良を感じている可能性もあります。薬の管理を自分でしているけれども、自分で管理しきれなくなり、不安が大きくなっているかもしれません。そうした点にも目を向ける必要があります。

4 家に帰りたい

居心地が悪い・居場所がない

まず、帰りたいという前提としては、認知症の人がおかれている状況を理解できていないことが考えられます。利用しているサービスが、本人の理解・納得のうえで提供されていないと、今おかれている状況が理解できず、帰りたいという判断、訴えにつながるのは当然の結果と理解することができます。

また、居心地が悪い・居場所がないことで、帰りたいと言う場合も多くあります。今いる場所がどこかわからない、知っている人がいない、周りの人の話している内容がわからない、苦手な利用者がいる、行動を止められるなどとなると、居心地が悪くなり帰りたくなるはずです。どこにいる、何をしている、これから何をするといった見当識への支援を繰り返し行い、今の状況を理解・納得してもらえるようにすることが大切です。さらに、利用者同士のコミュニケーションが図られるようにサポートし、職員や利用者との関係ができれば、この場所にいたい、いてもよいという気持ちになりやすいといえます。

あるいは、することがない、楽しみがないといったことが、帰りたいという訴えにつながる場合もあります。役割や楽しみができれば、その場にいたいという気持ちも高まるでしょう。役割をつくる、楽しみをつくるといっても、昔していたことが今は認知機能の低下によって難しい場合などもあります。認知症の人の意欲と能力との兼ね合いのなかで、できることに取り組みながら楽しめる方法を模索する等、試行錯誤は必要になるでしょう。

自宅でしたいことがある

本人に尋ねると、草むしりをしたい、野菜を植えたい、地域の集まりや行事に行きたいなど自宅でしたいことがはっきりしている場合もあります。希望に沿って実現するのも選択肢の一つです。一方で、草むしりをしたいという背景には、家が放ったらかしになっていて庭が荒れていないか心配、家の状態を確認したいなどの気持ちもあるかもしれません。気持ちを尋ねる、推測するということも必要です。家の様子が写真や家族の報告で確認できれば安心につながる可能性があります。また、ご飯をつくらないといけないといった場合は、現実の見当識が低下しているとともに、役割を担いたい、必要とされたいというニーズがあることも類推できます。そういった機会をもつことができないか模索することもケアとして大切です。

家族に会いたい・家族の様子が知りたい

帰りたい理由としては、家族に会いたい、家族の様子を知りたい、家族が心配というものも多く聞かれます。家族と交流し様子が確認できると安心するでしょう。家族に会いたいという言葉の背景に、今安心できないという気持ちがあるとすれば、現在おかれている状況を理解できるようにケアを行う必要があります。

5 無為・無関心

暴力・暴言等の激しい症状だけがBPSDではありません。無為・無関心は、実践において見落とされやすいBPSDといえますが、無為・無関心の状態が強いことは、強いBPSDが生じていると認識すべきでしょう。落ち着いて過ごせているのか、無為・無関心の状態なのか、注意深く見きわめる必要があります。

認知機能の低下による無為・無関心

脳の器質的変化による中核症状の一つとして無為・無関心があります。具体的には、自発的な活動が少なくなったり、ほとんどなくなったりするほか、何かはたらきかけた後の反応が乏しくなったりする症状もあります。認知症になったら無為・無関心になるということはなく、程度はさまざまです。血管性認知症の人に多くみられ、基底核－前頭葉回路の障害により生じることが指摘されています。

失敗等が繰り返されることによる意欲低下

脳の機能低下が直接的な原因ではなく、二次的に無為・無関心の状態になる場合もあります。例えば、認知症の中核症状としてではなく、不安や失敗が繰り返されることによって無気力な状態になることなどが考えられます。会話の機能が保たれていても、言語的コミュニケーションをせず、居室から出てこなかったり、食事を勧めても食べなかったりする場合があります。これは、学習性無気力の状態ととらえることもできます。きっかけについて改めて振り返ることで、本人にはたらきかけるための糸口が見つかるかもしれません。また、きっかけや原因はわからなくても、根気強く話しかけたり、望みを推測し実現するようなはたらきかけを行うことによって、リアクションが生じることがあるかもしれません。コミュニケーションが乏しかったり、役割がなかったりすることも二次的に生じる無為・無関心を促進する要因となっている可能性があります。

ケアの検討を踏まえ留意すべき点

BPSDのケアに限らず、ケアの結果をモニタリングすることは重要なステップです。自分が実施したケアが認知症の人にとってどのように機能したかを評価することで、介護職員としてスキルアップすることもできます。ケアの結果を確認し、その結果を次のケアに活かすことは介護職員の役割ともいえます。

評価においてはまず、計画したケアは実現可能な内容だったのかという実施状況を振り返り、実現できたのかについてチームで検討する必要があります。次にケアを実施した結果、認知症の人に期待した変化が生じたのかというのが重要な視点となります。期待される結果が生じることはもちろん大切ですが、期待される成果が得られなかったときに、その理由を検討するということがさらに重要です。実施したケアについて、認知症の人の受け止めを踏まえて調整してこそ、個々の認知症の人に合ったケアになります。

考えてみよう!（鈴木さんの事例から）

事例 12 で、鈴木さんは、「何もすることがなくサービス付き高齢者向け住宅の自室にひきこもることが多くなった」とありますが、自室にひきこもる理由として、「何もすることがない」こと以外に、どのような理由が推測できるでしょうか。また、その推測が正しいと事実確認できたとしたら、どのようなケアを行いますか。

第３節

認知症の行動・心理症状（BPSD）の評価

1 認知症の行動・心理症状（BPSD）の評価尺度

1 評価尺度とは

評価とは、一定の基準に照らして測定した結果を解釈することであり、尺度とは物差しのことです。つまり、認知症の行動・心理症状（BPSD）の評価尺度とは、BPSDの状態を一定の基準を設けて数値化する物差しと理解することができます。

BPSDの評価尺度を開発する際には、どのような目的で誰がBPSDを測定するかを検討します。そのうえで、目的に沿ってBPSDを数値化するためにはどのように尋ねれば、BPSDを評価したことになるか（妥当性）、誰がつけても大きな差が出ない評価尺度になっているか（信頼性）などについて、統計的な手法を用いて検証します。さらにその結果を学会誌等に投稿し検証の手続きを経て、目的とする状態を客観的に評価できると認められたものが評価尺度として活用されています。

2 評価尺度を使う意義

評価尺度はBPSDの定義を考慮しながら開発されています。そのため、正しく評価することによってBPSDの見落としを防ぐことができます。例えば、無為・無関心の症状がある人を評価尺度を用いて改めて評価することで、ケアにおいて問題とされていないものの、望ましくない状態にあることを評価することにつながります。

また、評価尺度は、誰がつけても大きく評価結果が違わないということが研究的に明らかにされているため、活用することによってBPSDを一定の基準で評価し、比較できるというメリットがあります。例えば、BPSDのケアを実施する前に評価尺度による評価を行い、2週間決めたケアを実施した後に同じ評価尺度による評価を行うことで、BPSDが軽減したのか変わらないのかを客観的に示すことができます。評価尺度を使うことにより、家族や多職種あるいは一般社会にケアの効果を示すことができるようになるのです。

3 評価尺度の種類

BPSDの評価尺度には主に面接式と自記式があります。面接式は、精神科医等の専門職が、認知症の人をよく知る介護職員等に対して面接を行うことで評価するものであり、自記式は介護職員が認知症の人を直接評価するものです。本人に対する質問式で評価する尺度はありません。評価尺度では重症度や負担度が評価され、点数化されます。NPI（Neuropsychiatric Inventory）は、調査研究において最も用いられている評価尺度の一つです。介護施設で活用することを想定されているNPI-NH（NPI-Nursing Home version）や自記式のNPI-Q（NPI-Brief Questionnaire Form）も開発されています。精神症状の評価項目が多いのが特徴です。CMAI（Cohen-Mansfield Agitation Inventory）は、BPSDのなかでも主に焦燥を評価することに特化して開発された評価尺度です。BEHAVE-AD（Behavioral Pathology in Alzheimer's Disease Rating Scale）は、最も活用されているBPSDの評価尺度の一つです。DBDスケール（Dementia Behavior Disturbance Scale）やその短縮版であるDBD13は主に行動症状の評価を中心とした評価尺度になっています。認知症関連の施策においても活用されている尺度であり、今後活用の機会が増える可能性があります。ABS（Abe's BPSD Score）は近年開発された評価尺度で、短時間で評価できることが特徴であり病院でのスクリーニングに用いられることが想定されています。BPSD+Q（認知症の行動・心理症状質問票）やその短縮版であるBPSD13Q（認知症の行動・心理症状質問票13項目版）は、近年開発されたBPSDの評価指標で、短時間で評価できるため活用しやすい評価尺度の一つといえるでしょう。

4 評価尺度の使い方

利用許諾・マニュアルの確認

多くの場合、研究開発された尺度を実践で利用する場合は、無許可で利用できます。評価尺度のマニュアルや評価票をダウンロードできるWEBサイトのページに基本的な取り扱いの方針が記述されていますので、それを参照してください。評価尺度は、研究的に誰がつけてもほぼ同じ点数となることが確認されていますが、そのためにはマニュアルに沿って、正しくつける必要があります。活用方法についての研修が実施されている場合もありますので、受講が推奨されます。

事例報告で活用する

評価尺度を使って、すべての認知症の人の評価を毎日行うということは現実的ではありません。必要に応じて使うという視点から、事例報告で活用する方法が考えられます。例えば、チームが支援困難な事例に直面したとき、アセスメントの機会等を使って、評価尺度でBPSDを評価し、ケアを実施した後に再評価することによって、実際に状態が改善したか客観的に評価することができます。そして、評価結果を事例報告などで活用すると、聞き手にとっては認知症の人の変化をわかりやすく理解する一つの手段になります。認知症介護実践者研修の職場実習においても、評価尺度を活用した実践を行うことが推奨されます。

考えてみよう!（鈴木さんの事例から）

事例12・事例13を読んでわかる範囲で、BPSD+Qで評価してみましょう。記述のない症状はないと考えて評価してみてください（BPSD+Qについては、p.240の関連リンク先参照）。

2 認知症の行動・心理症状（BPSD）の評価尺度を利用する際の留意点

1 アセスメント票としては活用しない

本節で紹介したBPSDの尺度は、認知症の人の状態を評価しますが、どのような理由や背景があってBPSDが生じているかをアセスメントするための項目にはなっていないため、アセスメント票としては活用しないようにします。BPSDの背景要因のアセスメントは、各施設・事業所で活用しているアセスメント票などを用いながら進めることになります。評価尺度はケアの前後で結果を評価し、BPSDの変化を数値で客観的にみて、第三者にもわかりやすく伝えることを目的に活用します。

2 目的に応じた評価尺度の選定

評価尺度は、それぞれ特徴があります。例えば心理症状が中心の認知症の人の

BPSDの評価には、DBDスケールやDBD13は向いていません。これらは行動症状を中心にした尺度であるためです。また、BPSDの状態を見落としなく幅広く評価したい場合などは短縮版でない項目のほうが確実に評価できます。逆に、できるだけ負担なく、たくさんの人のBPSDの変化を評価したい場合は短縮版を利用することで、評価にかかる時間を軽減することができます。各尺度の特徴を把握し、目的意識をもって選定していく必要があります。

3 点数の増減の原因・意味を検討する

評価尺度を使って、認知症の人の変化が記述できると、認知症の人について、「理解できた」という気持ちになりやすくなります。しかし、あくまでも質問項目に沿った認知症の人の状態やその変化を数値にしたものにすぎません。点数の意味を日々の記録や実践と照らして理解する必要があります。例えばBPSD＋Qの点数が2週間後に、20点から5点に軽減したときに、ケアの効果でBPSDが軽減したことが推測できますが、本人の意欲が低下した結果、点数が下がったとしたらどうでしょうか。実は激しいBPSDが無気力といったBPSDに変化しただけで、本人が不快な状態にあるということは変わりがないかもしれません。BPSDの軽減が数値でわかることは、チームにとってのモチベーションにもつながりますが、点数が減ったことの意味を考える視点をもつ必要があります。

点数の変化の意味を解釈する際には、質的評価を併用することが有益です。質的評価とは文章を用いた評価のことであり、認知症の人の日々の記録もその一つになり得ます。質的評価は、質問項目に縛られないので、認知症の人の様子を状況に合わせて残すことができます。しかし、質的評価では、「笑顔が増えた」などと書いても、本当に増えたのかなど疑問が生じ、説得力に欠ける面があります。そのため、数値での評価と質的評価を組み合わせることで、説得力をもって、ケアの結果をまとめることができます。こうした情報がまとまることにより、自施設・事業所でのケアの経験が蓄積されやすくなったり、よいケアを他施設・事業所とも共有しやすくなります。

4 メリットと負担のバランスを考える

評価尺度を用いた評価を行う際には、そのメリットと負担のバランスを考えることが重要です。認知症の人の状態を評価することは、BPSDの程度をチームで共有したり、数値の変化を知ることで介護職員のモチベーションにつなげたり、家族や他職種にケアの結果をわかりやすく伝えられたりするといったメリットがあります。これらのメリットと比較し、評価をすることによる認知症の人やチームへの負担が適切かということを考えながら、活用する判断をしていくようにします。また、評価尺度を活用すると、認知症の人を点数で理解することは失礼だという意見が職員などから出ることもあります。このような意見はとても大切な視点を含んでいます。評価をするからには、評価の必要性を検討したうえで実施する必要がありますし、その結果をしっかりと理解し、評価結果から意味を見出して、認知症の人のケアに活かしていくことが重要です。

5 ケアの前後の比較で活用する場合

▶評価尺度のマニュアルをしっかり確認する

評価尺度によっては質問の仕方に工夫がなされていたり、このような様子の場合は何点とするかが細かく決められていたりします。また、「例えば過去1か月を振り返ってつけてください」といったように、観察の範囲が示されている場合もあります。その場のその人を観察すれば評価ができるという尺度ではない場合が多いので注意が必要です。

▶ケアの前後で評価する人をそろえる

ケアの前後で評価する人をそろえて、人が代わることによる影響がないようにすると、BPSDの変化をより正確に測定できます。

▶評価を担当する人を代える

いつもケアをしている介護職員は、いつもケアをしているからこその偏りが生じる場合があります。そのため、評価を担当する人は、施設であれば生活相談員等、認知症の人の状態をいつも見ているものの直接ケアに携わっていない人のほうが望ましいといえます。また、BPSDが軽減したからといって状態がよくなったとは限らないため、個別記録などの質的データや、意欲やQOL（生活・人生の質）など別の評価尺度での評価と併せて検討することで、より結果を解釈しやすくなります。

考えてみよう！（鈴木さんの事例から）

事例12・事例13を読んで、鈴木さんのBPSDの評価をする際に、ほかにどのBPSD評価尺度を利用したらよいか、その理由も併せて考えてみましょう。

第4節

生活の質の評価

1 生活の質の評価とは

QOL（生活・人生の質）については、目的に応じてさまざまな定義がなされ、一つの固定的な定義がないというのが現状です。認知症ケアに関連する領域におけるQOLの定義としては、WHO（世界保健機関）の定義がしばしば紹介されます。WHOは、QOLを「個人の生活している文化や価値観のなかで、目標、期待、基準、関心事に関連した自分自身の人生の状況に関する認識である」と定義しています。WHOの定義において、「自分自身の人生の状況に関する認識」とあるように、QOLは、個人の主観的な体験であるという点が重要です。

認知症ケアは日常生活を支援することですから、QOLの評価はそのまま認知症ケアの質の評価と直結するものと考えられます。特にQOLは、自分自身の人生の状況に関する認識ですから、認知症の人の視点に立ったケアを目指したとき、この評価が高いという状態を目指すことは、ケアの一つの目標になります。QOLを評価することは、ケアの目的が達成できているかを確認する一つの手段であるといえるでしょう。

2 生活の質の評価尺度

1 評価尺度を使う意義

QOLは、主観的なものであるからこそ、生活のなかで何を大事にしているかによって、その評価は人によって変わる可能性が予測されます。そのため、認知症の人のQOLや、生活の満足度などは、本人の表情やしぐさ、発言・行動等から、確認あるいは類推しながら評価することが基本となります。評価尺度を用いて評価する意義としては、研究的に吟味された観点からQOLを確認できる点にあります。

QOLの評価尺度に設けられた項目は、多くの高齢者（あるいは認知症の人）にとって、QOL を構成する重要な要素として検討が加えられた項目のため、介護職員をはじめとしたチームからみた QOL の評価と異なった観点からの示唆を得ることができます。また、BPSD に対するケアの評価では、意欲や能力が低下しても BPSD の重症度得点が下がることがあります。BPSD の評価尺度だけでなく、QOL の評価尺度を併用することにより、BPSD が軽減し、QOL もそれに応じて高まったことを示せれば、ケアの成果をより説得力をもって示すことができるでしょう。

2 評価尺度の種類

認知症の人の QOL を評価する際には、認知症の人の QOL を評価することを前提とした評価尺度を利用することが望ましいでしょう。

DEMQOL（Dementia Quality of Life Measure）は、認知症の人に質問し、「過去 1 週間の気分」「過去 1 週間の記憶と認知機能」「過去 1 週間の日常生活」「過去 1 週間の QOL 全般」の 4 領域を 1 ～ 4 点で評価する尺度です。28 項目あり、28 ～112 点の範囲で評価することができます。家族や介護職員に質問して評価する DEMQOL-Proxy も開発されています。

DQoL（Dementia Quality of Life Instrument）は認知症の人に直接質問することによって、「自尊感情」「肯定的情動」「否定的情動」「所属感」「美的感覚」の五つの領域について、9 項目を 1 ～ 5 点で評価し、9 ～45 点の範囲で評価することができます。DQoL は、MMSE（Mini-Mental State Examination）が 13 点以上の認知症の人が対象とされており、プレテストを実施して一定の成績以上となった認知症の人に実施することとされています。

QoL-AD（Quality of Life in Alzheimer's Disease）は、「身体的健康」「活力・気力・元気」「気分」「生活環境」「記憶」「家族」「結婚」「友人」「自分自身に関して全般」「家事をする能力」「何か楽しいことをする能力」「お金」「過去から現在までの生活すべて」の 13 項目について 1 ～ 4 点で認知症の人に直接質問して回答を求める尺度です。13～52 点の範囲で評価することができます。

QOL-D は、家族や介護職員により評価する尺度で、31 項目からなります。9 項目を 1 ～ 4 点で評価する short QOL-D もあり、短時間で評価することに適しています。

3 生活の質の評価尺度を活用する際の留意点

前節の「❷ 認知症の行動・心理症状（BPSD）の評価尺度を利用する際の留意点」（p.234参照）で述べた、①アセスメント票としては活用しない、②目的に応じた評価尺度の選定、③点数の増減の原因・意味を検討する、④メリットと負担のバランスを考える、という点がQOLでの評価でも重要です。また、⑤ケアの前後の比較で活用する場合の留意点についても併せて確認しましょう。

一方でQOLの評価は、評価尺度を使わないとできないかというと、必ずしもそうではありません。実践においては、認知症の人のことをよく観察したり、直接確認したりして、認知症の人にとって満足ができる生活になっているかを振り返り、チームと議論する機会をもつことも認知症の人にとってのQOLの評価の一環といえます。質問式の評価尺度などは、認知症の人にも負担を強いる側面がありますので、何のために評価するのかということを意識しておく必要があります。

考えてみよう！（鈴木さんの事例から）

事例12・事例13において、鈴木さんのQOLを評価するためには、誰にどのような質問をするとよいでしょうか。その結果の活用方法についても考えてみましょう。

演習 9-1

- 自施設・事業所で担当している認知症の人に生じているBPSDを具体的に記述し、本人が何ができなくて、本当はどうしたいかについて、可能性を話し合ってみましょう。
- BPSDの評価尺度を一つ活用し、自施設・事業所で担当している認知症の人を１人思い浮かべて実際に評価してみましょう。

関連リンク先

＊ 認知症介護研究・研修センター（東京、大府、仙台）「認知症の行動・心理症状質問票（BPSD＋Q／BPSD25Q）」 https://www.dcnet.gr.jp/support/evaluation/index.php

引用文献

1）今井幸充・半田幸子「認知症の行動・心理症状（BPSD）の因果関係とBPSD重症度との関連――多重指標モデルによるアプローチ」『老年精神医学雑誌』第29巻第9号、pp.975-989、2018年

参考文献

＊ 佐藤信人『ケアプラン作成の基本的考え方――試論ノート』中央法規出版、2008年
＊ 朝田隆「家族へのアドバイスのコツ」本間昭・木之下徹監『認知症BPSD――新しい理解と対応の考え方』日本医事新報社、2010年
＊ 認知症介護研究・研修東京センター監、大久保幸積・宮島渡編集代表『認知症ケアの視点が変わる「ひもときシート」活用ガイドブック』中央法規出版、2013年
＊ 山口修平「神経疾患におけるアパシーの神経基盤」『認知神経科学』第13巻第1号、pp.15-21、2011年
＊ 月井直哉・中村考一・藤生大我・山口晴保「BPSD評価尺度の特徴と本邦における使用状況」『認知症ケア研究誌』第5巻、pp.30-40、2021年
＊ The WHOQOL Group, 'The World Health Organization Quality of Life assessment（WHOQOL）: position paper from the World Health Organization', *Social Science & Medicine*, 41(10), pp.1403-1409, 1995.
＊ Niikawa, H., Kawano, Y., Yamanaka, K., Okamura, T., Inagaki, H., Ito, K., Awata, S., 'Reliability and validity of the Japanese version of a self-report (DEMQOL) and carer proxy (DEMQOL-Proxy) measure of health-related quality of life in people with dementia', *Geriatrics & gerontology international*, 19 (6), pp. 487-491, 2019.
＊ 鈴木みずえ・内田敦子・金森雅夫・大城一「日本語版Dementia Quality of Life Instrumentの作成と信頼性・妥当性の検討」『日本老年医学会雑誌』第42巻第4号、pp.423-431、2005年
＊ Matsui, T., Nakaaki, S., Murata, Y., Sato, J., Shinagawa, Y., Tatsumi, H., Furukawa, T., 'Determinants of the quality of life in Alzheimer's disease patients as assessed by the Japanese version of the Quality of Life-Alzheimer's disease scale', *Dementia and geriatric cognitive disorders*, 21(3), pp.182-191, 2006.
＊ Terada, S., Ishizu, H., Fujisawa, Y., Fujita, D., Yokota, O., Nakashima, H., Haraguchi, T., Ishihara, T., Yamamoto, S., Sasaki, K., Nakashima, Y., Kuroda, S., 'Development and evaluation of a health-related quality of life questionnaire for the elderly with dementia in Japan', *International journal of geriatric psychiatry*, 17(9), pp.851-858, 2002.
＊ Terada, S., Oshima, E., Ikeda, C., Hayashi, S., Yokota, O., Uchitomi, Y., 'Development and evaluation of a short version of the quality of life questionnaire for dementia' *International Psychogeriatrics*, 27(1), pp.103-110, 2015.

第10章

アセスメントとケアの実践の基本

目的

認知症の人の身体要因、心理要因、認知症の中核症状のアセスメントを行い、具体的なニーズを導くことができるようアセスメントの基本的視点を理解する。アセスメントを踏まえた目標の設定と、目標を実現するためのケアの実践計画の作成・立案・評価ができる。

到達目標

1 支援過程における認知症の人のアセスメントの基本的視点を理解し、認知症の人が望む生活とそれを阻む身体要因、心理要因、神経心理学的要因等を明らかにすることができる。
2 認知症の人の望む生活像について事実を基に洞察し、その達成に向けた目標を設定できる。
3 アセスメントに基づき、認知症の人の望む生活の実現に向けたケアの実践計画を作成・立案・評価できる。
4 アセスメント及びケアの実践計画についてのケアカンファレンスを行うことができる。

特に関連する章

第４章　生活環境づくりとコミュニケーション
第５章　QOL を高める活動と評価の観点
第７章　権利擁護の視点に基づく支援
第９章　生活支援のための認知症の行動・心理症状（BPSD）の理解
第11章　職場実習

第1節 認知症の人のアセスメントの基礎的知識

1 認知症の人の望む生活像設定の考え方

1 認知症の人のアセスメントとは

認知症ケアにおいては、認知症の人の望む生活像の実現に向けて、本人の力を引き出すように支援します。このとき、その人らしさを大切にし、本人を中心としたパーソン・センタード・ケアの理念が重視されます。つまり、認知症の人のアセスメントにおいては、本人の望む生活像を把握し、その実現を阻む身体的要因、心理的要因、神経心理学的要因などを明らかにし、本人が「これまでと変わらず、周りの人たちから大事にされている（尊重されている）」と感じられることを大切にしたケアを実践計画につなげていくことが求められます。

認知症の人のアセスメントを行ううえでは、認知症の症状が本人の生活にどのように影響しているのか、本人は何を望んで生活しているのか、日常生活の場面でどのようなことに困難さを感じているのかを具体的に知ることが必要です。そのためには、まずは本人の思いを知ることから始めます。介護職員の視点ではなく認知症の人の視点に立ち、思いを知ろうとしなければ根拠のあるケアを見出すことはできません。職員が認知症の人の視点に立ち、認知機能の低下などに伴うさまざまな行動や症状についてアセスメントを行うことで、その背景要因を導き出すことができ、根拠に基づいたケアの提供につながっていきます。

認知症ケアにおいては、認知症の行動・心理症状（BPSD）に対する対応に目が向きがちですが、BPSDの背景要因を探り、そこにはたらきかける視点が求められます。なかにはBPSDがみえにくい人もいます。そうした人のQOL（生活・人生の質）の低下につながらないように日頃から言葉や行動に目を向け、必要なアセスメントを行い根拠のあるケアをできるようにすることが大切です。

その際、認知機能の低下が生活にどのように影響しているのか、生活のしづらさの予防や軽減に焦点をあてて必要な情報を見つけることが大切です。情報は表面的、部分的にならないよう多角的に網羅することが求められます。そのようなアセスメントによって得られた情報をチームで共有し、本人の望む生活像を設定していくことになります。

2 認知症の人の望む生活像を明確にしていくうえでの基本視点

介護職員は、一人の人として主体的に生活することができるように、認知症の人が望む生活像を明らかにしていくことが必要です。そのために認知症の人の症状、生活のなかでの困難等を客観的にとらえ、起きていることをありのままに受け止める視点が大事です。例えばBPSDがみられる場面では、言葉や行動を何らかのサインととらえ、事実を整理しながらその背景要因を推測するようにします。

認知症の人は、認知症の進行とともに自分のことを自分でできなくなる自立の障害や、自分のことを自分で決めることができなくなる自律の障害が起こるようになり、介護職員に生活のなかでの行動などをゆだねることとなります。生活像設定にあたっては、認知症の人が生活のなかで困難に感じること、不安に思うことに対して、どのような支援を望んでいるのか、これまでの生活で自分がしていたこと、これからも続けていきたいこと、自分でできることを踏まえて設定することが重要になります。職員中心の視点にならないように、日常生活のなかでのアセスメントを継続的に行うことが必要です。

注意したい点は、少し前にできていたことや、昔していたこと、以前の趣味を現在も本人が望んでいるとは限らないということです。本人が嫌だと感じていることもあり、職員による本人のニーズに合わないかかわりはストレスの要因となり、意欲の低下にもつながります。例えば、もともと地域でのかかわりが広かった人でも、それを望まない時期に強いることは外へ出ることへの不安につながることもあります。

2 認知症の人のアセスメントにおけるニーズ抽出の考え方

1 ニーズとは

ニーズとは、本人または家族が支援してほしいと望んでいるもの、生活をするうえで困っているものなどという解釈があります。認知症の人にとってのニーズは生活場面に最もかかわってきます。本人が何を求めているのか、何を思って、何を願って生活しているのかを把握できなければ、本人の望む生活像に向けたケアを展開することはできません。

意思表明しづらい認知症の人の場合は、アセスメントが本人の視点ではなく、介護職員の視点に立ったものになるおそれがあります。本人の視点で真のニーズを把握することが必要です。また、職員の視点で介護課題ととらえたことへの安易な推測や場当たり的な対応は、本人のニーズとはかけ離れたものとなってしまいます。本人の視点で、今の生活状態から生じている日常生活上の支障や困難さの背景を明らかにすることがニーズの把握につながります。

2 ニーズ抽出の考え方と留意点

認知症の人のケアにおいて、日常生活のなかでの出来事や、生活のしづらさに気づくことはその人のニーズに近づくきっかけとなります。認知症の人の言葉や行動は何らかのサインだと受け止める姿勢が必要です。

ニーズ抽出の考え方としては、認知症の人の言葉や行動などの事実を認知症の人の「顕在化したニーズ」としてとらえ、その背景にある「潜在化したニーズ」を探り、認知症の人の真のニーズに気づく必要があります（図10-1）。介護職員本位の視点の支援から認知症の人本位の支援へと思考転換させるプロセスでは、認知症介護研究・研修センターにおいて開発された「ひもときシート」の八つの側面が参考になります（表10-1）。このプロセスにおいて「潜在化したニーズ」を探ることは最も重要なことであり、この八つの側面から認知症の人が影響を受けていることを考えることができます。考えた内容を踏まえ、認知症の人の課題を整理することで、不足している情報に気づくことにもなります。

図10-1 潜在化、顕在化したニーズ

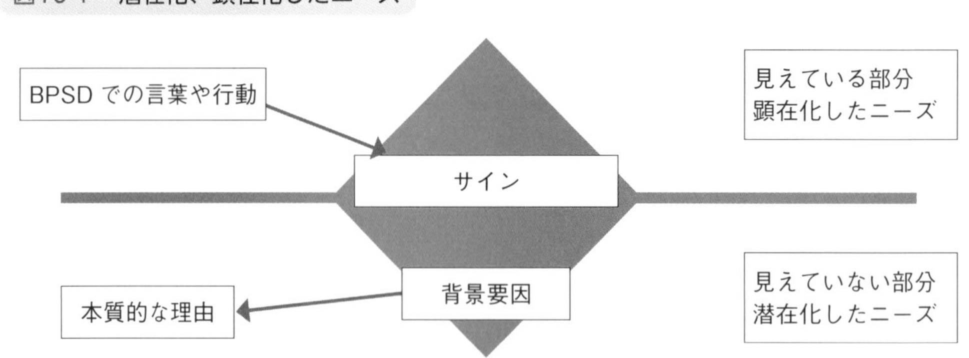

表10-1 ひもときシートの八つの側面

① 病気や薬の副作用等の影響
② 身体的痛み、便秘、不眠、空腹などの不調の影響
③ 悲しみ、怒り、寂しさなどの精神的苦痛、本人の性格などからの影響
④ 音、光、味、におい、寒暖などの刺激や感覚的苦痛を与える環境
⑤ 家族や介護職員など周りの人のかかわり方や態度の影響
⑥ 残された機能と住環境など物理的環境による影響
⑦ 要望・障害程度・能力の発揮と、アクティビティ（活動）の影響
⑧ 生活歴・習慣・なじみのある暮らし方と今の暮らしのズレの影響

これらの側面でも示されているように、ニーズを把握するためには本人の状況だけでなく家族や友人とのつながり、住居や地域などの周辺環境、生活サイクルなども考慮することが必要です。またBPSDは、職員のかかわり方によって起きていることもあるため、ケアを行う環境として職員のかかわり方も見直す必要があります。

認知症の人の言葉や行動を観察し、その背景要因をアセスメントすることで、本人視点でのニーズを明確にすることができるでしょう。支援方法にとらわれず、認知症の症状の進行に応じて、暮らしのなかで本人の声に耳を傾け、ニーズをとらえていくことが求められます。そして変化するニーズに臨機応変に対応することも必要です。

第 2 節

観察の方法とポイント

1 認知症の人の背景を知るための観察の視点

1 中核症状の状態についての確認

認知症の人の背景を知るための観察は、中核症状の影響を受け、ふだんの生活を送ることが難しいことへの理解が前提としてあるということが重要になります。「あの人は認知症だから……」というひと括りにした理解に陥ると、認知症の人の本来の姿を見つけることができなくなります。認知症の人が生活することに混乱し、今までどおりのかかわり方ができないときにこそ、その人が抱えている生活障害や困りごとに目を向け、観察しながら情報を収集していく必要があります。

中核症状の理解においては、その人の中核症状の程度を知るために、生活支援をするなかで、状態の確認・観察が必要になります。例えば、生活支援の際に記憶障害・見当識障害・実行機能障害・判断力の障害などの中核症状がどの程度影響しているかをコミュニケーションのなかで確認することもできます。どの段階にあるかは認知機能の評価指標である FAST（Functional Assessment Staging）などで分類することができます。分類することが重要なのではなく、その段階において生活に対する障害がどの程度出ているかの確認が重要になります。

2 認知症の人にとっての課題としてとらえる

認知症の人が困っていたり、認知症の行動・心理症状（BPSD）を発症したときに、その症状を介護職員の視点で「問題」ととらえて、困りごとそのものへの対応に終始してしまうと、本人の思いを知ることが難しくなります。BPSD ではなく、中核症状の影響で出現している、生活に対する困りごとの背景に目を向けることが大切です。そして、困りごとの背景にあることを本人視点の「課題」としてとらえることが重要です。また、認知症が重度化していることが多い看取り期にある人だとしても、本人にとっての課題に視点を移せば、適切な看取りケアにつながっていきます。

では、困りごとの背景を具体的に知るために、表10-1でも示した以下の視点でみていきましょう。

病気や薬の副作用等の影響

BPSDの発症に影響することとして、本人の病気（認知症および身体的な合併症など）や薬の副作用があります。高齢者は複数の薬を飲んでいることが多いですが、思いもよらない副作用を引き起こしてしまうこともあります。服用する薬と状態変化に関する最近の様子を振り返ったり、記録を確認したりすることはとても大切です。また、認知症の原因疾患によって中核症状はさまざまです。複合的に起こっていることも多いのが現状です。記憶障害、見当識障害、判断力の障害など個別性のある中核症状がどのように影響しているかを確認する必要があります。

身体的痛み、便秘、不眠、空腹などの不調の影響

病気や薬の副作用同様に認知症の人の行動・心理に影響があることとして見落としがちなのが、痛み、便秘、不眠、空腹などの心身の不調です。認知症の人は、痛みや苦痛が生じていても、中核症状の影響により、そのことを自覚したり、周囲の人に訴えることができないことがあります。その状態を見過ごしていると、結果としてBPSDを引き起こしてしまうことになります。その症状の背景にある心身の不調に目を向け、食事や水分摂取量、睡眠時間、運動量の変化など、毎日の些細（ささい）な変化であってもきちんと把握し、対応につなげることが大切です。

悲しみ、怒り、寂しさなどの精神的苦痛、本人の性格などからの影響

本人が言葉として発することができる場合は、その言葉の真意を汲（く）み取り、本人が抱える心理的な苦痛について考えていきます。中核症状の影響で言葉を発することができない場合は、本人が示す言葉以外のサイン、例えば表情、しぐさ、雰囲気、目の動き、いつもと違う行動などの非言語的な情報を汲（く）み取り、その背景について考えていきます。また、課題解決に向けて、不安や不快感、おぼつかなさ、といった心理的な苦痛を汲（く）み取ったり、本人にとっての「快」が何かを考えたりすることも大切です。

認知症になると、本来の性格や心情が変化することもあります。本人の性格等について、家族や親しい人からの情報を整理しておくことも重要になります。そのときの行動・心理の状況で「この人はこんな人だ」と断定することは本人を理解する

うえで間違った認識につながります。また、介護職員のかかわり方が本人の精神的安定にも不安にも大きくかかわります。職員自身の発言やほかの職員のかかわり方などによる影響も考えるようにします。

音、光、味、におい、寒暖などの刺激や感覚的苦痛を与える環境

認知症の人が、中核症状の影響で音、光、味、におい、寒暖等の感覚的な苦痛を与える刺激で、不快な気持ちになっていないかを確認する必要があります。現在の環境が、本人の落ち着ける居場所になっているか、不快を招くような刺激がないかなどについても見直してみる視点が必要です。家族や介護職員の感覚で判断すると刺激などは大きなものではないと判断してしまうこともあります。本人の視点に立ち返り、観察する必要があります。

家族や介護職員など周りの人のかかわり方や態度の影響

本人と家族の関係は複雑になりやすく、家族も本人も自信や誇りを失っている場合があります。また、職員による不適切なケア(本人の思いを無視したケアなど)が、本人のストレスを引き起こす原因になっている場合もあります。認知症の人へのかかわり方が本人の生活を考えたものになっているかを確認して、観察する必要があります。

残された機能と住環境など物理的環境による影響

本来、本人がもっている能力を引き出したり意欲を刺激する環境（住まい、福祉機器、物品等）の整備がなされているかを確認します。自分でできることが増えるほど、本人の意欲や自信につながるということを意識しながら観察していくことが重要です。一方で、介護保険施設・事業所の環境を優先することで、本人の意欲の低下を引き起こしていないかを観察することも重要です。

要望・障害程度・能力の発揮と、アクティビティ（活動）の影響

介護職員が認知症の人のためにと思って提供しているアクティビティ(活動)が、本人の精神的な負担になっていたり、自尊心を傷つけたりしていないかを確認します。そして、心身状態や、本人の要望を踏まえたアクティビティが提供されているかどうかを振り返ります。自分自身の能力を適切に発揮できないと、精神的苦痛(ストレスや葛藤)を抱えてしまうことがあります。認知症の人の思いとズレた活動は、

適切に意思を伝えることができない認知症の人にとってはストレスとなる可能性があることを踏まえて、観察することが重要です。

生活歴・習慣・なじみのある暮らし方と今の暮らしのズレの影響

本人が大事にしていること、こだわり、家族や知人・友人・地域等との関係性等を継続するケアが行われているかを確認します。現在の生活の場所が施設などの場合、今までのなじみの生活環境とズレていることが考えられ、また、見当識障害・判断力の障害などで本人は混乱して安定した生活を送ることが難しくなったりします。今までの生活歴、暮らし方、本人の思い、人間関係、役割意識等について情報収集をすることも大切です。

3 困りごとの背景を知るための方法について

認知症の人のためのケアマネジメント センター方式

認知症の人の困りごとの背景を知るためのツールがあります。そのようなツールはたくさんありますが、そのなかの一つである認知症介護研究・研修センターの「認知症の人のためのケアマネジメント センター方式」は、認知症ケアにかかわる専門職が、本人とその家族を中心に互いに協力し合いながら、どこに住んでいても、最後までその人らしい生活が送れるよう支援するためのツールです。

全16枚のシートで構成されているため、シートの特性に応じて認知症の人のどこを観察していきたいかを明確にして使用することができます。例えば、本人への理解が足りていない場合、「C-1-2シート」を使用すれば、本人の状態をより具体的に観察することができます。「D-4シート」は1日の変化を観察できるので、ふだん忙しさのなかで見過ごしてしまうおそれのある本人の気持ちの変化を観察することができます。このように認知症の人の状態に応じて活用することで、本人が抱える困りごとの背景を知ることにつながります。

ICF

しかし、認知症の人の困りごとの背景を知るための視点だけでは、認知症の人を全人的（全体的）にとらえることは難しい部分もあります。そこでICF（International Classification of Functioning, Disability and Health：国際生活機能分類）の視点を取り入れると、認知症の人を全体的にとらえることができます。

▶ ICF の考え方

ICF とは、人が生きていくうえでの障壁を、その人の個性や周りの環境とのかかわりを考えたうえで、体系立てて分類した世界共通の分類指標です。

①健康状態、②心身機能・身体構造：生活機能、③活動：生活機能、④参加：生活機能、⑤環境因子：背景因子、⑥個人因子：背景因子の六つの視点で分類して、認知症の人を全体的にとらえることが必要です。困ったことを分類するのではなく、障害を踏まえたうえで、認知症の人のできることに視点をおいたポジティブなとらえ方をすることが重要になります。認知症の人を全体的にとらえることで、「困った認知症の人」から本人の状態を理解した視点に転換することができます。

▶ ICF の視点を取り入れた方法

図10-2は、本書の冒頭の鈴木さんの生活歴と事例 5 を ICF の視点で分類したものです。分類することが目的ではなく、分類することで認知症の人を全体的にとらえることが目的になります。

図10-2のように ICF の視点でみてみると、事例の鈴木さんを取り巻く状況がとらえやすくなります。この分類間では相互に矢印があります。つまり、どの項目も相互に関連しているので、影響を与え合っています。状況が変われば分類も変わりますし、相互に影響していることも変化します。もし、心身機能に変化があれば、活動にも影響が出ますし、環境因子の項目も変わってくることがあります。この分類をすることで、認知症の人の現状を評価したり、目標設定に活かしてもいいでしょう。もしくは職員同士での情報共有や相互理解に活かすこともできます。

2 聴き取り技法およびその記録方法

1 認知症の人からの聴き取り

中核症状の影響で言葉にできない場合もあり、聴き取る場合も非言語的な本人の様子などを含め、感情などにも注意して観察する必要があります。生活支援のなかで、本人の状態をよく観察し、状態以外にも生活への要望などを聴き取り、アセスメントしていきます。特に前述した、「要望・障害程度・能力の発揮と、アクティビティ（活動）の影響」や「生活歴・習慣・なじみのある暮らし方と今の暮らしのズレの影響」については施設や事業所の環境に左右されやすいので、本人の言葉や

図10-2 ICFの視点での分類

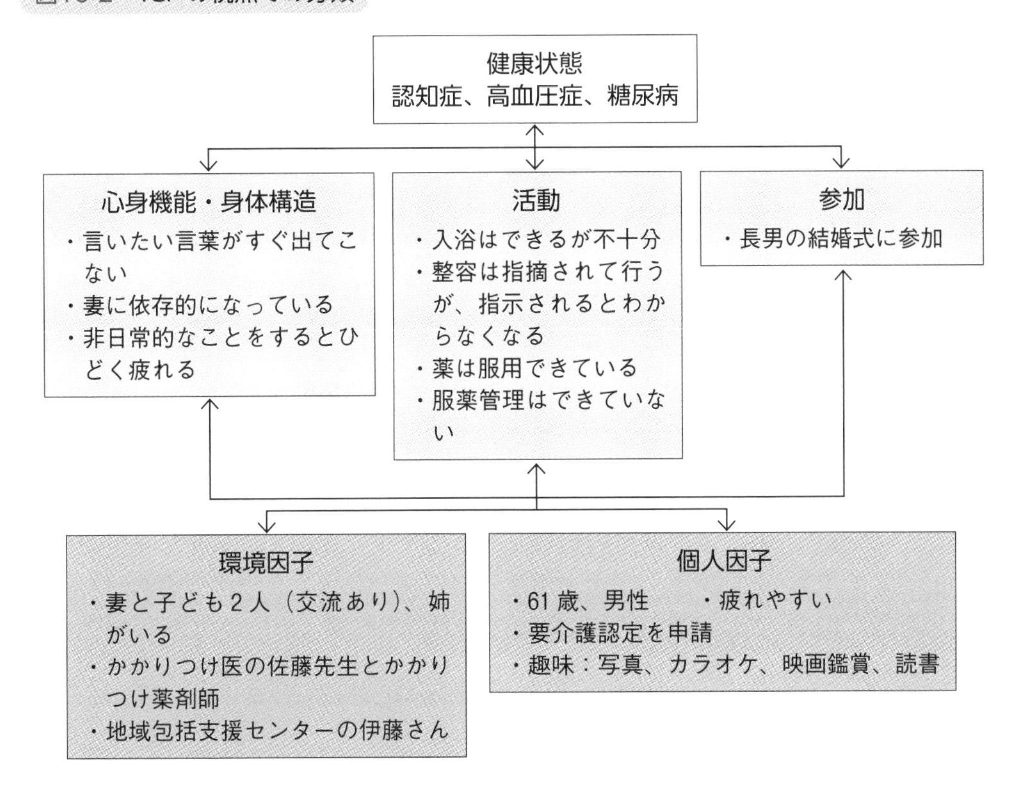

感情をよく観察してズレがどこに生じているかを把握するようにします。

また、聴き取りや観察のなかで、本人が理解できていること、理解できていないことが何かを把握することが必要になります。記録の際は、本人の言葉や状態だけでなく、周辺環境などの客観的事実も併せて記載していくことで、認知症の人に何が起きているかを明らかにすることができます。

2 介護職員からの聴き取り

介護職員から情報を収集する際、認知症の人とふだんどのようにかかわっているかによって情報が変わる場合があります。属性（性別や年齢など）や関係性によっても認知症の人が表す反応に違いがあることもあります。例えば、認知症の人が中核症状の影響で混乱し判断が難しい状況で、ふだん信頼している家族や不安なときに傾聴してくれる職員と、業務的なかかわりしかしない職員との対応では、受け入れる認知症の人の反応にも違いが出てきたりします。

そして、認知症の理解や個別性（生活歴やなじみの暮らし）を把握しているかによって職員のかかわり方も違いがあります。このような差異はあるべきではないという考え方もありますが、この違いを記録として残し、明らかにしていくことも必要です。そのためには、かかわった場面について主観的な思いを記載するのではなく、かかわり方を含めた周辺環境などの客観的事実を記録していくことが重要です。

3 家族からの聴き取り

病院への入院や施設への入所が長くなると、現在の状態を把握できていない家族もいるため、以前の生活の仕方や価値観などを中心に聴き取ります。本人と家族の関係性がよい場合は多くのことを聴き取れますが、そうでない場合は介護職員が双方の情報をそれぞれに客観的に伝えていく配慮も必要になります。

介護サービスを利用しながら自宅で生活している認知症の人の家族であれば、身体状態・精神状態ともに多くの情報をもっています。かかわりを通して信頼関係を築くことで、本人を含め家族周辺の情報を得ることができます。家族からの情報の記録は５Ｗ１Ｈ（いつ・どこで・誰が・何を・なぜ・どのように）で記載し、客観的な情報として整理しておきます。

4 他職種からの聴き取り

看護師や理学療法士などの他職種がかかわった際の情報を専門的な意見として聴き取ることはとても重要です。看護師は既往歴のみならず、日々の生活のなかから本人の体調面についての情報を把握してもっています。理学療法士は筋力や関節可動域についてなど、その人の身体能力についての情報をもっています。介護支援専門員（ケアマネジャー）や生活相談員などは家族との関係性や外部サービス、本人にとって必要な社会資源の利用情報などをもっています。このような他職種の記録やカンファレンスでの発言について情報収集しておくと、多面的な情報を整理できて、認知症の人の理解につながります。

5 記録からの情報収集

認知症ケアの実践を記録することで、かかわりによる変化や、中核症状の状態の確認もできます。記録は職員同士での情報共有となるものなので、本人の身体状況のみならず、心理状況まで記録するようにします。主観的な記録ではなく、認知症の人の状態を客観的な事実として記録することも重要です。

第3節

ケア実践計画作成の基礎的知識

1 ケア実践計画における目標設定の方法

1 ケア実践計画における目標設定の基本的考え方

ケア実践計画は、認知症の人に対して、どのようなケアを実践していくとよいかを計画するものです。ただ計画を立てればよいわけではなく、目標設定をしたうえで計画を立てていく必要があります。目標は、認知症の人が望む暮らしの実現に向けて設定することが望ましいといえます。それは、本人が思う高齢者になってからの暮らし方や認知症の状態になってからの暮らし方というものがあるからです。その望む暮らしを実現するうえで目標設定は大切であり、その目標設定はチームで共有すべきケアの方向性となります。

目標設定を考える際に手段や方法自体を目標として設定してしまうと、認知症の人が目標に向かって主体的に暮らしを送ることができなくなることもあります。認知症の人の意欲や思いを知ることによって、望む暮らしの実現に向かっていくことができます。

例えば、屋内歩行で転倒し骨折した場合に「歩けるようになる」というニーズを目標に設定すると、その人が手術や治療、機能回復訓練を行っても歩けるようにならなかったとき、ニーズの充足に向けた暮らしの実現につながらなくなってしまいます。

前述の意欲や思いの視点を踏まえると、「歩けるようになる」という目的の先にある「歩けるようになることで何ができるのか、したいのか」という真のニーズを目標に設定することが大切です。例えば、「自分でトイレに行きたい」という意欲や思いが本人にある場合は、「自分でトイレに行くことができる」という目標を設定することができます。また、歩くまでの過程を「立ち上がり」「手すりを使っての立ち上がり」など段階的に考えると、「車いすでトイレに行き、立ち上がるときに介助があれば自分で排泄(はいせつ)ができる」「車いすでトイレに行き、手すりを使って自分で排泄(はいせつ)ができる」等、そのときの状況でのニーズに応じた本人の望む暮らしの案が考えられます。このように認知症の人の望む暮らしのために意欲や思いを目標に設定することで、ある手段では達成することができなくても、別の手段で目標に向かっていくことが可能となります。本人の意欲や思いを目標として設定することで、視野を広げてさまざまな側面から目標達成の糸口を探ることが大切です。

2 具体的なケア実践計画作成の基本的視点と方法

本人が何を望んでいるのかを確認せず、介護職員が一方的な見解で設定した目標に沿って立てた計画は、本人と一緒に作成するケア実践計画とはいい難いものです。本人が望む暮らしの実現に向けて本人に寄り添い、一緒に計画を立てることが必要です。

本人の望む暮らしに向けた目標を設定する

例えば、本人が老後の暮らしとして、自宅でのんびりと暮らし、家族と共に温泉旅行などに行きながら過ごしていきたいと思っていた場合に、本人の思いを知らないままで、現在の状況だけを見て暮らしを考えると、本人にとって望む暮らしのケアにはつながりません。本人だけではなく、家族との関係性によってさまざまな暮らし方もあるため、「本人の望む生活」の実現に向けてアセスメントすることが必要となります。

しかし、自分の思いを相手に伝えることが困難な認知症の人の場合、その人の意欲を推し量るのが難しいことがあります。そのようなときは、計画の目標にその人の意欲を見つけることを位置づけ、チームでそれを探すことによって、チーム全体でアセスメントしていくことも考えられます。その場合のチームで考えた「～さんのしたいことがわかる」という目標は、本人の視点でとらえると、「私のしたいことを周りの人にわかってもらえる」等になる）といった目標になります。

このように自分の思いを伝えられる人についても、伝えられない人についても、その人の「したいこと（意欲）」を把握し、「その人の望む生活」を目標として設定することで、主体性のある生活をつくるための計画を作成することができます。そのためには、その人にかかわる多くの情報を知ることも必要不可欠です。一方で、こうした思いは変化する可能性もあるため、日々の様子をアセスメントし、目標を見直していくことも大切です。

目標達成に向けたケア内容にする

ケア内容は本人の望む暮らしを実現するために何が必要なのか優先順位を定めたうえで、検討していきます。先ほどの例の場合では、自宅で家族と暮らすためにまずどのようなケアをしていくとよいのか、また、温泉旅行については、すぐに行くことが難しくても、本や写真などを見るようにするのはどうかなど、チームでケア内容を共有しながら計画を作成するようにします。その際、本人の意欲の低下につながらないように、実現できる可能性があるかどうかも意識することが大切です。

実施する前に計画を評価する

実施する前に、本人の望む暮らしに向けてどのような計画を立て、ケアを実践しようとしたかを評価します。評価のポイントとして、本人が望む暮らしの実現に向けて、本人とともに介護職員をはじめとしたチームが具体的に取り組める内容になっているかという視点で評価を行うことが大切です。

本人が望む暮らしの実現に向けて作成したケア実践計画は、認知症の行動・心理症状（BPSD）等が出現した際にも、症状への対応に重きをおくのではなく、何かをしたいのにそれをできずにそのような行動に至っているという背景を踏まえた支援につなげることができます。

第 4 節

アセスメントの実際、ケア実践計画作成の展開

ここまで学んできた知識と技術を用いて、実際に本書の冒頭の事例を踏まえながら、鈴木さんのアセスメントを展開してみましょう。ここでいうアセスメントの展開とは、認知症の人の望む暮らしの実現に向けて、ケア実践計画を作成から評価する過程を示します。本節では、通所介護(デイサービス)、小規模多機能型居宅介護、認知症対応型共同生活介護（グループホーム）のそれぞれのサービス利用時の鈴木さんについて取り上げます。

認知症の人の望む生活像を導くためには、その人の立場に立って考え、さまざまな生活場面において認知症の人の思いに寄り添ったケアを積み重ねていくことが必要です。認知症の人が困っている場面には、何らかの背景があります。その人の視点で生活のしづらさを考えることで、認知症の人の望む暮らしを理解していきます。そして、その人のニーズに対しケア内容を提案し、根本的な部分へのケアをしていくようにします。

1 通所介護での過ごし方からみる展開

【事例 10-1】

鈴木さん（63 歳、男性）は、認知症の告知を受けて 5 年が経過し、認知症カフェ（オレンジカフェ）の運営ボランティアは継続していますが以前のようにはできなくなっています。鈴木さんは要介護 1 、認知症高齢者の日常生活自立度 IIa、障害高齢者の日常生活自立度（寝たきり度）A です。介護支援専門員（ケアマネジャー）の久保さんは熱心な人で、妻の介護負担の軽減や鈴木さんの機能低下防止のために、通院している病院に併設する若年性認知症対応の通所介護の利用を勧めてくれました。そこでは、さまざまなリハビリテーションを行い、午前と午後の利用や送迎の有無、食事や入浴の利用を選択することもできます。

鈴木さんは、この通所介護で入浴することになっています。「適切に入浴できていないことを指摘すると喧嘩になってしまい、それが精神的に負担になっている」という、

家族からの相談を受け、サービス担当者会議で検討した結果、居宅サービス計画（ケアプラン）に位置づけられたという経緯がありました。
入浴支援では、ふだん職員の業務を手助けしてくれることから、女性職員がいつもどおりに「鈴木さん入浴しましょう」「洋服を脱いでこのかごに入れてくださいね」「頭もからだもしっかり洗ってくださいね」と声をかけ、てきぱきと進めていました。女性職員が「頭洗うの手伝いますね」とかかわろうとすると、鈴木さんは「うるさい！」とフロアまで聞こえるような大きな声を出し、職員の手を払いのけました。慌てて近くにいた男性職員が間に入りその場を収めることとなりました。その日の男性職員の記録には、「入浴介助中に大声を出し、職員に対して暴力が見られた」「家族に報告をした結果、家族からは『皆さんに迷惑をかけてしまい申し訳ありませんでした。でも、自宅でも嫌がるときがあるので……。どうにかなりませんか』と言われた」との記載がありました。この日以降、鈴木さんは入浴を拒否することが多くなりました。職員が「奥様に頼まれていますから」「みんなで楽しいお風呂の時間です」などと声をかけることで、しぶしぶ入浴できることもあるような状況です。

1 アセスメントの実際

課題を感じている場面の整理

認知症の人とのかかわりのなかでは、例えば、同じことを何度も訴える、入浴を嫌がる、大声を出すなど、介護職員として課題を感じる場面が生じたりします。このような言動には認知症の人のその時々の思いが隠されているため、まずは職員が課題と感じている場面について文字化することから始めます。同時に、なぜ課題と感じるのか、その理由を客観的に考えることが大切です。

演習 10-1

● 事例 10- 1 について課題と感じた場面を書き出しましょう。
【ポイント】職員として「どうにかしたい」と思っている生活のなかの場面に焦点をあてる。
● なぜ課題と感じたのか、その理由を客観的に考え書き出しましょう。
【ポイント】
① その場面が課題と感じた理由を、研修の学びをもとに振り返る。

② 鈴木さんの中核症状を原因とする不自由さやコミュニケーションの困難さを踏まえた対応ができていたか、意思決定支援は十分に行えていたか、してあげる職員と、してもらう鈴木さんという立ち位置をつくり出していた可能性はないか、家族の負担感や心理面を考えたか、専門職としての役割、事業所としての役割を考えたか、などの視点から振り返る。

● これらをもとに、自分やチームの自施設・事業所でのかかわり方を客観的に振り返り、グループ内で発表しましょう。

◎ 解答例

課題と感じた場面

・入浴介助中に大声を出されて暴力的であった。その後も入浴への拒否が続いている。

その場面が課題と感じた理由

① 研修を受講してどのように考えたか

・家族支援の観点から、介護負担の軽減のためにも希望している入浴を実施するための方法を考える必要がある。
・中核症状を理解した声かけや介助が行えていたのか気になった。
・かかわり方に権利擁護の観点が抜けており、本人の意思決定を考えていなかったのかもしれない。
・本人の気持ちを考えていなかったのかもしれない。

② 自分だったらどのような対応をしていたのか

・いつも協力的な鈴木さんなので、認知症に伴う本人のつらさを考えず、友達に話しかけるように言葉をかけていた。
・先輩たちが行っているかかわり方をまねして対応していた。とにかく、お風呂に入れることを考えて支援していた。

③ 職員はどのような対応をしていたのか

・お風呂に入ってもらうための言葉かけを行っていた。丁寧に言葉を選び、わかりやすいように促すような声かけを行っていた。

情報を収集する

課題の認識と同時に、「その人を知る」ための取り組みも行います。認知症ケアの実践においては、介護職員としてその人のことをどれだけ知っているか、チームの職員はどれだけ知っているか、知っていることにばらつきがないか、情報の解釈にズレはないか、情報を共有できる可視化されたものはあるかということが重要です。認知症の人の情報を収集するうえでは、既応歴や生活歴、中核症状、生活のなかでできること、できないことなどさまざまな視点から収集することが大切になります。

演習 10-2

● 本書の冒頭の鈴木さんの生活歴や事例7までにおける鈴木さんについての過去と現在の情報を収集し、整理しましょう。そして、グループで共有しましょう。

【ポイント】

① 情報を収集するためにはどのような工夫が必要か。

② 情報で不足していることは何か。誰に、どのように確認するか。

③ 情報に、本人、家族の言葉は含まれているか。

2 ケア実践計画作成の展開

望む暮らしの抽出

介護職員が課題と感じた場面には、認知症の人の思いが隠されています。その思いを上手に表現できない、伝えられないことに介護職員が気づくこと、感じることができない結果が、認知症の人にとっての生活のしづらさになっています。その生活のしづらさを転換すること（視点を変えて考えること）で、その人の望む暮らしとして表現することができます。この思考転換の過程で参考になる視点として、「ひもときシート」の視点があります。この視点により、「介護職員の困りごと」を、「認知症の人の思い」の代弁に変換することができます。認知症の人の望む暮らしに転換するまでの過程では、本人およびかかわる職員たちによるカンファレンスが行われ、根拠とともにその人が望む暮らしの設定を行います。この根拠には、今までの収集した情報や、かかわりを踏まえた解釈といったさまざまな視点での項目が含まれてきます。専門職として多角的に物事を分析できることが必要になります。

演習 10-3

● 事例 10-1 について、鈴木さんの望む暮らしをグループで考えましょう。

【ポイント】

① 鈴木さんの視点で考えることができているか。

② 鈴木さんの生活のしづらさが明確になっているか。

● その根拠について考えましょう。

【ポイント】

① 鈴木さんの視点で考えることができているか。

◎解答例

本人の望む暮らし

・自分のペースでお風呂に入りたいし、女性にみられるのは恥ずかしい気持ちもある。お風呂は、夜にゆっくりと自分のペースで入りたい。

本人の思いの根拠

・会社員であった頃は、仕事を終えて自宅に帰ってからお風呂に入り歌を歌うのが大好きであった。
・まだまだ若いつもりなので家族以外の異性に見られたり、指示されるのは、どうにも意味がわからない。
・製造業の営業課長として人に気を遣う日々だったので、家ではゆっくりしたい。

望む暮らしを阻む要因の分析

認知症の人の望む暮らしが達成できないのは、それを阻んでいる何らかの要因があるからです。阻んでいる要因を洗い出し、その要因を踏まえケア実践計画を立てケアを実践することで、職員視点でのしてあげたいケアではなく、本人の望む暮らしを達成するためのケアが実践できます。ここでは認知症の人が望む暮らしを阻んでいる要因をICF（International Classification of Functioning, Disability and Health：国際生活機能分類）の視点で考えてみます（p.249 参照）。これにより、阻んでいる要因を認知症の人自身の問題、認知症の人を取り巻く環境の問題、の二つの側面で考えることができます。

演習 10-4

● 事例 10- 1 について、鈴木さんの望む暮らしを阻んでいる要因を、認知症の人自身の問題、取り巻く環境の問題の二つの側面から考えてみましょう。

【ポイント】

① 中核症状による影響を考えているか。

② 認知症以外の病気の影響を考えているか。

③ 身体機能としての能力による影響を考えているか。

④ 個性や感情、今までの暮らし、生活史、職員とのかかわりなどによる影響を考えているか。

◎解答例

本人の思いを阻んでいる要因

① その人自身・健康・心身の影響

a. 実行機能障害によって、適切な入浴動作がわからない。 b. 理解判断力の低下によって、お風呂に入らなくてはいけない理由がわからない。 c. 性格上、人に指示をされるのが苦手である。 d. 受け答えをする前に、誘導されるように物事が進んでしまう。 e. 次から次へと指示をされるのでわからなくなってしまう。 f. 糖尿病の合併症によって物が見えにくくなっている。 g. 明るいうちにお風呂に入る意味がわからない。 h. 恥ずかしい気持ちがある。

② 取り巻く環境

i. 優しい声かけで物事を進めていく職員。 j. 恥ずかしいのに女性職員がかかわっている。 k. 本人の気持ちを考えずに介助を優先してしまっている。 l. 入浴動作に対する本人の能力評価がされておらず、かかわり方が統一されていない。 m. 時間も決まっているため手際よく行うことが求められている。 n. 何も言わずに職員が見ている。 o. 今までの暮らしの入浴環境と乖離(かいり)している。 p. 本人に入浴への意向を確認していない。

ケア実践計画の作成

望む暮らしを阻んでいる要因をチームで明確にできたら、これをもとにケア実践計画を作成します。要因は一つだけではなく、複合的に影響している可能性があります。事例 10- 1 においての望む暮らしを目標としたケアをするために、いつ、どこで、誰が、何を、なぜ、どのように行うのかを具体的に立案します。例えば「声をかける」場合は、利用者の表情やしぐさも考慮した具体的な声かけの仕方まで記載します。誰が見ても実践できるように具体的に記載することが大切です。

演習 10-5

● 鈴木さんの望む暮らしに向けた具体的なケア実践計画を考えましょう。

【ポイント】

① 望む暮らしを阻んでいる要因への対応や改善は含まれているか。

② 職員がしてあげたいケアになっていないか。

③ 「いつ・どこで・誰が・何を・なぜ・どのように」を具体的に明記しているか。

④ 認知症ケアの理念や中核症状を踏まえているか。

⑤ 認知症の人の有する能力（強み）は意識しているか。

⑥ かかわりの際の意思決定支援や権利擁護の視点は意識しているか。

⑦ QOL（生活・人生の質）の向上につながることを意識しているか。

◎解答例

望む暮らしに向けて行うこと（いつ・どこで・誰が・何を・なぜ・どのようにを具体的に記載する）

1：全職員で相談し、入浴に関する一連の動作チェックシートを作成し、家族に協力を依頼して自宅での入浴動作をチェックしてもらう。通所介護でも同様のシートでのチェックを行い、本人の認知症に伴う障害とできることを家族と職員で共有する。できる能力を活かして障害を克服するかかわり方（声かけ、介助の方法など）を統一して行う。本人の頑張りたい気持ちにはたらきかける言葉を用いる。【a.d.k.l】

2：同性介助を基本として、入浴場面で信頼関係ができている男性職員を中心に入浴への声かけを行っていく。また、その職員の声のかけ方（言葉、トーン、会話の内容、間合い、姿勢など）を全職員で確認し、実践のポイントを理解する。【h.j.k】

3：今までの生活歴を参考に、入浴の順番への配慮や好きな音楽をかけるなどして、ゆっくりできる入浴環境を整える。お風呂に入ってもらうための言葉を並べるのではなく、「本人がお風呂に入ってみようかな」と思えるワードを、全職員と話し合い、声かけを工夫する。【b.c.k.o.p】

4：生活相談員と入浴支援をしていた女性職員が参加して、本人と家族に生活全般に対する思いを聞く機会を定期的に設ける。その際には、さりげなく入浴についての話題の提供も行い、意向を支援に反映させる。【d.k.o.p】

ケア実践計画の評価と再アセスメント

ケア実践計画を立てたら、この取り組みを評価する指標（何によって効果を評価するのか）を検討します。介護の実践においては、数字での評価は困難なことが多いため、評価の指標としては「記録」を用いるのが一般的です。記録をもとに、ケアカンファレンスの場で評価を行うため、職員の言動と利用者の言動、表情、しぐさなど、詳細な記録が望まれます。

行動の回数や頻度など、数字を分析して評価する場合は、ケアの実施前と実施後の同期間でのデータが必要です。再アセスメントの必要性を検討する指標ともなるため、実施期間を明確にして取り組むことが重要になります。期間は、少なくとも週単位で取り組むことで認知症の人の混乱を防ぎ、適切な評価につながります。認知症の人の望む暮らしを達成するため、そして、認知症の人の QOL を改善するための実践であり、評価であることを忘れずに取り組みましょう。

演習 10-6

● 鈴木さんのケア実践計画について評価してみましょう。

【ポイント】

① 期間が明確になっているか。

② 評価のための手段は具体的になっているか。

③ 評価のためのツールの使い方は理解できているか。

◎ 解答例

評価方法

1：入浴に必要な動作の分解と、認知症に伴う行為への理解と手順の認識をチェックシートに記載する。これらを1か月継続し、振り返りを行う。

2：同性介助時の入浴への誘導にあたってどのような言葉をかけたか、表情や態度といった本人の様子を記録に残す。1か月間継続し、振り返りを行う。

3：日々の入浴前後、入浴中の様子を記録に残し、効果的だった支援方法を文字から分析する。

4：毎月1回の入浴を6か月継続し、そのときの記録を記載する。そのなかから本人の言葉の変化や満足感を、同じ内容の質問を繰り返すことで評価する。

2 小規模多機能型居宅介護での過ごし方からみる展開

【事例 10- 2】

鈴木さん(70 歳、男性)は、認知症の告知を受けて 12 年が経過しました。鈴木さんは、小規模多機能型居宅介護の「通い」を週3回、そのほかの日は午前と午後に「訪問」、月1回の「泊まり」を利用しながら自宅で暮らしていました。この頃には認知機能はさらに低下し、排泄(はいせつ)や入浴、着替えなど複雑な手順の行為はほとんど介助が必要になっていました。

ある晩、右手の力が抜ける、しびれる感じがあり、病院で検査した結果、軽度の脳梗塞と診断を受け入院しました。ICU（集中治療室）から一般病棟、回復期病棟を経て1か月後に退院することになりました。退院前に病院のケースワーカーと小規模多機能型居宅介護事業所の介護支援専門員の藤田さんは、自宅では妻1人で介護するのは心配ということで、妻と長男に相談し、病院から直接、介護老人保健施設に入所することとなり、3か月後に自宅に戻ることとなりました。

介護老人保健施設を退所後は、引き続き、小規模多機能型居宅介護を利用し、最初の1か月間は毎日「泊まり」を利用し、その後は、妻の負担を考え、徐々に日中は自宅で過ごし、夜間は事業所に泊まるという変則的な生活が続きました。

今後の在宅生活について、鈴木さんと妻と小規模多機能型居宅介護事業所の管理者の山本さん、計画作成担当者でもある介護支援専門員の藤田さんで話し合いを行いました。その際、妻も精神的・体力的に限界がきていて、夫婦で有料老人ホームかサービス付き高齢者向け住宅に住み替えたいこと、そのための費用はマンションの売却資金を考えていることを妻が説明しました。夫には引き続き、小規模多機能型居宅介護を利用してもらい、かかりつけ医も佐藤先生にお願いしたいということでした。その後、サービス付き高齢者向け住宅への入居が決まり、マンションを引き払いました。

72歳になると、鈴木さんは体調不良による入退院を繰り返すようになり、脳梗塞の後遺症、アルツハイマー型認知症の進行による失語のため、自分の気持ちや考えを周囲に伝えることが難しくなりました。妻は自分のことを含め、今後のことについて話し合う会議を希望しました。そこで、佐藤先生の往診後の時間を利用して、鈴木さんのほか、サービス付き高齢者向け住宅の管理者の木島さん、小規模多機能型居宅介護事業所の管理者の山本さん、介護支援専門員の藤田さん、妻、長男がサービス付き高齢者向け住宅の会議室に集まり、これからのことについて話し合いました。

鈴木さんがこれまで終末期について妻と長男に話してきたことや、希望や願いについて、次のように妻が説明しました。

- 治療しても効果が得られないときには、積極的な延命を行わず、できるだけ痛みや苦しみをとってほしい。
- 理解、判断、決断が難しい場合、妻と長男の意見を参考にしてほしい。
- 佐藤先生の判断で、可能ならば入院しないで慣れたところで最期を迎えたい。
- 妻に負担をかけたくない。家族に迷惑をかけたくないので、家族の意向を大切にしてほしい。家族がいつも会いに来られる場所で、家庭的な環境を望んでいる。今まで介護してくれた人や元気だった頃の知人や友人にも会いたい。

また、2年ほど前に認知症カフェ（オレンジカフェ）で学び、話し合った「人生会議」の資料を山本さんが準備してくれて、「人生のしまい方」についての方向性を鈴木さん本人、妻、長男、関係者で共有することができました。鈴木さんは、すでに自分の意思を言葉で伝えることが難しくなってきているので、この会議の結果は成年後見人である長男も確認し、藤田さんがミーティング記録としてまとめ、本日の参加者に加えて、必要に応じて訪問看護師など新たにサービス提供に加わった人たちにも伝わるようにしました。さらに、改めてアセスメントを行い、鈴木さんの望む暮らしの実現に向けて、支援の方法を再検討することになりました。

1 アセスメントの実際

鈴木さんは、脳梗塞による入院後、介護老人保健施設を経て、在宅生活に復帰するにあたり、小規模多機能型居宅介護の利用を再開しています。小規模多機能型居宅介護を中心とした支援では、地域の社会資源を活用する横の広がりと、認知症ケアパスを踏まえて時系列に支援の流れをつくるための、ケアカンファレンスのあり方、認知症の行動・心理症状（BPSD）への対応を含むケアのあり方、ACP（アドバンス・ケア・プランニング）の活かし方など、認知症の人の尊厳を守る継続的なケアを考えていくことが大切です。

小規模多機能型居宅介護の利用再開時

鈴木さんの利用再開時のケアカンファレンスでは、本人の脳梗塞の後遺症と薬の内服による傾眠傾向から直接話を聞くことが難しかったため、途中からは、妻や長男から今までの暮らしの様子や要望を聞いています。また、医師からは現在の治療状況と注意点、看護師からは夜間徘徊（はいかい）の様子や眠剤の投与、抗不安剤の使用や日中のリハビリテーションの様子などの報告がありました。理学療法士からは、事前に書面で申し送りを受けており、徐々に歩行状態はよくなってはいるものの、ふらつきがあり、転倒の危険が高いことが共有されました。

このときのケアカンファレンスの記録は**表10-2**のとおりです。

日中の立位や歩行訓練時も傾眠傾向があるため、小規模多機能型居宅介護事業所の看護師やかかりつけ医の佐藤先生と連携し、内服薬の調整を行うことになりました。また、「家に帰りたい。頑張りたい」という鈴木さんの思いや、妻や長男の思いも踏まえたうえで、小規模多機能型居宅介護事業所の管理者の山本さんと介護支援専門員の藤田さんは、鈴木さんに小規模多機能型居宅介護のサービスを再開することを伝えました。そして、短期目標として、正月は自宅マンションで過ごせるようにすることを提案することにしました。

このケアカンファレンスには、地域包括ケアのもと、本人や家族の同意を得て、医師の意向を伝える介護老人保健施設のソーシャルワーカー、小規模多機能型居宅

表10-2 ケアカンファレンスの記録の例（利用開始時）

（小規模多機能型居宅介護利用開始時）
利用者氏名：　鈴木ひろし　　NO.　2

参加者	（本人）鈴木ひろし　（妻）鈴木はなこ　（長男）鈴木つよし　（民生委員）中村　（本人の友人）オレンジカフェ代表:松山　（地域包括支援センター）太田　（介護老人保健施設）森　（事業所看護師）高橋　（事業所介護支援専門員）藤田　計　9名			
年月日／項目	本人	家族・介護者	地域	
○月□日 14～15時 事業所 会議室 本人の訴え 参加者の意見	今日は皆さん、自分のために、ありがとう。 自分は、アルツハイマーと言われて頑張ってきた。 でもまた、病気してしまい、困っている。 できれば、家に帰りたい。 言葉も出にくいし、からだも動かしにくい。 リハビリで頑張った。まだよくなるはず。 でも、ここで何をすればいいのか。不安だ。 妻のことも家のことも心配。 （疲労感があり、先に休まれる） あとは、任せる。	参加者全員：病状やリハビリの状況を皆さんで確認した。 妻：本人の気持ちが一番だと思うが、今は、自分も疲れているし、介助の仕方にも不安がある。 今後、自分たちの暮らしのことも考えないといけない。今は、こちらで過ごしてほしい。 長男：できれば、家に帰してあげたいが、母も病院と家の往復で疲れている。 介護サービスのこともよくわからない。 こちらがいいと言われたが、何ができるのか。 体力も身体能力も低下していると思う。 経済的なこともあり、マンション売却のことも考えている。	民生委員：病気のこともあり、今はこちらで過ごすのがいいと思う。 奥様の体調が心配。 奥様の様子は見に行くが、時々は、事業所が許せば、地域の行事にも誘いたい。 知り合いなので、奥様と一緒に面会に来る。 友人：ひろしさんにはカフェボランティアで頑張ってもらっていた。 少しずつ状況が許せば、感染予防対策もして、カフェにも誘いたい。 今度、人生会議の勉強をする。ひろしさんにも参加してほしい。	
考察	・本人は、自宅に帰るために、リハビリなどにも賛同している。何ができて、何ができなくなったのか、日常生活を観察し、評価する。 ・主介護者であった妻は、疲労感が蓄積している。しばらく精神的にも休養が必要。ケアの相談は、当面他県に住む長男と行う必要がある。 ・地域のご自宅や妻の状況は、民生委員と連携することが大切と思われる。 ・オレンジカフェとのかかわりは、本人や家族にとっても重要なかかわりになる。人生会議の勉強を始める機会にもなる。 ・本人は、病識が弱いところもあるので、認知症になっても進行を予防する二次予防の観点を意識してもらうことが大切。 ・病状の変化にも備え、医療機関と連携し、日中の活動を高め、内服薬の見直しをお願いする。訪問看護や訪問リハビリテーションとの連携もお願いする必要がある。 （マンションの売却の件は、障害年金や妻の病状などもあり、家族で話し合ってもらう必要がある。本人には伝えていないようなので、今後課題になる可能性がある。）			
確認事項	・本人の意欲向上のために、お正月に家族で自宅で過ごせることを目標にしたいので、まずは、家族の負担にならないように自分でできることを探しましょう。 ・当面、自宅に帰れそうにないので、小規模多機能型居宅介護の泊まり機能を使います。今後の生活の仕方については、相談が必要なようなので、長男のつよしさんと情報交換を続けましょう。 ・楽しみながら、リハビリすることが大切です。言語の訓練の代わりに、カラオケで楽しみましょう。好きな歌を教えてください。 ・時々自宅で過ごすために、医療系サービスとして、訪問看護や訪問リハビリテーションを受けられるようにしましょう。かかりつけ医とも連携し、病状の変化に備えましょう。 ・オレンジカフェの活動にも参加しましょう。ご家族や小規模多機能型居宅介護事業所の職員も参加しますので、認知症地域支援推進員の参加とサポートもお願いします。 ・医療機関からの申し送りで、心臓疾患の検査が必要です。脳梗塞の再発にも気をつける必要があります。医療機関の受診はお手伝いします。 ・生活状況や傾眠傾向（うとうとされること）の状況は、観察して、副作用の可能性もあるので、かかりつけ医と連携し、内服薬を変えていただくかもしれません。 ・今回の病気で、嚥下機能の低下も考えられます。嚥下機能も診ていただける往診も可能な歯科がありますので、一度診てもらいましょう。 ・主介護者は、今後妻の精神的負担も考えて、長男となり、マンションの件は、家族で話し合うということで、本人の病状が落ち着くまで少し待つことを確認しました。			
本人（代理人）確認	本人）　代理人）		計画作成担当者	介護支援専門員　藤田　たろう

介護事業所の介護支援専門員と看護師、地域の民生委員、以前に鈴木さんが活動をしていた認知症カフェ（オレンジカフェ）の担当者、地域包括支援センターの職員が参加しています。

演習 10-7

小規模多機能型居宅介護の利用（再開）に向けたケアカンファレンスでは、具体的にどのような情報を収集したらよいでしょうか。また、その際の留意点をあげ、グループで共有しましょう。

【ポイント】

① 鈴木さんを中心に支援するチームづくりを意識する。
② 高齢者では、加齢に伴う基礎疾患と認知症の複数の原因疾患が混合する重複障害により体調が変化しやすいため、医療職と情報を共有する。
③ リロケーションダメージが生じやすいので、今までの暮らし方を共有し、ケアに活かす。
④ 本人の希望や生きる力になるように、短期目標を設定する。その際に、チームで意思決定支援を行う。

体調不良や認知症の進行を踏まえ今後について検討する

サービス付き高齢者向け住宅に住み、小規模多機能型居宅介護を利用しながら生活していた鈴木さんですが、72歳頃には認知症の進行や嚥下（えんげ）機能の低下に加え、体調不良による入退院を繰り返すようになりました。そこで、今後の生活について検討するために、改めてアセスメントを行い、ケア実践計画につなげていくことになりました。

アセスメントにおいては、本人の尊厳を大切にしながら、リスクマネジメントの観点も含め、将来の暮らし方を考えていきます。まずは、鈴木さんのコミュニケーション能力に配慮しつつ、「本当はどうしたいのか」といった真のニーズを意識して、意見を聞きます。また、サービス付き高齢者向け住宅の職員、小規模多機能型居宅介護事業所の職員にも、課題と感じていることを確認します。

【鈴木さんの望む生活像】
本当は、家族のことが一番大事。自分でできることが少なくなり、言葉もうまく通じないので、悔しい。私が言いたいことややりたいことをわかってほしい。自分でも、できることはしたい。家族ともゆっくり話がしたい。これからのことも話したい。

【サービス付き高齢者向け住宅の職員からの意見】
・常に奥様を探しているようだ。トイレの場所など、なかなか覚えてもらえない。
・夕方から夜間の職員が少なくなる頃、不安になりイライラして、車いすで動き回ることが多い。

【小規模多機能型居宅介護事業所の職員からの意見】
・歌を歌ったり、外を散歩するときは機嫌がよい。
・孫の写真をうれしそうに見せてくれた。大きな文字の手紙はゆっくり読んでいる。
・リアリティ・オリエンテーションとして、最初に鈴木さんに、ゆっくりあいさつしてもらうと機嫌がよい。左手で職員にゆっくりマッサージしてくれることもある。
・コミュニケーションがとりにくいのは、失語もあるが、職員や家族が鈴木さんの障害や性格、やりたいことなどを十分に理解していないからではないか。

鈴木さんの望む生活像と職員の感じている課題を踏まえ、アセスメントを行い、ケア実践計画につなげていきます。ここでは、鈴木さんを「一人の人」として尊重し、鈴木さんの立場に立ったケアを実践するために、パーソン・センタード・ケアの視点を踏まえて展開しました（表10-3）。パーソン・センタード・ケアとしては、介護する側が、認知症になっても人として変わらない「心理的ニーズ」を理解しようとするところから始まります。認知症になると何もわからなくなるのではなく、性格や生い立ち、職業、価値観、ライフスタイルなどから現在に至るまでに経験したものを理解し、その言動からその人の心理的ニーズを知ることが大切です。

表10-3　鈴木さんの望む生活像を考える（パーソン・センタード・ケアの五つの視点を活用）

要因	情報		アセスメント	予想される具体的なケア方法
脳神経疾患	記憶障害	話したことをすぐに忘れる。マンションの売却の話は、忘れるたびに説明するが、そのたびに同じように怒り出してしまい、喧嘩になってしまう。トイレに行ったことをすぐ忘れて、行こうとする。	マンションの売却の話はショックだったと思うが、記憶障害から、何度も聞き直し、繰り返し悲しい気持ちになっている。家族の話題がマンションのことばかりになっている。記憶障害から、排尿したことを忘れてしまうが、トイレに行きたいときは、残尿感がある場合もあるので注意が必要。	家族から別の話題を提供する。孫の話や今度いつ会いに来るかなど。家族が大切に思っていることを話す。排尿の間隔については、本人にも目視で理解できるように表を示す。排尿の件はかかりつけ医に伝えて、必要であれば、泌尿器科を受診する。
	見当識障害	自宅やトイレの場所がわからなくなる。トイレではないところで放尿する。	本人からわかりやすい位置（車いすの高さ）にわかりやすい目標があるか、見直す必要がある。小規模多機能型居宅介護事業所では放尿まではないので、放尿する時間や排尿パターンを調べてみる必要がある。	部屋の入り口やトイレの方向にわかりやすい目印をつける。排尿パターンを調べ、排泄のきっかけになる動作などがないかも観察する。また排泄パターンがわかれば、それに合わせて声をかける。
	実行機能障害	トイレまで行っても、その後のトイレ動作や手順がわからなくなり、失禁することがある。	認知症による実行機能障害や脳梗塞の後遺症によって、トイレ動作が難しくなっている可能性がある。一連のトイレ動作のどこが難しくなっているか観察する。	排泄動作のなかで、できない動作のところで声をかけたり、一部手伝う。
	失語	言葉は出にくく、怒ったように大声を出し、聞き取りにくい。命令口調で、単語で話す。言葉の理解ができず時々チグハグな返答をする。	脳梗塞による運動性失語と、アルツハイマー型認知症の進行による失語症の状況から言葉が出にくく、単語が中心となってしまう。口腔内の機能低下なども考えられる。本人が怒っていなくても力が入り、そのように聞こえることもあるので、周囲の理解が必要。	脳梗塞による運動性失語と、アルツハイマー型認知症の進行による失語（健忘性失語と感覚性失語）について、家族とともに学習し直す機会をもつ。本人が理解できるようにゆっくり話してもらい、焦らせず、余裕をもって話を聞く。言葉の理解につながる絵や写真も使う。
	失認	食べ物が食べ物に見えず、茶碗のなかで、混ぜ込んでしまう。妻と職員を間違えてしまう。	食事動作の観察で、どのようなときに、混ぜ込んでしまうのか、食器の問題はないか様子をみる必要がある。また、茶碗の色と食事の色の取り合わせにも注意が必要。食器や匙の工夫が必要。顔貌失認の可能性があり、大切な家族でも忘れてしまい、本人も不安に感じて、様子が似ている職員に依存してしまうのではないか。	食事動作の観察でわかったことから、支援方法を考える。食事提供の順番やわかりやすい食器や匙の工夫が必要。最初の数口は、介助したり、目の前で食べてみせるなどの工夫を行ってみる。ネームカードをつくり、好きなことや好きな人を書き込んだり、部屋に奥様と一緒に写った写真を飾り、意識して話しかける。
	失行	ズボンと上着を間違えて、ズボンに腕を通したりする。肌着を上に着ていることがある。	自分でも汚れたら衣類を変えようとするが、着衣失行があり、正しく着替えることができないので、イライラする。汚れていてもそのままのときがある。	タンスに、下着や上着、ズボンなどわかりやすく表示する。職員から声をかけて一部着替えを手伝うようにする。着る順番に服を置いて声をかけてみる。

	その他	尿失禁や排泄時の失敗を気にして、夕方から水分をあまり摂ろうとしない。嚥下機能の低下があり、食事をバランスよく摂れていない。脳梗塞で、右上下肢の麻痺がある。スプーンですくうときにたくさん口に入れすぎてむせてしまう。尿や便で汚れたおむつや衣類に気づかず、そのままにしていることがあったり、逆におむつをはずして、便に触ることもある。	本人なりに失禁などを気にしている。様子を観察し、尿意自体があるか、排尿のサインがないかを知る。水分摂取や栄養を正しく摂ることの重要性が理解されていない。脳梗塞の後遺症で、食事を摂りにくいことが考えられる。脱水などがあれば、せん妄が生じやすくなり、夕方から夜間の不穏や認知機能の低下が起きやすくなることも考えられる。嗅覚の変化や皮膚感覚の低下がないか気をつける必要がある。	排泄状況の観察から、排泄障害の種類を特定する。複合的に障害されている可能性もあるので、できる支援方法から話し合ってみる。 栄養バランスや食事内容、水分摂取量などを観察し、食事摂取がしやすいように食事内容や環境を整えて、とろみやおかゆ、軟菜など食事の形態を本人の嚥下状態に合わせて工夫する。特に夕方から夜間のせん妄が起きないように水分摂取に気をつける。異臭がしたときは、早めにさりげなく、トイレに誘導する。
性格傾向	本来は、明るく、周囲の人にも優しく、家族思い。認知症になり、ひきこもったり、気分がうつ的になることも増えた。表現しがたい頭痛や不安から、周囲に怒鳴ることもある。脳梗塞の後から、感情的になってしまう。自室にいるときは何もせず、うとうとしており、話もほとんどしない。		性格自体が変わったと周りから思われている。認知症の進行や脳梗塞から、うまく表現できないいら立ちがBPSDとなり、周りにあたっているのかもしれない。また、表現の仕方自体が、怒りやすくなり、必要以上に怖がられてしまう可能性もある。プライドが高く、失禁を気にしているのではないか。	表現方法が変わってしまったことが性格の変化のように家族にはみえている。 回想的な会話で、過去から現在を振り返ってもらい、家族思いの父親としての面を引き出す。家族旅行の写真など持参してもらう。左手で写真を撮ることができるように、三脚を活用してみる。リラックスできるように、部屋でも好きな音楽を聴いたり、写真を眺めたりしてもらう。事業所の職員や妻に依頼して、アロマオイルを使った取り組みを開始してみる（リラックス効果のあるフットバスやハンドマッサージなど）。
生活歴	若い頃は写真部、大学を卒業してからは、建設機器製造の国内営業で、あちこち飛び回っていた。カラオケや映画や読書も好きだった。30歳で結婚、二児の父、家族でキャンプや旅行にも出かけていた。58歳の若さで、アルツハイマー型認知症と診断を受ける。早期退職し、最初は落ち込んでいたが、オレンジカフェを手伝うようになり、自身も認知症の当事者として、社会的活動を行った（70歳で脳梗塞になる前まで）。		生活歴を活かしたケアが十分検討されていない。事業所だけではなく、サービス付き高齢者向け住宅でも生活歴を活かした活動ができるように妻にも協力してもらう。精神的な安定が図れるケアが必要。	

健康状態	58歳で、アルツハイマー型認知症の診断を受ける。70歳で、軽度の脳梗塞の診断を受ける。71歳、アルツハイマー型認知症の進行や多発性の脳梗塞があり、身体機能の低下や嚥下機能の低下がみられるようになる。食事量が低下している。何度もトイレへ行こうとする。車いすに移乗し、自走するが日中うとうとすることも増えた。急に立ち上がるが、歩行はふらつく。	認知症の程度でいうと、かなり重度になってきている。自立支援の視点ばかりではなく、五感を使った良質な感覚刺激などを活用する。嚥下機能の低下から誤嚥性肺炎などの徴候に気をつける。食事摂取量や水分摂取量の低下に気をつける。今後のケアの方針も話し合う必要がある。認知症の内服薬などについても、うつ傾向や意識レベル低下、食欲低下を起こすものがないか、見直しが必要で、かかりつけ医との連携が重要。認知症以外の疾患についても検討が必要。特に、前立腺肥大の有無や内服薬によって頻尿を起こすものがないか考える。右上下肢の麻痺があり、歩行も危険で、車いすとなっているが、時々、忘れて急に立ち上がり歩こうとすることがある。	FAST（Functional Assessment Staging）の段階で、どこにあたるのか、職員で確認、家族にも、さまざまな評価表を活用し、状態を報告する。そのうえで、これからのケアの方針を話し合う。ACPについても説明して、話し合う機会をつくる。認知症の進行に合わせて、内服薬の管理をかかりつけ医と見直す。嚥下状態や口腔内の状態についても歯科往診を依頼する。飲水や食事量、排泄、健康状態など、チェック表を用いて状態を把握する。排尿の件はかかりつけ医に伝えて、必要であれば、一度泌尿器科を受診する。体調がよいときに、移乗動作の際に歩行介助をする。
社会心理・環境	自宅で頑張ってきたが、脳梗塞になり症状が悪化し、妻と長男が心配してこれからのためにと住み慣れたマンションの売却を決めて、サービス付き高齢者向け住宅に移住した。病院、小規模多機能型居宅介護事業所、サービス付き高齢者向け住宅と、あちこち移動して混乱してしまう。売却を決めた家族にも悲しみと怒りをぶつけてしまう。夕方から夜間を過ごすサービス付き高齢者向け住宅では、混乱もみられる。	自身の人生についても、自己管理できなくなった寂しさがあり、不安感に駆られると、同じことを何度も聞いて、より怒りが増してしまう。今の住処（サービス付き高齢者向け住宅）に慣れないことや自分にわかる目印がないこと、知人が少なく、話しかけてくれる人が少ないことも要因にあげられる。サービス付き高齢者向け住宅の生活環境についても再検討が必要な時期ではないか。	本人の立場で、職員や家族と話し合ってみる。マンションの件については、生活状況のことも含めて丁寧に本人にわかるように話す。老後の安心につながるように話してもらう。一度向き合って家族関係を修復したら、マイナス思考にならないように、家族から手紙や写真などをもらう。離れている家族には、オンラインで連絡をとり合ってもらう。今後、本人にとって、安心して過ごせる環境を家族で検討してもらう。

2 ケア実践計画作成の展開と評価

ケア実践計画を立てる際には、鈴木さんの望む暮らしを本人とともに描き、望む暮らしを阻む要因を探る必要があります。そして、その状況を解決（改善）する方法を具体的に示していきます。ケア実践計画では、いつ、どこで、誰が、何を、なぜ、どのように行うのかを明確にすると同時に、実践結果をどのように評価するのかという「評価の指標」を共有しておくことが大切です。

演習 10-8

● 事例 10- 2 および表10-3をもとに、「食事」または「排泄（はいせつ）」に関する具体的なケア実践計画（支援の方針）について考えてみましょう。

【ポイント】

① 鈴木さんの望む暮らしの実現に向けて立案する。

② いつ、どこで、誰が、何を、なぜ、どのように、を意識して立案する。

〈排泄（はいせつ）に関するケア実践計画の例〉

ここでは、「自分でもできることは、したい」という鈴木さんのニーズを踏まえ、排泄（はいせつ）に関して次のような計画を考えることができます。

① 排泄（はいせつ）に関する再アセスメントを行う

鈴木さんにかかわる全職員で、実際の排泄（はいせつ）行動や周辺の環境を、本人の日常生活における動きを中心に再度アセスメントする。また、使用しているリハビリパンツ、パッド、1 日の飲水量についても確認する。

② 立位動作、立位保持への取り組みを行う

鈴木さんは、ふらつきはあるものの数歩なら歩けるため、トイレで立位で排尿ができるように、理学療法士の協力を得て、立位動作と立位保持の安定に向けた取り組みを開始する。

③ トイレの場所を認識できるようにする

小規模多機能型居宅介護事業所とサービス付き高齢者向け住宅で、トイレの目印を共通にし、車いすから見えやすい位置に貼る。また、移動時に迷わないように曲がり角に矢印と目印をつける。

演習 10-9

● 以下のポイントを参考に、演習 10- 8 で考えたケア実践計画について評価してみましょう。

【ポイント】

① 鈴木さんの望む暮らしの実現に向けた内容になっているかを考える。

② アルツハイマー型認知症、血管性認知症の重度化により、失禁やその他の神経症状がみられるようになったとき、どのような環境づくりやケアが必要かを考える。

③ 取り組みによって症状が悪化し、誤嚥性（ごえんせい）肺炎、尿路感染症、転倒などが繰り返される場合は、再度要因を分析する。

3 これからの生活を考える「人生会議」

事例10-2では、自分の気持ちや考えを表現することが難しくなってきた鈴木さんに代わって、妻が終末期についての本人の希望や願いを説明しています。また、以前に認知症カフェで学び、まとめた「人生会議」の資料を踏まえ、本人に確認しながら、「鈴木さんの人生会議——私はこう生きていきたい」という文章も再作成しました（表10-4）。成年後見人となった長男や妻にも見てもらい、確認してもらうことで、これからの生活をどう考えているかの共有につながります。

表10-4 鈴木さんのACP「本人の思い」より

鈴木ひろしさんの人生会議——私はこう生きていきたい　○年○月○日
●「もし生きることができる時間が限られているとしたら、あなたにとって大切なことはどんなことですか」 家族や友人にそばにいてほしい。特に妻には、そばにいてほしい。たくさん迷惑をかけたので、妻には病気になってほしくない。経済的な負担もかけたくない。子どもたちにはそれぞれの暮らしがある。孫たちもいるので、それぞれの暮らしを大切にしてほしい。夏休みや正月とかに会いたい。病気をしたら痛いのは嫌、苦しむのも嫌、佐藤先生にはちゃんとお願いしたい。下の世話とか、本当は、人には頼みたくないけど、時々、わからなくなることがあるからね。どうしようかと思う。 ●人生の最終段階の医療・ケアについて （治すことができない状態になったらというテーマで話し合ったとき） できれば、住み慣れた家で最期がよかった。やっとの思いで、マンションを買ったのにね。 病院で、たくさんのチューブをつけて死ぬのは嫌だ。延命治療は望まないね。 佐藤先生のことは信頼している。でも、先生も歳だから、元気でいてほしい。私の最期は、佐藤先生にお願いしたい。そばには、妻がいてくれたらそれでいい。苦労かけたけど、ずっと一緒だったから。ありがとうを言いたいから、子どもたちや友人には、少し元気なうちに会いたい。機械とかつけたくないな。妻も歳だから、介護を頼むのは仕方ないかな。 部屋には、家族で行った北海道旅行の写真を飾りたいね。キャンプ楽しかったね。せめて、季節がいいときに、庭で、日光浴したいな。それから、周りの人にありがとうって言いたいな。こんなこと言っても、誰がかなえてくれるの。（妻：みんながかなえてくれるわよ。家族や介護してくれる人がいるし、佐藤先生もいるよ）仕方なく入院するときは、はなこに任せるよ。（妻：長く苦しまないでいいようにお願いするね）

演習10-10

認知症の人のACPについて、具体的な作成方法と医療、介護、生活支援などの多職種や機関の連携の仕方を考えてみましょう。本人の望む「人生の最終段階」の迎え方を支援するために何が必要なのか話し合ってみましょう。

3 グループホームでの過ごし方からみる展開

【事例10-3】

鈴木さんは、75歳で小規模多機能型居宅介護事業所に併設するグループホームに入居しました。定員は9人で、8人が女性、鈴木さんのみ男性です。このグループホームでは、看取りまで対応していますが、看取りを経験していない職員もいます。看護師はおらず、訪問看護ステーションと医療連携体制の契約を交わしています。事業所の考え方として、みんな（本人、家族、職員、地域、関係機関）で支え合う暮らしの構築を心がけています。

鈴木さんはADL（日常生活動作）にすべての介助が必要です。認知症のBPSDはみられません。中核症状としては小規模多機能型居宅介護からの引継ぎ書類に複合的な症状が出ているとあり、そのケア内容の踏襲を図るとともに、リロケーションダメージの軽減などに主眼をおき、居室やリビングでの居心地のよさ、失語の状態に応じた意思決定支援を行うことを決めました。また、以下のように小規模多機能型居宅介護の職員や利用者、家族、友人などとの定期的面会、訪問診療の継続など、なじみの関係性も維持していくこととしました。

・居室には愛用のカメラやアルバムがあり、北海道旅行の写真が飾ってあります。
・日常では近所の公園に行き、左手でシャッターを押して写真を撮ったりしています。言葉がほとんど出せませんが「ピンボケだね」と冗談を言われ、ともに楽しんでいます。
・季節の花の写真など現像したものを居室やリビングの壁をギャラリーにして毎月飾っています。ほかの入居者も鑑賞されていて、みんなで楽しみにしています。
・歴史ものが好きなことから、定期的にDVDを借りてきたり、職員が録画してきた時代劇を観賞して楽しんでいます。1960年代や1970年代のフォークソングの曲を流しており、楽しみにされています。1970年代のアメリカのポップス音楽が就寝前には心地よさそうで、この頃はそうした曲を流しています。
・右上下肢の麻痺（まひ）による手足の拘縮予防、摂食機能の維持の視点より週に1回医療保険による訪問マッサージを受けています。介護職員も訪問マッサージの担当者にアドバイスをもらい、日頃のサポートを行っています。みんな献身的に対応しています。
・妻は週に1回程度、長男や長女と一緒に面会に来てくれます。天気のよいときは近くの土手を散歩したり、鈴木さんの好きなケーキを買ってきて一緒に食べたりしています。

鈴木さんの心身機能が維持できている喜びをみんなで感じています。

入居して3年が経過し、ADLは継続して全介助で、要介護認定の区分変更申請で要介護5、認知症高齢者の日常生活自立度Ⅳ、障害高齢者の日常生活自立度（寝たきり度）

C2となりました。

78歳になった頃から、食事の際に痰（たん）がからむことが増えるようになりました。誤嚥（ごえん）のリスクを踏まえて無理をしないようにしたことから徐々に食事量は低下しています。介護職員が歯科医師や歯科衛生士から口腔（こうくう）ケアについてのアドバイスを受けながら誤嚥（ごえん）防止に努めていますが、徐々に体力も低下してリビングで過ごす時間が減っています。食事の際に誤嚥（ごえん）の徴候もみられるようになり、訪問診療時にかかりつけ医の佐藤先生に報告しました。佐藤先生から終末期対応の準備をするようにと管理者に話があり、終末期における対応について管理者・計画作成担当者を中心に再アセスメントを行い、ケア実践計画の立案をすることとしました。

1 アセスメントの実際

終末期にある認知症の人のアセスメントにおいて大切なことは、これまでと同様に、本人のニーズを把握することです。鈴木さんの事例では、自分らしい最期をどう迎えるのかなどに主眼がおかれます。「終末期ケアを行ったことがないので心配」「自分が夜勤のときに対応することになったらどうしよう」などという経験の浅い介護職員の不安も受け止めつつ、本人が最期をどう迎えたいのかを、これまでの人生を踏まえ、本人の視点に立ち考えていくことが大切です。また、本人を中心とした多職種連携の必要性にも目を向けましょう。例えば「認知症の人のためのケアマネジメント センター方式」を活用すると（表10-5）、食事の状況のほかに生活リズムについても把握できるなど、さまざまな視点から本人の状態をアセスメントすることにつながります。

演習 10-11

食事で誤嚥（ごえん）の徴候が出てきているなか、終末期における対応の準備をするうえで、鈴木さんの状態を再アセスメントしてみましょう。

【ポイント】

- 現在の食事摂取量や、食事が摂れない理由を客観的な情報から把握する。
- 食事だけではなく生活リズムやそのときの様子にも目を向ける。
- 誤嚥（ごえん）に対する本人の困りごとを確認する。
- 一つの場面だけでなく、さまざまな場面の情報を比較する。

表10-5 生活リズムの変化などの情報

D-4 焦点情報（24時間生活変化シート）

名前 鈴木 ひろし様 記入日： ○年 ○月 ○日／記入者 ○○ ○○

◎私の今日の気分の変化です。24時間の変化に何が影響を与えていたのかを把握して、予防的に関わるタイミングや内容を見つけてください。

※本人の気分が「非常によい」から「非常に悪い」までの、どのあたりにあるのか思った所に点を付け、線で結んでいこう。（1日の変化を知ろう）

※その時の本人の様子や場面を具体的に記入しよう。

※数日間記入して並べて見ることで、1日の変化のパターンを発見したり、気分を左右する要因を見つけてみよう。

気分：非常に悪い（−3）／悪い（−2）／悪い兆し（−1）／どちらでもない（0）／よい兆し（1）／よい（2）／非常によい（3）

時間	その時の具体的な様子や場面	影響を与えていると考えられる事	私の願いや、支援してほしいこと ●私が言ったこと △家族が言ったこと ○支援者が気づいたこと、支援のヒントやアイデア	記入者
4				
5				
6	・排泄の介助時、「ビクッ」と不安そうにからだを固くする。	・丁寧な声かけを怠ってしまった。	○理解力、判断力などが低下しているから丁寧な声かけが必要。	
7				
8	・朝食介助を始めるもすぐに痰がらみあり。	・嚥下機能の低下。	○誤嚥しないよう、ゆっくり丁寧な介助が必要。	
9				
10	・お茶の前に口腔内清拭。			
11	・比較的スムーズに水分摂取。 ・その後リビングで音楽鑑賞、日光浴。写真鑑賞し、心地よさそう。		●音楽や映画鑑賞を楽しみたい（過去）。	
12	・昼食介助後すぐに痰がらみあり。	・嚥下機能の低下。	○誤嚥しないよう、ゆっくり丁寧な介助が必要。	
13				
14				
15	・離床。表情がよかったので、近隣へ散歩に出かける。		●散歩などを楽しみたい（過去）。 ○調子のよいときは散歩を継続していく。	
16	・ほかの利用者3名が居室に行きおしゃべりやマッサージをしてくれていた。		○みんなと過ごす時間を大切にしていく。	
17				
18	・夕食介助後すぐに痰がらみあり。	・嚥下機能の低下。	○誤嚥しないよう、ゆっくり丁寧な介助が必要。	
19				
20	・就寝前にCDをかけ、穏やかな表情をしている。	・リラックスできる音楽が好き。		
21				
22	・痰がらみが続いており、水分補給は中止。	・嚥下機能の低下。	○誤嚥しないよう、ゆっくり丁寧な介助が必要。	
23				
24				
1				
2	・痰がらみの咳込みが聞かれたので、口腔内の痰を拭う。	・嚥下機能の低下。	○適宜、口腔内の清拭が必要。保湿にも留意する。	
3				

※支援者とは、本人を支える人（介護職、医療職、福祉職、法律関係者、地域で支える人、家族・親戚等）であり、立場や職種を問わない。

演習 10-12

終末期における対応について、看取りの経験のない職員を意識して、どんな課題が抽出されるか話し合ってみましょう。

ここでは、参考として終末期ケアにおいて職員が課題と感じていることとしてあがってきた内容を示します。

- 食事介助が怖くなってきている。
- 食事の際に口が閉じなくなっており、咀嚼(そしゃく)・嚥下(えんげ)ができにくくなっている。
- 口腔(こうくう)ケアの水分などでも誤嚥(ごえん)してしまうのではないか心配。
- どこまで食事介助を行うか線引きを決めてほしい。
- 服薬介助も困難になってきている。
- 栄養状態の低下などで褥瘡(じょくそう)の発生リスクがあるのではないか。
- 終末期はどのような経過をたどり、それに対してどのように対応するのか不安。
- 昼間は職員が多いが、夜間の対応が心配。
- 急変などが起きたときの連絡体制を再確認しておきたい。

【ポイント】

- 職員が不安に思っていることをまずは実際に聞いてみる。
- 看取りの経験のない職員の不安等に気づく。
- 上記の不安等に対し、施設・事業所でどのような対応が可能か考える。

演習 10-13

演習 10-11・演習 10-12 を踏まえたうえで、終末期を迎える鈴木さんのニーズおよび職員の課題を解消する方法について話し合ってみましょう。

【ポイント】

- 職員の思いではなく、本人の思いを踏まえたニーズについて話し合う。
- 多職種連携の必要性についても検討する。

2 ケア実践計画作成の展開

ニーズや介護職員の課題を踏まえてのケア実践計画の作成

終末期を迎えた認知症の人のケア実践計画を作成することは容易ではありません。認知機能やコミュニケーションの障害など心身機能の低下がより深まっているからです。だからこそ、丁寧なアセスメントによりニーズを把握したうえで、本人の視点に立ったケア実践計画を作成することが大切です。

◎アセスメントによる鈴木さんのニーズ（例）

- これまでどおりの暮らしを継続したい（音楽を聴く、DVDで映画を鑑賞する、散歩、生活リズム）。
- 誤嚥（ごえん）による肺炎など病気で苦しい思いはしたくない。
- 理解力・判断力が低下しているので、介助の際に不安にならないよう丁寧な説明がほしい。
- 福祉用具（耐圧分散マットレス、エアーマット、クッション、リクライニング車いす）の活用で安楽な体位で過ごしたい。

演習 10-14

終末期を迎える鈴木さんのニーズを把握したうえで目標とケア実践計画を立ててみましょう。

【ポイント】

・ニーズをもとに実現できる計画を考える。

〈目標とケア実践計画の例〉

■目標：終末期になってもこれまでどおりの暮らしを継続したい。

■ケア実践計画

① これまでどおりの暮らしを継続したい。

・リビングや居室で音楽やDVDで映画を楽しんでもらう。

・絶対安静ではないので、調子のよさそうなときはリビングで過ごしてもらったり、日光浴・散歩などを行う。

・入居者との交流の機会を継続する。

② 誤嚥（ごえん）による肺炎など病気で苦しい思いはしたくない。

・食事中、痰（たん）がからんだり、むせ込みがあったり、口が閉まらなくなったら食事を中止する。

・毎食後の口腔(こうくう)ケアを徹底する。
・口腔内(こうくうない)乾燥時の保湿を適宜行う。
③ 理解力・判断力が低下しているので、介助の際に不安にならないよう丁寧な説明がほしい。
・どのような介助を行うのか、一つひとつの介助を伝える声かけを行う。
④ 福祉用具の活用で安楽な体位で過ごしたい。
・褥瘡(じょくそう)が発生しやすい部位に赤味が継続した場合等は、状態の変化に応じて、福祉用具を導入する。

3 ケア実践計画の評価とカンファレンス

カンファレンス

アセスメントやケア実践計画の作成過程でもカンファレンスを行いますが、作成後に今一度作成した目標とケア実践計画の内容がつながっているか、具体的にケアを実践できるかなどを、カンファレンスを行い確認することが大切です。また、アセスメントのなかで職員からあがっていた課題に対しては、カンファレンスで検討する必要があります。例えば、看取りについて本人のかかりつけ医と話し合ったり、緊急時の連絡体制などを共有することで不安の解消につなげます。

ケア実践計画の評価

ケア実践計画の評価は、作成した計画自体がよいかどうかを評価します。その評価を踏まえて、計画の修正等を行い、実施します。実施にあたっては、計画の過程を評価するプロセス評価と、実施した結果を評価する結果評価の二つの側面から考えます。プロセス評価は、計画どおりに実施できたかなどを評価し、結果評価は、計画に示された課題が解決できたか、本人の状態に変化はあったのかを評価します。

演習 10-15

次の二つの視点を踏まえながら、作成した目標とケア実践計画をグループで評価してみましょう。

① 目標とケア計画のつながりは妥当か。

② 必要性や緊急性、安全性、実現可能性の整合性は図れているか。

既存のアセスメントツールを活用して、一度思考の展開を可視化してみると、自分が考えていることは認知症の人の視点に立っているか、認知症の人の言動の洞察はできているかがみえてきます。このようにアセスメントを行い、ケア実践計画を作成するということは、認知症の人を受容して向き合うことになります。

参考文献

＊ 認知症介護研究・研修東京センター監、大久保幸積・宮島渡編集代表『認知症ケアの視点が変わる「ひもときシート」活用ガイドブック』中央法規出版、2013 年

＊ 吉川浩之「令和 3 年度 認知症対応型サービス研修 アセスメントとケアプランの基本的考え方」2021 年

第4部
実習

第11章

職場実習

（課題設定／アセスメントとケアの実践／職場実習評価）

職場実習の課題設定

目的

認知症の人が望む生活の実現に向けて、適切にアセスメントを行い、課題と目標を明確にした上で、ケアの実践に関する計画を作成することができる。

到達目標

1 研修で学んだ内容を生かして、現状のケアを評価することができる。
2 所属部署等に良い影響を及ぼすケア実践計画が作成できる。
3 認知症の人の望む生活像をアセスメントし、課題と目標を明確にできる。

職場実習（アセスメントとケアの実践）

目的

研修で学んだ内容を生かして、認知症の人や家族のニーズを明らかにするためのアセスメントができる。アセスメントの内容をもとに、認知症の人の生活支援に関する目標設定、ケア実践計画及びケアの実践を展開できる。

到達目標

1 研修で学んだ内容を生かし、自施設・事業所を利用する認知症の人のニーズをアセスメントできる。
2 認知症の人の生活の質の向上を目的にしたケア実践計画を遂行できる。
3 ケア実践計画をもとに職場の理解を得ながら、認知症の人の生活支援に関する実践が展開できる。

職場実習評価

目的

アセスメントやケア実践計画の実施結果を整理した上で、客観的に評価、分析し職場及び自己の認知症ケアの今後の課題を明確にすることができる。

到達目標

1 実施したケア実践計画を整理し、他の受講者に伝えることができる。
2 他の受講者のケア実践計画が、認知症の人にとって有益なものであったか客観的に評価し助言することができる。
3 結果を分析し職場及び自己の認知症ケアの今後の課題を明確にすることができる。

第1節 職場実習のねらい

1 職場実習の位置づけ

この認知症介護実践者研修（以下、実践者研修）では、認知症の人が望む暮らしを実現するために、認知症介護実践者に必要な知識や技術、それを下支えする実践者としての姿勢について学んできました。職場実習では、自分の職場の人を対象に研修で得た学びを実践してみることで、皆さんがそれぞれ得た学びをさらに深め体得し、実践力を身につけることをねらいとしています。また、実践者として得た学びが、職場にも伝播（でんぱ）され、認知症ケアの質を向上させ、根づいていくことも期待されています。

認知症ケアでは、答えが複数あるような課題と向き合うことになります。講義や演習から得た学びをベースに、その課題をさまざまな視点からとらえ、どうすればよりよいケアが実践できるのかと考え、試みることで、どのような結果であっても、そこから学びとることができます。一緒に学んだほかの受講者や認知症介護指導者の力を借りつつ、少し頑張ったらできることに実習でチャレンジしてみましょう。

また、この実習を遂行するには職場の理解や協力は欠かせません。職場の上司やほかの職員にも実習の目的や内容、スケジュール等を周知し、実習の取り組みに参加・協力を求めていきましょう。

2 職場実習の全体像の理解と意義

実践者研修の職場実習は、大きく三つの場面に分けられています。

職場実習企画

職場実習企画では、認知症の人が望む暮らしの実現に向けて、「アセスメントとケアの実践の基本」の科目までで学んだことを活かして、適切にアセスメントを行い、課題と目標を明確にしたうえで、ケア実践計画を作成することができるようになることを目的としています。

初めに、この職場実習の全体像を把握し、見通しを立て、4週間という実習期間の実習を主体的に取り組めるようにします。次に、「学習成果の実践展開と共有」の科目で準備した、アセスメントとケア実践を検討したい対象者2事例程度を選定します。そしてアセスメントを通じて課題を抽出し、実習の対象となる人の望む生活像と課題を明らかにし、目標を設定します。それに基づいて、4週間の実習期間に、どのように実践していけば認知症の人の生活がよりよいものとなり、学びが得られる実習が行えるかという実習計画を作成していきます。これらの作業は、個人ワークやグループワークを通して行われます。

職場実習

実習計画を作成後、4週間の職場実習に入ります。職場実習企画で立案した実習計画は職場全体で共有します。協力が得られるよう、職場の上司やほかの職員、そして実習の対象事例となる認知症の人にも実習内容を説明し、同意を得ます。また、状況に応じて実習内容を調整し、実習に取りかかります。

4週間の実習は、実習計画に沿って進めていきます。1週目は必要に応じて再アセスメントを行い、ケア実践計画案を修正し、2週目にはケア実践計画に基づいて実践していきます。また、研修実施主体によっては中間報告を設けていますので、その準備も行っていきます。3週目もケア実践計画に基づいてケアを実践し、4週目で実践したケアの評価や実践内容の振り返り、実習報告書を作成していきます。

職場実習評価

最後に行う職場実習評価では、研修を共に学んだほかの受講者やサポートしてきた担当指導者の前で実践の成果を報告します。その実践を受講者同士で評価し合い、また担当指導者からの助言を基にケア実践計画を見直して修正し、今後の課題を明確にしていきます。そして、職場実習と今後の取り組み課題について整理して職場に報告します。研修修了者として適当と認める最終評価がされる場でもあります。

実践者研修における職場実習は、受講者が研修でどのような学びを得て、それを自分の職場で実践したか、そしてその実践によってどのような変化がもたらされ、受講者自身や職場がそこからどのような学びを得て次につなげていくのか、研修の集大成であり、総括的評価にもつながるものです。実習を通して、研修で得た学びを振り返り、学びを深めて、実践する力を育んでいきましょう。

第2節 職場実習に向けて

1 職場実習に向けて行うこと

1 実習課題の設定

認知症介護実践者研修（以下、実践者研修）で学んだ内容をもとに、自分自身または自分が所属する施設・事業所の認知症ケアを見直し、自らの課題を明確にします。

▶認知症ケアの課題を明確にして、今後目指す姿を明らかにする

・対象者の課題ではなく、自分自身または自分が所属する施設・事業所の認知症ケアの課題となっていることを確認します。

・研修で学んだ内容を活かして、現状の認知症ケアを評価し、取り組むべき課題を明らかにすることが重要です。

・研修修了後も、実践のなかで日々問題意識をもって取り組むことができるようになることを目指します。

▶目指す姿に向かっての実習課題を設定する

・課題解決を目指し、実習期間の４週間でどのような姿を目指すかを明確にします。

・漠然とした課題や、大きすぎる課題は、実習終了時に評価がしにくくなるため、なるべく具体的、かつ適切な実習課題を設定します。

▶事前に上司と共有する

・事前に上司に相談し、実習課題と実習目的を共有しましょう。

・実習はチームで協力して行うものです。上司の協力を得て、チーム（施設・事業所）の理解と協力につなげます。

2 対象事例の選定

事例の選定

・施設・事業所が抱えている困難事例をいきなり考えてみることは難しいかもしれ

ません。取り組みやすい事例を選定することも必要です。

・事例対象者やその家族の理解が必要です。また実習期間中、短期間での情報収集が必要な場合もあります。そのため、居宅系サービスの場合には、対象者のサービスの利用頻度なども参考にします。家族のほか、自施設・事業所以外のサービス事業所、担当の介護支援専門員（ケアマネジャー）の協力が得られるかも確認しましょう。

・対象者１人の課題を解決できることが目的ではなく、介護職員として正しい考え方に基づき、アセスメントツール等を有効に使えるようになることが大切です。そのために職場のチーム全体で取り組めるような事例の選定も必要です。

倫理的配慮

・実習の目的・内容が、実践者研修のなかだけで取り扱われること、個人情報の使用（実習報告会など）について個人情報保護に配慮することを、対象者や家族に説明し同意を得ます。家族だけでなく、必ず本人に話をしましょう。本人抜きで行うことはしないこと（パーソン・センタード・ケア）が大事です。

・施設・事業所（責任者や上司）に説明し、実習の目的・内容、個人情報の取り扱いについての承諾を得ます。

・実習終了後は、責任者や上司に実習報告書の内容を確認してもらい、研修（報告会）で発表することについての承諾も得ます。

実習課題に取り組むことが難しくなったとき

・実習期間中に、対象者がほかの病院等に入院・入居するなど、受講者自身の施設・事業所でかかわれなくなる場合もあります。その際は、速やかに受講者は研修実施主体に連絡を行い、指示を仰ぐようにします。

3 「職場実習用アセスメントシート」の作成

研修最終日（実習開始前日の研修日）に、個人ワークとして、職場実習用アセスメントシートの作成を行います。

▶自施設・事業所の理念

自施設・事業所の理念を再確認しましょう。実習で取り組む内容については、自施設・事業所の理念と照らしながら考えていくことが重要です。

▶事例提供者の基本情報

① 氏名・性別・年齢・要介護度

対象者の名前やイニシャルではなくAさん、B様などと匿名化することを基本とします。また、性別や年齢、要介護度も示します。

② 認知症高齢者の日常生活自立度

施設・事業所を利用している認知症の人で日常生活自立度が不明な場合は、これを機会に確認してみましょう。家族と協力し要介護認定情報を市町村から取り寄せ、認定調査票や主治医意見書で確認することができます。これらの情報は、アセスメントに役立てることができます。また、要介護認定時から状態変化が認められる場合もあるため、受講者自身が評価することも大切です。

③ 認知症の原因疾患名

これは認知機能障害のアセスメントに役立ちます。原因疾患により低下する認知機能には違いがあります。可能な範囲で専門医の受診についても、本人や家族、介護支援専門員などに相談してみましょう。

④ 介護サービスの利用歴

対象者の現在のサービス利用までの経緯と、サービス利用開始から現在に至るまでの概要を記入します。

▶本人の生活上の課題

ここでは、受講者自身がとらえる対象者の現在の生活における課題を記入します。受講者自身の課題や困りごとではなく、対象者の課題としてとらえるようにします。

▶現状の支援目標およびケアの内容

記入した生活上の課題に対して、現状での支援目標やケアの内容を記載します。施設・事業所での取り組み内容等を具体的に記載しましょう。

▶アセスメント（課題に影響していると思われる認知機能障害）

漠然と認知機能の低下としてとらえるのではなく、対象者をよく観察し、それぞれの中核症状から「できる力」「わかる力」を見きわめていきましょう。そして、主な中核症状の障害の有無だけでなく、「本人の生活上の課題」に関係していると思われる、認知機能の低下の様子を具体的に書きます。

▶アセスメント項目

職場実習では、「アセスメントとケアの実践の基本」の科目で学んだ内容を基に研修実施主体により選定されたアセスメントツールを活用し、再アセスメントを実施します。特に生活上の課題のどの部分の再アセスメントを重点的に行うことが望ましいのか、その根拠とともに整理しておくことがスムーズな実習展開につながると考えられます。

4 「職場実習用アセスメントシート」の修正と「職場実習計画書」の作成

個人ワークの後、研修中のグループワークのなかで、職場実習用アセスメントシートの内容について発表し、相互に助言を行います。また、担当指導者の助言を参考にして職場実習用アセスメントシートの修正を行います。

その後、職場実習計画書を個人ワークで作成します。その内容は担当指導者の助言を参考に修正を行ったうえで、自施設・事業所にもち帰り、実習が始まります。

目指すべき生活像（目標）

職場実習用アセスメントシートで記載した「本人の生活上の課題」に対して、対象者が目指すべき生活像（目標）を記載します。対象者が生活課題に対してどのようになることを望んでいるのかを具体的に記載しましょう。

ケア実践計画内容

目指すべき生活像（目標）を達成するために、介護職員が行う具体的なケア実践計画内容を考えます。問題対処型のケアではなく、課題志向型、自立支援型のケア実践計画内容であるようにします。

実習協力者への説明内容

「2　対象事例の選定」「倫理的配慮」（p.285参照）を基に、対象者と家族に行うこと、責任者や上司に行うこと、自施設・事業所の職員に説明をして協力してもらうことを具体的に書きます。行う予定が明確になっている場合は、日付も記載しましょう。

職場実習計画

4週間の職場実習計画を作成します。1週間ごとの週目標と具体的な実践内容を記載します。「いつ・どこで・何を・どのように」を意識して作成してみましょう。作成した職場実習計画は、研修中のグループ内で発表し、受講者の相互助言、担当指導者の助言をもとに修正を行います。

5 評価方法の設定

実習での取り組みが認知症の人の望む暮らしの実現に寄与したかを総合的に評価できるように、職場実習計画時から評価方法を設定しておきます。その際、ケアの実践でもたらされた変化の評価として、定量評価・定性評価があります。定量評価とは、数値化できる項目で評価することです。例えば、要介護度や認知機能テスト等によるもの、ケア時間の長さや行われた回数、特定の状態が観察された回数などがあげられます。そして、定性評価とは、数値では表せないものに対する評価のことです。例えば、認知症の人の表情や行動、周囲の意見や感想といったものから意味合いを考えるものです。これら両方から評価できるような評価方法を設定します。

6 職場実習中間報告書の作成と提出

４週間の職場実習は、通常業務に加えて行うことがほとんどだと考えられます。ふだん以上に多忙になるなか、職場実習がおろそかにならないためにも中間報告書を作成することが望まれます。中間報告書の作成により実習前半の振り返りを行い、後半に向けた修正を行います。職場実習中間報告書の様式は任意の様式となりますので、研修実施主体の指示に従ってください。

2 職場実習用アセスメントシートと職場実習計画書

前述の職場実習に向けて必要となる要点を踏まえた様式の記入例が、**表11-1～表11-3**になります。様式は、認知症介護研究・研修センターのものを使用しています。それぞれ受講者の経験年数や、実習においてどのようなことに取り組みたいのかなどによって、記入の仕方もさまざまです。ここでは、受講者像は次の三つのパターンを想定したものになっています。記入例ですので、どう取り組みたいかイメージするものとして役立ててください。

▶受講者Cさん（認知症の人の視点に立ったケアの実践の取り組み）

【介護福祉士、経験年数５年】

前期研修の「認知症ケアの理念・倫理と意思決定支援」の科目で学んだことに照らして自身の認知症ケアを振り返ったとき、これまでは認知症ケアは「認知症の行動・心理症状（BPSD）への対応」と考え、「認知症の人の望む生活を実現するケア」という視点ではなかったことに気がついた。そこで研修の自分の課題として、「自分（介護職員）の視点から本人（認知症の人）の視点への思考の転換が必要」と考えた。前期研修後のインターバル期間（「学習成果の実践展開と共有」の期間）では、「認知症の人の困っていること」を知ることに重点をおいて、入居者とのコミュニケーションを通して、認知症の人の困りごとを考える取り組みを行い、その結果をもって後期研修に臨んだ。

▶受講者Dさん（認知症の人のニーズを探る過程をチームで理解する取り組み）

【介護福祉士（チームリーダー）、経験年数９年】

前期研修で「認知症の人の望む暮らしの実現」が認知症ケアであることを学び、本人の困りごと（課題）とニーズ（望む暮らし）を明らかにし、必要な支援を考えていくためには、「介護職員の視点から本人の視点にリフレーミング（思考の転換）」をすることの重要性を知った。そしてその過程を行うためのツールとして、ひもときシートアシストと、推測の根拠となる事実を確認するためのツールとして、センター方式シートによるアセスメントを学んだ。それを踏まえて、今回の研修での自分の課題は、「その『考える過程』を自分自身が理解し、事業所の職員に伝えていくこと」とした。前期研修後のインターバル期間（「学習成果の実践展開と共有」の期間）では、本人の望みを見つけていく過程と必要な二つのツールの活用の仕方を理解するための取り組みをチームで行い、その結果をもって後期研修に臨んだ。

▶受講者Eさん（アセスメントを重視し、基本的視点を再確認する取り組み）

【無資格、認知症介護基礎研修修了、経験年数２年】

日常の生活支援では時間、業務に追われあわただしい毎日である。時間ごとに行うことも決まっており、利用者を時間に当てはめてケアしようとする姿勢が強くあった。そのため、拒否やウロウロとする行為を問題視し、諭したり、説得したりするようなかかわりが多くあった。しかし、前期研修で「認知症ケアの理念・倫理と意思決定支援」の科目を学ぶなかで介護職員の都合ではなく、本人の立場に立ち、本人の思いを理解する重要性に気づいた。前期研修後のインターバル期間（「学習成果の実践展開と共有」の期間）では、利用者にかかわる時間を設け、対象者の思いの理解に努めた。こうした利用者の思いに対して、どのような方法や機会を活かして、少しでも実現できるかを考える機会として後期研修に臨んだ。

表11-1 受講者Cさん記入例

職場実習用アセスメントシート

施設・事業所名	グループホーム○○	職　名	介護職員	受講者氏名	○○　○○

施設・事業所の理念

「〝笑顔〟が〝笑顔〟を誘い、一つの笑顔の輪となって、ともに暮らす幸せを実感できる」そのような暮らしを支援します。

事例提供者基本情報

氏名	F様	性別	女性	年齢	85歳	要介護度	1
認知症高齢者の日常生活自立度		Ⅱb		認知症の原因疾患名		アルツハイマー病	
現病名 アルツハイマー型認知症・高血圧症・変形性膝関節症							
介護サービスの利用歴（入所期間等含む）							
災害で被災されて10年前に一人娘の嫁ぎ先の近くに家を借りて生活をしてきた。3年ほど前からもの忘れ等の症状が現れ、アルツハイマー型認知症の診断を受け、1人で食事をつくることが難しくなってきたため、1か月前にグループホームに入居された。自立度が高く、とても明るい性格のため、職員やほかの入居者から頼りにされ、食事づくりや掃除、洗濯など声をかけられると「はいよ！」と気軽に応じ活動的に過ごされてきた。一方で時間が空くと、「ちょっと○○まで帰ってくる」と、以前住んでいた○○市に行こうとして、玄関から出て行く。何も言わないで出ることもあり、職員が気づかずに行方不明になることもある。先日グループホームの管理者のところに来て、「今日でここを辞めさせてください。家に帰ります」と仰って部屋で荷物をまとめはじめた。グループホームには、働きに来ていると思っているようである。							

ご本人の生活上の課題

大変活発な方で、何事もテキパキとこなしていく。一方で時間が空いたり、することが無くなると「家まで行ってくる」と言って玄関から出て行こうとする。何も言わずに出かけてしまうこともあることから、離設事故のリスクが高い。最近「ここを辞めさせてくれ」と言って、荷物をまとめていることが増えてきた。

現状の支援目標及びケア内容

目標：「帰る」「辞める」の訴えが減り、グループホームで落ち着いた生活ができる
ケアの内容：・「帰る」「辞める」と言われないように、何もすることがないときには仕事を手伝ってもらう。
・外に出て行くことがわかるようにチャイムを設置する。
・出て行ったときには同行して気分転換を図る。

アセスメント【課題に影響していると思われる認知機能障害】

代表的な中核症状	＊課題に対して、その言動や行動がみられる要因を記入
記憶障害	ここが△△市で、○○市へは歩いて行けないことを説明するが、少しすると忘れてしまうといった近時記憶の障害がみられる。
見当識障害	・ここがどこかわからず、○○市はすぐ近くにあると思っている（場所の見当識障害）。 ・グループホームは仕事場で、住み込みで働きに来ていると思っている（場所の見当識障害）。 ・自分は職員と同じようにここで働いていると思っていて、入居者の面倒をみている（人物の見当識障害）。
思考・判断力の障害	変形性膝関節症があり、無理をすると足の痛みを感じているようだが、仕事や活動をセーブすることはできない。
実行機能障害	・さまざまな家事仕事を行うことはできるが、1人で行うことは難しい。 ・職員と一緒に行うと、大概の家事仕事を行うことができる。
失行	無いと思われる。
失認	無いと思われる。
その他	

アセスメント項目

「アセスメントとケアの実践の基本」で学んだ内容をもとに研修実施主体ごとに選定する
後期研修の内容をもとに、前期研修後のインターバル期間の取り組み内容を見直し修正を図る 1．持参した事例を、後期研修で学習した内容に照らして整理を行う （現在確認できている情報とそこからの行動背景の推測） ・アルツハイマー型認知症により、場所の見当識障害があり、ここが○○市ではないこと、グループホームに入居していることが理解できていない。 ・職員から聞いても記憶障害により覚えていることができない。 ・１日を通して活動的に過ごしているため、身体的に疲れを感じているのかもしれない。 ・グループホームには働きに来ていると思っていて、働くことには積極的な姿勢がみられる。 ・昔の仕事の影響で、周囲に気遣いをしているのかもしれない（バスガイドをしていた）。 ・他の入居者に重度の方がいるので、自分がしっかりしないといけないと思っているのかもしれない（車いすの方や、食事介助などを受けている方に「大変だね」と声をかけている）。 ２．後期研修を通して新たに気が付いた点 （人的環境・物理的環境の影響） ・入居して間もないので、部屋に自分の物があまりなく、部屋ですることがなかったり、くつろぐことができないのではないか。 →娘さんが忙しく、まだ引っ越しの荷物が全部届いていなくて、部屋に物が少ない（物理的環境）。 ・職員に次々と仕事を頼まれて、嫌なときも言い出せなかったのではないか。 →いろいろなことができる自立度の高い方なので、できることは一緒にやるという申し合わせをしていた。それがＦさんの負担となっていたということはないか（人的環境）。 （その他） ・仕事はしてもらっているが、Ｆさんはここでの生活を楽しいと思っているのか。 ・変形性膝関節症による痛みの影響により、仕事が続けられないと思っているのかもしれない。 ３．現在考えられるニーズと課題【　】内はパーソン・センタード・ケアで示す心理的ニーズ （１）ニーズ：できることはやりたい、周囲の人の役に立ちたい。【携わり・自分らしさ】 課題：どこで止めたらいいかわからない、頼まれたらいやと言えない（断れない）。 （２）ニーズ：体調よく過ごしたい。【くつろぎ】 課題：膝の痛みが出ることがある、１日の活動量が多く疲れてしまう。 （３）ニーズ：くつろげる部屋が欲しい。部屋で落ち着いて休みたい。【くつろぎ・結びつき】 課題：部屋に何もないのですることがない。 ４．現在考えているケア内容 （１）仕事をしてもらうだけでなく、一緒にのんびりしたり話をしたりする時間をつくる。 （２）からだ（膝）に負担の少ない活動を勧め、声をかけながら膝の痛みや疲労の様子を把握する。 （３）今まで住んでいた家に行き、Ｆさんの希望する物を持ってきて部屋づくりを行う。 ５．再アセスメントが必要と思われること（センター方式シートを活用） 本人の様子をより把握するために「認知症の人のためのケアマネジメント センター方式」を活用する。 ・「帰る」「辞める」と言うときはどんなときが多いか。睡眠不足や疲労の影響はないか。（Ｄ３・Ｄ４シート） ・からだの痛みとの関連として膝の痛みはどんなときに現れるか。そのほかにからだの不調はないか。（Ｃ-１-１シート） ・今まで一人暮らしのとき、どんな環境で生活をしていたか。（Ｂ３・Ｂ４シート） ・好きなことや楽しいと感じることなどについて、Ｆさんの言葉から気持ちを推測する。（Ｃ-１-２シート）

職場実習計画書

職場実習期間　令和○年11月１日～令和○年11月28日

施設・事業所名	グループホーム○○	所属長名	管理者　○○　○○
受講者氏名	○○　○○	上司名	

1．目指すべき生活像（目標）

・健康状態に不安を感じることなく、日々のなかで役割をもった生活が送れるようになり、そのようなグループホームでの生活を受け入れていくことができる。
・グループホームの中で落ち着いてくつろげる居室があり、プライバシーに配慮された生活が送れる。

2．ケア実践計画内容

・家事仕事のなかでも、Ｆさんの好きなこと、得意なこと、からだに負担の少ないものを選んで声をかけ、職員が一緒に行うことによりＦさんの様子に気を配る。
・外に出て行くときに一緒についていくだけではなく、こちらから声をかけて散歩に誘ってみる。
・一度Ｆさんと一緒に家に行って、今までの生活の様子を知るとともに、グループホームの部屋づくりに必要な物を一緒に選んで持ってくる。

3．実習協力者への説明内容（令和○年11月１日実施）

・Ｆさんを対象に実習に取り組むことを管理者に報告し承諾を得る。実習の目的と内容を職員に説明し協力を求める。
・Ｆさんと家族に実習の目的と内容を説明し、個人情報に十分注意して行い、個人が特定されることがないようにすることを説明し同意を得る。

4．職場実習計画

週目標	具体的な実践内容（いつ・どこで・何を・どのように）	週のまとめ
１週目 ・実習準備 ・職員への報告 ・再アセスメントの実施（５日間） ・ケア実践計画の修正	・管理者に実習内容と計画を報告して承諾を得る。 ・Ｆさんと家族に説明し同意を得る。 ・実習の目的と計画を職員に伝え、再アセスメントの内容を確認する。 ・Ｄ３・Ｄ４シートを中心に５日間の情報収集を行う。 ・自宅へ行く（そのとき、娘さんの同行が可能ならばお願いする）。	・事業所、家族の協力のもと、計画どおり進めることができた。 ・再アセスメントは５日で一旦区切るが、今後も継続していく。 ・自宅の訪問は有効だった。 上司確認欄 印
２週目 ・具体的なケアの実施 ・中間報告の実施	・２週間の予定で、職場実習計画書に沿ったケアを行い、その結果を詳細に記録する。 ・担当指導者宛てに、再アセスメントによる計画の変更と、ケアの実践までの報告書を作成する。	・趣味活動の支援も含めたケアを開始した。 ・部屋づくりが中心となった。 ・報告書の作成、提出を行った。 上司確認欄 印
３週目 ・具体的なケアの実施	・継続してケアの実践を行う（担当指導者からのアドバイスがあれば修正する）。	・ケアの実践は順調に行うことができた。 ・通所介護事業所の協力で通所を取り入れた。 上司確認欄 印
４週目 ・ケア内容の評価 ・実習全体の評価と実習報告書の作成 ・管理者の確認	・カンファレンスで、ケア内容の評価を行う。 ・実習全体の自己評価を行い、実習報告書を作成する。 ・管理者による報告書の内容確認とコメントを受ける。 指導者確認欄 印	・他の職員から活発な意見が聞けた。 ・管理者と面談をして、実習の振り返りを行い、報告書を作成した。 上司確認欄 印

表11-2 受講者Dさん記入例

職場実習用アセスメントシート

施設・事業所名	グループホーム○○	職　名	介護職員	受講者氏名	○○　○○

施設・事業所の理念

私たちは、入居者の皆様が、やすらぎのある幸せな日々を重ねていかれることを、生活のパートナーとして支えます。

事例提供者基本情報

氏名	G様	性別	女性	年齢	71歳	要介護度	2
認知症高齢者の日常生活自立度		Ⅲb	認知症の原因疾患名		アルツハイマー病		

現病名
アルツハイマー型認知症・便秘症

介護サービスの利用歴（入所期間等含む）

Gさんはグループホームに入居して1か月経った。失語があるため発語が不明瞭で、何を言おうとしているのか職員にはほとんどわからない。1日を通して非常に活動的で常に動き回っている。テーブルの上に座ってお茶を飲んでいたり、居室のカーテンを引っ張って壊してしまったり、目につくものを持って歩いていたりということが日常的にみられる。それにより、他の入居者からも「おかしな人」と思われている。時には台所にやってきて、調理器具を持ち出そうとすることもある。職員が取り上げようとすると興奮している様子で、しゃもじでたたいたり大声で何かを訴えるが、理解できずに職員は対応の難しさを感じている。

ご本人の生活上の課題

失語により発語が不明瞭で、何を言っているのか職員には理解できないので思いが伝わらない。周囲の人の言葉も理解できているか不明。そのいら立ちのためか、周りの人にとっては思わぬ行動をして戸惑わせてしまう。行動を制止されると興奮して大声を出したり、手が出ることもある。

現状の支援目標及びケア内容

目標：人をたたいたり、物を壊すことがなく、グループホームで落ち着いた生活ができるようになる。
ケアの内容：・トラブルになったら、職員が間に入るようにする。
・できそうなことをGさんの夫に聞いて、職員と一緒に行う。
・Gさんにわかるような話し方を工夫する。

アセスメント【課題に影響していると思われる認知機能障害】

代表的な中核症状	＊課題に対して、その言動や行動がみられる要因を記入
記憶障害	・グループホームに入居していることは理解できていない。 ・ご主人がいないので探している様子がみられる。
見当識障害	・トイレがわからないようで、探しているように歩き回ることがある。 ・居室に戻れないことも時々ある。 ・夕方になると台所に来ることが多いので、時間は見当がついているようである。
思考・判断力の障害	・お茶の時間に、テーブルの上に正座して飲んでいることがある。
実行機能障害	・職員と一緒でないと作業が続けられない。
失行	・無いと思われる。
失認	・台所に来てしゃもじを持っていることがあるが、それが何であるのかわかっていないかもしれない。
その他	・失語・構音障害があり、何を言っているのかがわからない。 ・こちらの言うことが理解できているかわからない。

第11章 職場実習

アセスメント項目

「アセスメントとケアの実践の基本」で学んだ内容をもとに研修実施主体ごとに選定する
後期研修の内容をもとに、前期研修後のインターバル期間の取り組み内容を見直し修正を図る 1．持参した事例の「ひもときシートアシスト」を、後期研修の学習した内容に照らして見直しをする (現在確認できている情報とそこからの行動背景の推測) (1)病気や薬の影響を考える ・失語・構音障害により、伝わらないことへのいら立ちが影響しているのではないか（短い単語ながら、言葉を発している「馬鹿にして」「あっち行け」等)。 ・飲んでいる薬が効きすぎていたり、合っていなかったり、副作用はないか。 (2)健康状態の影響を考える ・身体のどこかに痛みがあるのではないか。 ・入居後１か月で、生活リズムの乱れなどが影響しているのではないか。 ・下痢や便秘などの排泄(はいせつ)リズムの乱れが影響しているのではないか。 (3)本人要因の影響を考える ・１人の寂しさ、わかってもらえないいら立ち、馬鹿にされた怒りなどがあるのではないか。 ・家事仕事をしたいと思っているのに、させてもらえないからではないか。 ・活動的な生活を送ってきて、とても頑張り屋だったのではないか。 (4)人的環境・物理的環境を考える ・新しい住まいの設えや、調理器具に慣れていないのではないか。 ・夫などの親しい人とのかかわりが少ないからではないか。 ・職員の理解不足、職員の態度に対して不満や苦手意識があるのではないか。 2．仮説：Gさんの、望み（ニーズ）と困りごと（課題）の見直しを行う (1)ニーズ：安心できる人と一緒にいたい（くつろぎ、結びつき、共にある)。 課題：頼りにしている人に会う機会が少ない。 (2)ニーズ：周りの人の役に立ちたい（共にある、自分らしさ、携わり)。 課題：力を発揮する場所がない（わからない)。 (3)ニーズ：私の言いたいことを理解して欲しい（自分らしさ、共にある)。 課題：言語が不明瞭な自分の意思を理解してもらえない（理解しようとしてくれない)。 (4)ニーズ：みんなと仲よく過ごしたい。安心して生活したい（くつろぎ、共にある)。 課題：周りの人や様子がわからない（知らない場所で戸惑っている)。 3．現在考えているケア内容の検討 (1)ご主人の面会頻度を相談してみる。 (2)台所仕事に誘ってみる。自宅の台所の設えを調べてみる。ほかにできそうなことを調べる。 (3)Gさんの言葉を書き留めて、そのときの様子を記録し、その意味をチームで考える。 (4)職員と１対１の時間をつくる。家の様子を調べ、なじみのもので部屋をつくる。 4．再アセスメントが必要と思われること（センター方式シートを活用して） 本人の様子をより把握するために「認知症の人のためのケアマネジメント センター方式」を活用する。 ・Gさんの排泄(はいせつ)のパターンとそのときの様子を調べる。(D３・D４シート) ・１日の生活パターンを調べ、どんなときに興奮したり手が出るか、またその前後の様子を記録する。(D４シート) ・Gさんの失語の状態、意思疎通はどの程度可能かを調べる（特にこちらの言うことを理解できているのか)。(D２・C-１-２シート) ・Gさんは自宅でどのような生活をしていたかを調べる。(B３・B４シート) ・職員のかかわり方が影響しているのかを調べる。(D５・D４シート)

職場実習計画書

職場実習期間　令和○年11月１日～令和○年11月28日

施設・事業所名	グループホーム○○	所属長名	管理者　○○　○○
受講者氏名	○○　○○	上司名	

1．目指すべき生活像（目標）

・新しい環境を受け入れることができて、安心して過ごせるようになる。
・Ｇさんの言おうとしていることが理解でき、職員との信頼関係が築けるようになる。
・グループホーム内でできることや、やりたいことを支援できるようになる。

2．ケア実践計画内容

・台所仕事に誘ってみる。ほかにできそうなことを調べ、職員と一緒に行ってみる。
・自宅を訪問して台所の設えや、自宅での生活の様子を調べてみる。
・家の様子を調べ、なじみの物で部屋をつくる。
・Ｇさんの言葉を書き留めて、そのときの様子を記録し、その意味をチームで考える。

3．実習協力者への説明内容（令和○年11月１日実施）

・Ｇさんを対象に実習に取り組むことを管理者に報告し承諾を得る。実習の目的と内容を職員に説明し協力を求める。
・Ｇさんと家族に実習の目的と内容を説明し、個人情報に十分注意して行い個人が特定されることがないようにすることを説明し同意を得る。Ｇさん本人にも勉強させていただくことに協力いただくように話をする。

4．職場実習計画

週目標	具体的な実践内容（いつ・どこで・何を・どのように）	週のまとめ
１週目 ・実習準備 ・職員への報告 ・再アセスメントの実施（５日間）	・管理者に実習内容と計画を報告して承諾を得る。 ・Ｇさんと家族に説明し同意を得る。 ・実習の目的と計画を職員に伝え、ひもときシートの思考展開の内容の確認と再アセスメントの内容についてのカンファレンス①を行う。 ・Ｄ３・Ｄ４シートを中心に、５日間の情報収集を行う。	・職員への報告、カンファレンスの時間を十分にとることができた。 ・短期間の情報収集期間だったが、有効だった。 ・予定前に、自宅の訪問となった（６日目）。 上司確認欄 印
２週目 ・情報を整理し、職場実習計画の見直しを行う ・具体的なケアの実施	・管理者と情報の整理を行う。 ・カンファレンス②を開き、情報から読み取れる「本人の課題」「本人のニーズ」「ケア内容」の再検討、職場実習計画の見直しと確認を行う。 （中間報告書の提出） ・14日間の予定で、職場実習計画に沿ったケアを行い、その結果を詳細に記録する。	・情報の整理ができたことで、カンファレンスでの検討がしっかりできた。 ・実践計画に２点を追加する。 上司確認欄 印
３週目 ・具体的なケアの実施	・継続してケアの実践を行う（担当指導者からのアドバイスがあれば修正する）。	・積極的にかかわりをもつために、そのつど相談しながら進めている。 上司確認欄 印
４週目 ・ケア内容の評価 ・実習全体の評価と実習報告書の作成 ・管理者の確認	・カンファレンス③を行い、ケア内容の評価を行う。 ・実習全体の評価を行い、実習報告書を作成する。 ・管理者による報告書の内容の確認とコメントを受ける。 指導者確認欄 印	・実習全体のまとめを行う。 ・ほぼ計画どおりに実習を進めることができた。職員の協力によるところが大きい。 上司確認欄 印

表11-3　受講者Eさん記入例

職場実習用アセスメントシート

施設・事業所名	デイサービスセンター〇〇	職　名	介護職員	受講者氏名	〇〇　〇〇

施設・事業所の理念

「出会い、触れ合い、響き合い」ここで初めて出会った人々と、さまざまな触れ合い、活動を通じ、同じ「人」としてお互いに刺激し合いながら、自分らしく生きていくことを支援します。

事例提供者基本情報

氏名	H様	性別	男性	年齢	76歳	要介護度	2
認知症高齢者の日常生活自立度		Ⅱｂ	認知症の原因疾患名		アルツハイマー病		

現病名
アルツハイマー型認知症

介護サービスの利用歴（入所期間等含む）

平成〇年にアルツハイマー型認知症と診断されて以降、妻が自宅で介護を続けてきたが、徐々に症状が悪化し、自宅から出て行く、自宅内でもウロウロとする、妻に繰り返し同じことを質問する等、妻の介護負担も増加する。麻雀のできる通所介護の利用を勧められるが、麻雀の時間まで待てずに帰宅願望、徘徊（はいかい）が頻繁にみられ、当通所介護を紹介される。令和〇年10月より週５日の通所介護の開始となった。

ご本人の生活上の課題

当通所介護を利用しているが、すぐに「家に帰る」「送って行って欲しい」等の訴えが繰り返しあり、時に玄関から出ていく行動が見られる。特に午後になると落ち着かなくなり、この行動が頻繁に見られるようになっている。

現状の支援目標及びケア内容

目標：通所介護でも落ち着いて過ごすことができる。
ケアの内容：・Hさんが興味をもち、取り組めそうな事柄を試す。
・屋外に出ていくときには付き添う。頻回なときには玄関を施錠する。
・介護支援専門員に相談し、精神科受診を勧める。

アセスメント【課題に影響していると思われる認知機能障害】

代表的な中核症状	＊課題に対して、その言動や行動がみられる要因を記入
記憶障害	ある。近時記憶の欠落がみられ、つい先ほどのことも憶えていないことが多い。
見当識障害	ある。トイレの場所等、認識ができずに毎回、誘導している。
思考・判断力の障害	ない。危険認識もでき、状況に応じた判断もできる（思い込みは強い）。
実行機能障害	ある。そのつど、指示・助言を行わないとどうしてよいのか戸惑う。
失行	ない。入浴時にも着衣失行等はみられない。
失認	ない。食事もまんべんなく摂取しており、空間認識はできている。
その他	ドリル等を行っており、計算力はある程度、保たれている。

アセスメント項目

「アセスメントとケアの実践の基本」で学んだ内容をもとに研修実施主体ごとに選定する
後期研修の内容をもとに、「認知症の人のためのケアマネジメント センター方式」を活用し、見直し修正を図る 1．Hさんのこれまでの暮らしぶりを知るために「B-2シート」「B-3シート」を活用する。 ・担当の介護支援専門員や通所介護事業所の生活相談員にも相談し、把握している情報を教えてもらう。 ・主介護者であるHさんの妻と面談する機会を設け、これまでの暮らしぶりや自宅での生活の様子を教えてもらう。 2．Hさんの気持ちを知るために「C-1-2シート」を活用する。 ・通所介護事業所の管理者にも相談し、Hさんとゆっくりかかわる時間を設けて、Hさんの気持ちの把握に努める。 3．Hさんがいつ不穏になるのか、きっかけやタイミングを知るために「D-4シート」を活用する。 ・他の職員にも協力してもらい、通所介護の利用時間帯の様子を記入してもらう。 ・可能であれば、シートの記入を妻にも依頼し、利用時間帯以外の様子や利用がない日の様子も記入してもらう。 4．Hさんのもつ力を知るために「D-1シート」「D-2シート」を活用する。 ・通所介護での様子を細かく観察して、Hさんのもつ能力の把握に努める。 ・自分が記載した内容を他の職員とも共有し、自分のとらえ方が間違っていないかを確認する。 ・可能であれば、Hさんの妻にもヒアリングをして、自宅でのHさんの能力を把握する。

職場実習計画書

職場実習期間　令和○年11月１日～令和○年11月28日

施設・事業所名	デイサービスセンター○○	所属長名	管理者　○○　○○
受講者氏名	○○　○○	上司名	

１．目指すべき生活像（目標）

Ｈさんの困りごとを理解するとともに、Ｈさんがどのように暮らしたいのかを知り、その望む暮らしを応援する。

２．ケア実践計画内容

センター方式を活用し、Ｈさんへのかかわりだけではなく、Ｈさんの妻や担当の介護支援専門員、通所介護の職員からも情報を得て、Ｈさん自身の全体像を理解し、Ｈさんの困りごとや望みを理解し、それらを踏まえた支援を行う。

３．実習協力者への説明内容（令和○年11月１日実施）

・通所介護の管理者や職員に実習内容の説明を行い、協力を求める。
・ＨさんとＨさんの妻、担当の介護支援専門員にも説明を行い、協力依頼を行う。

４．職場実習計画

週目標	具体的な実践内容（いつ・どこで・何を・どのように）	週のまとめ
１週目 ・情報収集が行える	・通所介護の利用日に観察を通じ「D-１シート」「D-２シート」「D-４シート」を記録する。通所介護の他の職員にもシートの説明を行い、協力を依頼する。 ・介護支援専門員、Ｈさんの妻に面談する機会をつくり、「B-２シート」「B-３シート」に関する情報収集をする。	・他の職員の協力も得ながら計画的に進めることができた。 ・Ｈさんの妻との面談は、妻の都合で次週、実施予定とした。 上司確認欄 印
２週目 ・収集した情報をもとに、分析が行える	・記入したセンター方式シートを確認すると同時に「C-１-２シート」も記録しながら、Ｈさんの不安や困りごとを尋ね、理解を深める。	・Ｈさんの妻との面談を実施して、生活歴や暮らし方がわかってきた。 ・Ｈさんともコミュニケーションをとり、Ｈさんの内的世界を知り得た。 上司確認欄 印
３週目 ・アセスメントの結果を踏まえ、新たなケアが検討できる	・Ｈさんの困りごとを踏まえたケアを検討し、通所介護の職員とも共有する。	・これまで収集した情報を整理し、ミニカンファレンスを行った。他の職員からもいろいろと助言を得た。 上司確認欄 印
４週目 ・検討したケアを実施し、評価ができる	・３週目で検討したケアを実施してみる。 ・「D-４シート」を記録する。１週目の「D-４シート」の記録と比較し、ケアの評価を行う。 ・実習報告書を作成する。 指導者確認欄 印	・３週目で検討したケアを実施した。 ・うまくいったときもあればうまくいかないときもあった。その違いを振り返り、報告書を作成した。 上司確認欄 印

第3節

職場実習後の取り組み

1 職場実習報告書の作成と提出

職場実習報告書の作成のポイント

職場実習報告書の様式は任意の様式となりますので、研修実施主体の指示に従ってください。以下に職場実習報告書の作成のポイントを示します（表11-4は記入例になります）。

① タイトル（今回の実践（取り組み）内容の要約）

今回の職場実習で取り組んだ内容を要約し、短文で全体像を示せるようなタイトルを記述します。

② はじめに（今回の実践（取り組み）の経緯と目標）

前節の「1　実習課題の設定」（p.284参照）を基に、認知症介護実践者研修（以下、実践者研修）での学びから感じた、自分自身または自分が所属する施設・事業所の認知症ケアに関する課題を明確にして、なぜ選定した対象者で実習に取り組もうと考えたかを記述します。

③ 実習の目的

前節の「1　実習課題の設定」「▶目指す姿に向かっての実習課題を設定する」（p.284参照）で考えた4週間で目指す自分の姿（4週間後にどうありたいか）を記述します。

④ 倫理的配慮

前節の「2　対象事例の選定」「倫理的配慮」（p.285参照）で行った、対象者や家族、上司、同僚などに対して行った内容を記載します。

⑤ 実習の内容

実習期間や職場実習計画に沿って行った実習内容を具体的に記載します。その際、計画していた内容と変わったところなどはそれがわかるように記載します。

⑥ 実習結果

・実習内容で行ったことについての具体的な結果を記載します。⑤の実習の内容の項目ごとに分けるとわかりやすいでしょう。
・「何を行って、どうだったか」の事実だけ記載します。結果と考察をしっかり分けて記述することを心がけましょう。
・単にケアを行った対象者の結果や変わった姿だけで終わらないように、③の実習の目的を意識してまとめましょう。

⑦　考察

・実習結果から考えられる要因や、対象者に対してどんな影響があったと考えられるか、今後に残された課題や取り組みたいと考えていることなどを記載します。
・職場実習計画書の「目指すべき生活像（目標）」と、③の実習の目的に照らして考えるとよいでしょう。

⑧　まとめ・最後に

実践者研修を通じての感想や、今後について思うことなどを自由に記載します。

⑨　参考および引用文献

実習を行うにあたり、参考にした資料と、実習報告書の作成に際して引用したものがあれば記載します。

⑩　上司からのコメント

実習報告書の内容について責任者または上司に確認をしてもらい、コメントの記入を依頼します。

職場実習の評価

職場実習報告書を作成するうえでは、職場実習計画についての評価と、実践したケアの内容や成果についての評価を行います。職場実習や実践したケアが計画に沿って実行できていたか、目標がどの程度達成できたのかといった観点で行います。計画どおりに実行できなかった場合には、なぜできなかったのかという理由を確認することで、次の計画に反映させることができます。

また、評価の視点として大切なことは、実習で取り組んだ内容が認知症の人の視点で考えられ、その人の望む暮らしの実現のためのものであったかということです。さらに、実習は所属する施設・事業所のチームで取り組めるものを選定していますので、このケアがチームで取り組まれたかどうかも重要になります。そして、自己評価を行います。実習から得たものを自身で確認し納得することで、よりよいケアを展開していく意欲につなげていきましょう。

表11-4　実習報告書の記入例

実習報告書

受講番号	123-1234
事業所種別	グループホーム
氏　　名	○○　○○

タイトル：入居間もないＦ様に、グループホームの生活を受け入れていただくための支援

1　はじめに

認知症介護実践者研修を受講するまでは、認知症の人の言動に遭遇すると、「困った人」と思い、その行動にどう対応するかが認知症ケアだと考えていた。研修で、認知症の人の言動は周囲に向けた困りごとなどのサインであり、その困りごとを解決し、ニーズをかなえるための支援が認知症ケアだということを学んだ。前期研修後の自施設での取り組みでは、1か月前にグループホームに入居されたＦさんが、最近頻繁に外に出たり、「ここを辞めさせてください」と家に帰ろうとしたりする様子がみられるようになってきたことから、Ｆさん中心の取り組みを行った。後期研修を踏まえ、Ｆさんの行動をどのように考えて、どのような支援を行うかを、職場実習の課題として取り上げることとした。

2　実習の目的

1．Ｆさんのグループホームでの生活で感じている課題とニーズを明確にし、それを支援できる具体的ケアを行うことができる。
2．Ｆさんが、グループホームで不安がなく、楽しいと思えるような生活が送れるようになる。

3　倫理的配慮

Ｆさんを対象に実習に取り組むことを管理者に報告し承諾を得た。実習の目的と内容を職員に説明し協力を求めた。Ｆさんと家族に実習の目的と内容を説明し、個人情報に十分注意して行い、個人が特定されることがないようにすることを説明し同意を得た。

4　実習の内容

（1）実習期間

令和○年11月１日～令和○年11月28日

（2）実習内容

1週目	11月１日	管理者に実習内容と計画を報告し承諾を得た。本人と家族に同意を得た。
	11月２日	カンファレンス①　実習の目的と計画の説明を行い、再アセスメントの内容、使用するセンター方式シートの説明をグループホームの職員に行った。具体的な実践の準備を行った。
	11月３日～	センター方式シートを使っての情報収集を行った（５日間）。
	11月５日	Ｆさんと一緒に自宅へ行った。娘さんも同行していただき聞き取りを行った。
	11月７日	再アセスメントの内容をもとに、ケア実践計画内容の見直しを行った。
2週目	11月８日	職員に計画の変更・追加を伝えた。 ～　ケアの実践
	11月13日	中間報告書を作成した。
3週目	11月15日～	引き続きケアの実践
4週目	11月22日	カンファレンス②　実践したケアについての評価を行った。
	11月23日～	実習報告書を作成した。
	11月28日	管理者に報告書を提出して面談し、修正の指摘とコメントをいただいた。

第11章　職場実習

5　実習結果

カンファレンス①
・ここまでの研修での学びをもとに、Ｆさんの事例についてこれまでのアセスメントの内容、これからのケアの実践として行おうと考えている内容を伝えた。そのために再アセスメントが必要なことを示し、職場実習の最初の５日間に行う内容を確認した。特にＦさんにとっての環境要因の影響を中心とした情報収集をすることとした。また「帰る」と言って外に出たときに職員が同行すると「ここは疲れるわ」という言葉を聞いていた職員がいたことに注目し、Ｆさんの身体の状況についても調べてみることとした。

再アセスメント（センター方式シートを使って５日間）
・Ｄ３シートの内容をよりしぼって、睡眠時間と疲労の関係、排泄（はいせつ）の状態を中心に記録し、そのときの様子とＦさんの言葉を詳細に記録することになった。
・またＤ5シートを各自が行うことで、職員がＦさんに対してどのような考えで接していたかをチェックしてみた。
・娘さんの都合がついた11月５日に、Ｆさんと職員２名が同行して自宅へ行った。かなり物が多く、雑然とした環境で生活していたことがうかがえた。趣味の三味線や大正琴が置いてあり、歌に関する書籍も多くあった。壁にステージ上で演奏している写真や、仲間と一緒の写真等が飾ってあった。また観葉植物を育てていたようで、園芸関係のものもあった。三味線等、音楽に関するもの、写真、サボテン等の趣味に関するものを中心に、Ｆさんと相談しながら選んでグループホームに持ち帰った。娘さんからも詳細な情報を聞くことができた。

ケア実践計画内容の見直し
・Ｆさんの課題とニーズとして新たに、『ニーズ：働く以外に楽しみのある生活を送りたい。課題：仕事以外の活動が少ない、することがない』を加えた。
・Ｆさんの自宅の訪問、娘さんからの情報から、具体的に支援する内容として、三味線を弾いてもらう機会をつくること、歌を歌ったり三味線の発表の場として、併設の通所介護事業所の協力を得ることを加えた。
・ごみ収集場までごみを捨てに行くことを一緒に行い、散歩をしながら話をする時間をつくることとした。
・持ち帰ったものでの部屋づくりは、Ｆさんが好きなように行っていただき、必要に応じて手助けをすることとした。

ケアの実践とカンファレンス②（評価）
・「仕事でないゆっくり職員と過ごす時間」というのを、ごみ捨ての後に散歩をすることで、職員が確保しやすくなった。また１対１で話す時間がとれて、いろいろな話を聞けてよかったという意見が多かった。
・自宅に行ったことにより、Ｆさんの生活の様子や、具体的な趣味がわかった。また持ち帰った荷物を自分で納得いくように整理することで、自室で過ごす時間が多くなった。また家事仕事については職員も一緒に話をしながら行うことを心がけ、Ｆさんの様子をみながら行った。外に出て行くことがなくなったわけではないが、回数は減ってきているように思われる。
・通所介護で半日過ごすことを２回行った。歌を歌う機会がグループホームより多く、時間も長かったので、楽しかったと話されていた。三味線を弾いてもらう機会はなかったが、今後も継続して機会をつくっていきたいと思う職員が多かった。
・夜間トイレに行く回数が多い日があり、睡眠時間も短い日が２回あった。その翌日は「膝が痛い」と言われていた。直接的に膝の痛みがあるのか、睡眠不足による疲労感を表しているのかは不明。不眠の原因となっていたのは排便に関すること（便秘）だと思われるが、排泄（はいせつ）は自立しているため確認はできていない。

6　考察

・Ｆさんは自立度が高く、頼まれれば何でもできるし、やりたいとも思っている。周囲の入居者は介助を必要とする方もいて、「自分が頑張らなくてはいけない」と思っていたようである。家事仕事が終わって部屋に戻っても、落ち着いて休める環境になく、やることもないので食堂に出てくると、職員から「仕事を一緒に」と声をかけられ、ここは仕事場で、住み込みで働きに来たと認識するようになった。しかし疲労感があったり、体調が悪かったりすると「このままでは迷惑をかける」と思い、「辞めさせてくれ」という言葉となったと考えられた。

・これまでは「役割をもってもらう」ということに重点をおいた支援だけに限られ、家事仕事をしてもらうということに終始してしまっていた。それにより外に出ようとすると「〜してください」というような対応でFさんを引き止めていて、それがFさんの困りごとにつながっていたと考えられた。
・Fさんにとっては、グループホームでの生活に「楽しみ」というものが少なかったと考えられる。「人の役に立ちたい」のような「携わり」のニーズはかなえられていたが、「くつろぎ」のニーズや「共にある」「自分らしさ」というニーズについての支援が不足していた。そのためには居室づくりや職員との散歩、通所介護事業所の協力などの支援は効果的なものであり、今後も継続していく必要があると考えている。
・排泄(はいせつ)に関する課題がみえてきた。今後も情報収集を継続し、明らかにしていく必要がある。
・私も含め職員はFさんのさまざまな言葉を聞いていたが、その言葉の表面的な部分だけをとらえて対応していたように思う。「疲れるわ」「ちょっと家まで……」という言葉には、「仕事場だから仕事をするけど、仕事が終われば家に帰ろうと思う」ということや「仕事は嫌ではないけど、疲れることもあるし、息抜きもしたい」というような意味が込められていたように思われた。まずFさんの言葉に耳を傾け、その言葉に込められた思いを知ろうとする姿勢が大切だと思った。
・Fさんの行動背景を職員全員で考えられたことにより、Fさんの感じていること、困っていること、ニーズがイメージできたという職員が多かったのがうれしかった。

7　まとめ・最後に

期間も長く、内容も多い研修で大変だったが、認知症の人に対する見方、ケアの考え方が変わるきっかけになったと思う。ここでの学びを今後の実践で活かせるように、あきらめずに取り組みを継続していきたいと思っている。

8　参考および引用文献

認知症介護研究・研修東京センター・認知症介護研究・研修大府センター・認知症介護研究・研修仙台センター編『四訂 認知症の人のためのケアマネジメント センター方式の使い方・活かし方』中央法規出版、2019年

9　上司からのコメント（責任者または上司からのコメント）

実習お疲れさまでした。実習の対象者のFさんは、「ふだん手のかからない人、なんでもしてくれる人」という認識で、「帰る」と言われないように「何かをしてもらおう」というケアになっていたように思います。これは私たち介護職員からの見方ですが、日頃忙しく仕事をしているとなかなかそこから脱却できません。今回の実習で取り上げ、「職場全員で取り組む」ことに主眼をおいて実践したことにより、グループホーム全体の意識にも変化をもたらしてくれたと感じています。これからも「チームで考え、チームで行うケア」の中心的な役割を担ってもらうことを期待しています。

グループホーム○○　管理者○○　○○

職場実習報告会と評価

職場実習報告会では、職場実習報告書をもとに、実施した実習内容を決められた時間内で整理して伝えることが大切になります。単に職場実習報告書を読み上げるのではなく、要点は何か、何に注力したか等を整理しておきましょう。また、職場実習報告会では他の受講者の発表を聞き、どこがポイントだったのかを評価し、よりよいケアにつなげるための助言も行います。受講者同士の助言、担当指導者の助言を参考にして、今後の課題を明確にし、実践に活かすことが期待されています。

【報告者】

・決められた時間内に、自分の行った実習のポイントを過不足なく伝えられるように準備して臨む。
・課題認識、方法、結果、考察は「起承転結」の関係である。論点がズレないように全体の構成を考えて、報告をする。

【聴講者】

・実習報告の内容が認知症の人にとって、有益なものであったか客観的に評価するという姿勢で臨む。受講者同士での質疑応答の時間では、そうした視点での意見交換、助言を心がける。
・自分の実習内容と比較して、他者の優れたところを自分の発表や今後の実践に活かしていくようにする。
・他の受講者や担当指導者らの助言は、発表者だけに向けたものではなく、自分の取り組みにも当てはめて考えることが重要である。

また、ケア実践計画内容が、認知症の人にとって有益なものであったか客観的に受講者同士が相互に評価し、また担当指導者からも助言を受け、自身のケア実践計画内容を見直して修正し、今後の課題を明確にしていきます。

職場実習を総合的に評価するにあたり、評価視点としては、ケア実践計画内容に基づき取り組むことができたか、実践したケアの評価は適切であったか、認知症の人が望む暮らし(生活)の実現に資する取り組みであったか、指定された項目に沿って報告できたか、などがあげられます。一方、できたかどうかばかりに目を向けるのではなく、評価を踏まえて担当指導者と振り返りを行い、今後の課題を設定するのに役立てていくことが大切になります（表11-5）。

このように職場実習報告会では、単に結果のよし悪しを確認するのではなく、次につなげる学びを得ることが大切です。そして、今回の研修全体を通してどこまで自身が成長したかという確認と、次なる目標を設定し、研修修了後も認知症の人が望むよりよい暮らしに近づけることや、チームで取り組むことに関心や意欲をもつことができる機会となるようにしましょう。例えば、受講者同士で互いに取り組んだ実習について、取り組みの着目点や、対象者や家族、チームメンバーの目線から見てどんなものであったか、といった観点で互いに認め合える場となるとよいでしょう。

表11-5　職場実習評価票

	項目	あてはまる	どちらかというとあてはまる	どちらかというとあてはまらない	あてはまらない
①	学習の成果を踏まえて、職場実習の課題を設定できた	4	3	2	1
②	ケア実践計画案は、認知症の人が望む生活の実現に資する内容であった	4	3	2	1
③	職場実習の行動計画は、実現可能な内容であった	4	3	2	1
④	再アセスメントを適切に実施できた	4	3	2	1
⑤	修正したケア実践計画は、認知症の人が望む生活の実現に資する内容であった	4	3	2	1
⑥	ケア実践計画に基づき取り組むことができた	4	3	2	1
⑦	実践したケアの評価は適切であった	4	3	2	1
⑧	認知症の人が望む生活の実現に資する取り組みであった	4	3	2	1
⑨	考察の内容は結果と照らし妥当なものであった	4	3	2	1
⑩	取り組みの結果を踏まえて、自己の気づきや学びを明らかにできた	4	3	2	1
⑪	指定された項目（目的、方法、結果、考察、今後の課題）に沿って報告できた	4	3	2	1
⑫	報告での話し方は理解しやすかった	4	3	2	1
⑬	報告資料は定められた時間内を想定して作成されていた	4	3	2	1
⑭	報告資料は聞き手が理解しやすいように作成されていた	4	3	2	1
⑮	報告においては必要な倫理的配慮がなされていた	4	3	2	1
⑯	質問されたことに適切に回答することができていた	4	3	2	1
⑰	他の受講者の取り組みに対して、客観的に評価し助言できた	4	3	2	1

出典：認知症介護研究・研修センター（仙台・東京・大府）「令和２年度老人保健健康増進等事業（老人保健事業推進費等補助金）認知症介護指導者養成研修等のアウトカム評価に関する調査研究事業報告書【別冊】実践研修及び指導者養成研修のアウトカム評価の基本的考え方」p.19、2021年

3 職場への報告と展開

職場実習報告会を経て、次の実践につなげていくことが実践力向上のためには重要です。職場実習報告会で発表した際の他の受講者、または担当指導者からのコメントを書き留めましょう。それらの助言を参考に、職場実習と今後の取り組みの課題について考えます。

考えるうえでは、実習の４週間はあくまでも通過点としてとらえ、積み残した課題、新たに発見した課題、これからチャレンジしていきたいこと等を整理していきます。これらは、個人ワークで整理を行ったうえでグループワークで共有し合い、さらにグループメンバーや担当指導者からの助言を得ることで、より有用なものになるでしょう。

整理した職場実習と今後の取り組みの課題を職場に報告し、研修成果を次の展開に結びつけます。職場に戻った後の報告会をどのように行うのか、また次の展開に向けた実践もイメージしておくとよいでしょう。よい結果の(よい結果につながる)事例を、職場のチームで共有できると、チーム力の向上につながる期待がもてます。

実践者研修は、「認知症についての理解のもと、本人主体の介護を行い、生活の質の向上を図るとともに、行動・心理症状（BPSD）を予防できるよう認知症介護の理念、知識・技術を修得するとともに、地域の認知症ケアの質向上に関与することができるようになること」をねらいとしています。さらに、より専門的な認知症ケアが実施される体制を整えている施設・事業所が取得できる認知症専門ケア加算が 2018（平成 30）年度から新設されていますが、この研修はその算定要件となる認知症介護実践リーダー研修の受講にも必要とされています。ですから、この研修の修了者が所属する施設・事業所では、質の高い介護サービスが提供されていることが担保されることにもつながり、研修の修了を認める評価は重要です。

このように職場実習報告会の発表や評価を通して、受講者が研修成果を自身で感じ取り、そして、認知症の人の QOL（生活・人生の質）の向上のために実践を展開していくことにつなげていきましょう。

用語解説

誤りなし学習
学習者が失敗をしないように課題や環境を調整し、成功体験を積み重ねながら技能を習得するという学習方法。エラーレスラーニングとも呼ばれ、記憶障害のある人のリハビリテーションとしても用いられている。

遠隔記憶
記憶の分類の一つであり、数か月から何十年にもわたる記憶のこと。

エンパワメント
個人や集団が本来もっている潜在的な力を発揮し、社会的な権限を拡大することで、自らの生活に関連する意思決定や活動に影響を与えるようになること。

改訂長谷川式簡易知能評価スケール（HDS-R）
高齢者の認知機能を測定するための簡易なスケール（尺度）として用いられるものの一つ。九つの質問から構成されており、得点を加算して評価点とする（満点は 30 点）。実施にあたっては十分な説明をして、テストを受ける人から了解を得ることが大切である。

片麻痺無認知
半側身体認知障害の一つ。半側空間無視に代表される身体外空間の認知障害に対して、半側身体認知障害は身体空間の認知障害であり、なかでも片麻痺無認知は、意識障害を伴う急性期から出現する。

共生型サービス
介護保険サービス事業所が障害福祉サービスを提供しやすくすること、また、障害福祉サービス事業所が介護保険サービスを提供しやすくすることを目的に、指定手続きの特例として設けられた制度。介護保険サービス事業所が共生型障害福祉サービスも提供する場合、利用者の年齢や状態像に応じて、利用者ごとに介護保険サービス、共生型障害福祉サービスのいずれかを提供する。

近時記憶
記憶の分類の一つであり、数分から数時間、数日にわたる記憶のこと。

子ども食堂
特定非営利活動法人（NPO 法人）や地域住民、自治体等が主体となり、無料または低価格で子どもたちに栄養のある食事を提供する場のこと。温かな団らんを提供する効果もある。

社会的スティグマ
スティグマとは、もともと「汚名の烙印（らくいん）を押される」という意味であり、差別や偏見と訳される。社会的スティグマという場合、相手を自分とは異質なものとみることによって、その存在を理解したくないという気持ちから、相手といっそう距離を置こうとする心理や態度を指す。

若年性認知症コールセンター
認知症対策等総合支援事業の一環として、若年性認知症特有のさまざまな疑問や悩みに対し、専門教育を受けた相談員が電話で答えるもののこと。

傷病手当金
健康保険に加入している本人（被保険者）が、病気や業務外のけが等により仕事を休む場合に、その間の生活を保障するための現金給付制度のこと。

即時記憶

記憶の分類の一つであり、数秒から1分くらいの記憶のこと。

地域包括ケアシステム

2025（令和7）年をめどに、高齢者介護のあり方の方向性として提起され、構築が進められているしくみのこと。要介護状態になっても、住み慣れた地域で自分らしい生活を続けることができるように、住まい・医療・介護・予防・生活支援が一体的に提供される体制を目指している。

認知症カフェ

実際のカフェや公民館など、地域のなかのオープンな場所で認知症の人、家族や友人、地域住民、専門職が語り合う場のこと。

認知症ケアパス

認知症の人やその家族等が、「いつ」「どこで」「どのような」医療・介護サービス等を活用していけるかをまとめたもの。「個々の認知症の人が必要なサービス・支援を活用しながら、希望に沿った暮らしを送る」ための「個々の認知症ケアパス」「地域にどのようなサービス・支援があるか」を認知症の人の状態に応じて整理した「地域の認知症ケアパス」からなる。

認知症サポーター

自治体や職域団体・企業、町会・自治会等とキャラバン・メイトの協働で行われる養成講座を受講した人が認知症サポーターとなる。認知症サポーター養成講座とは、認知症に関する基本的な知識や認知症の人とのかかわり方などを学習する講座のこと。

認知症サポート医

認知症の人の診療に習熟し、かかりつけ医等への助言、その他の支援を行い、専門医療機関や地域包括支援センター等との連携の推進役を担う医師のこと。認知症サポート医養成研修を修了する必要がある。

認知症初期集中支援チーム

認知症になっても本人の意思が尊重され、できる限り住み慣れた地域で暮らし続けられるために、早期に複数の専門職が認知症の人やその家族を訪問し、初期支援を包括的・集中的に行い、自立生活のサポートを行うチームのこと。

認知症地域支援推進員

認知症になっても本人の意思が尊重され、できる限り住み慣れた地域で暮らし続けるために、市町村において医療機関や介護サービス、地域の支援機関をつなぐコーディネーターとしての役割を担う者のこと。

認知症の人のためのケアマネジメント センター方式

認知症介護研究・研修センター（東京、仙台、大府）が中心となり開発したもの。①その人らしいあり方、②その人の安心・快、③暮らしのなかでの心身の力の発揮、④その人にとっての安全・健やかさ、⑤なじみの暮らしの継続（環境・関係・生活）という五つの視点に立ってつくられている。

パーソン・センタード・ケア

キットウッド（Kitwood,T.）によって提唱された認知症ケアの考え方。すべての人たちに価値があることを認めて尊重し、一人ひとりの個性に応じたかかわりをもち、認知症の人の視点に立って、人間関係の重要性を重視するケアのことをいう。

パタカラ体操
誤嚥（ごえん）を防ぐための代表的な訓練方法の一つ。「パ」「タ」「カ」「ラ」の4文字を発音することで、口や舌の筋肉を使い、食べたり飲んだりする機能の維持・向上を図るもの。唾液の分泌をよくすることにもつながる。

ピアサポート
ピアとは、仲間、同輩、対等者という意味であり、ピアサポートは「同じような立場の人による支援」という意味で用いられる。具体的には、自らの体験に基づいて、他者の相談相手となったり、同じ仲間として社会参加や問題の解決等を支援する活動を指す。保健や障害福祉、学校教育などの分野で展開されている。

ひもときシート
認知症介護研究・研修東京センターが開発したツールのこと。パーソン・センタード・ケアを基本につくられており、認知症の人の行動の背景にある原因をひもとくことで、支援者本位のケアから本人本位のケアへ思考転換することを目的としている。

我が事・丸ごと
地域福祉の推進や包括的な支援体制を整備するための理念として掲げられたもの。住民が主体的に地域課題を把握して解決を試みる体制づくり（「我が事」の地域づくり）と、地域の生活課題を包括的に受け止める体制の構築（「丸ごと」の地域づくり）を事業内容としている。

欧文

あ

か

さ

た

な

は

ま

や

ら

編集委員・執筆者一覧

編集委員（五十音順）

大塚智丈（おおつか　ともたけ）
一般社団法人三豊・観音寺市医師会三豊市立西香川病院院長

小野寺敦志（おのでら　あつし）
国際医療福祉大学赤坂心理・医療福祉マネジメント学部准教授

宮島渡（みやじま　わたる）
日本社会事業大学専門職大学院特任教授、一般社団法人全国認知症介護指導者ネットワーク副代表

渡邉浩文（わたなべ　ひろふみ）
武蔵野大学人間科学部教授

執筆者（五十音順）

井上義臣（いのうえ　よしたか）……第10章第４節❸
医療法人活人会高齢者グループホーム横浜ゆうゆう管理者

大江芳征（おおえ　よしゆき）……第７章第１節
社会福祉法人湖青福祉会ケアタウンからさきケアハウス施設長

大塚智丈（おおつか　ともたけ）……第２章、第３章第２節
一般社団法人三豊・観音寺市医師会三豊市立西香川病院院長

小木曽恵里子（おぎそ　えりこ）……第11章
社会福祉法人仁至会認知症介護研究・研修大府センター研修指導主幹

桑田直弥（くわた　なおや）……第５章
医療法人はぁとふる運動器ケアしまだ病院

桑原陽（くわばら　きよし）……第11章第２節・第３節
社会福祉法人新生会常務理事

齋藤俊一（さいとう　しゅんいち）……第11章第２節・第３節
社会福祉法人グリーンアルム福祉会特別養護老人ホームグリーンパルベル施設長

椎名淳一（しいな　じゅんいち）……第10章第２節
医療法人社団愛友会介護老人保健施設ケアセンター習志野介護主任

白石昌世司（しらいし　まさよし）……第10章第４節❶
社会福祉法人豊心の会アクティブハートさかど居宅介護支援事業所管理者

高橋恵子（たかはし　けいこ）……………………………………………………………第10章第４節❷
有限会社せせらぎ代表

滝口優子（たきぐち　ゆうこ）……………………………………………………………………第１章
社会福祉法人浴風会認知症介護研究・研修東京センター研修企画主幹

田中香（たなか　かおり）…………………………………………………第４章第３節❸・第５節
エム・オーヒューマンサービス株式会社ファミリーハウス「とんと」猪子石管理者

中村考一（なかむら　こういち）…………………………………………………………………第９章
社会福祉法人浴風会認知症介護研究・研修東京センター研修部長

長森秀尊（ながもり　ひでたか）……………………………………………………………第７章第３節
社会福祉法人喜成会高齢者総合ケアセンターみらいセンター長

西田朋子（にしだ　ともこ）…………………………………………………………………第７章第２節
有限会社日和介護施設日和野施設長

藤﨑陽子（ふじさき　ようこ）……………………………………………………………第10章第１節
株式会社リライウェルフェア役員・ウェルフェアガーデン認知症ケア相談者

皆本昌尚（みなもと　まさなお）……………………………………………………………第４章第４節
合同会社おれんじしっぷ代表、認知症ケアラボラトリーあつまるハウス所長

宮島渡（みやじま　わたる）……………………………………………………鈴木ひろしさんの事例
日本社会事業大学専門職大学院特任教授、一般社団法人全国認知症介護指導者ネットワーク副代表

森俊輔（もり　しゅんすけ）……………………………………………………………第10章第３節
有限会社RAIMU代表取締役、一般社団法人全国認知症介護指導者ネットワーク代表

矢吹知之（やぶき　ともゆき）……………………………………………………………………第６章
社会福祉法人東北福祉会認知症介護研究・研修仙台センター研修部長、東北福祉大学総合福祉学部准教授

山口喜樹（やまぐち　よしき）………………………第４章第１節・第２節・第３節❶・❷
社会福祉法人名古屋市社会福祉協議会名古屋市認知症相談支援センター所長

渡邉浩文（わたなべ　ひろふみ）………………………第３章第１節・第３節・第４節、第８章
武蔵野大学人間科学部教授

認知症介護実践研修テキスト　実践者編

2022年6月1日　初　版　発　行
2024年3月10日　初版第2刷発行

編　　集　認知症介護実践研修テキスト編集委員会
編集協力　一般社団法人全国認知症介護指導者ネットワーク
発 行 者　荘村明彦
発 行 所　中央法規出版株式会社
〒110-0016　東京都台東区台東3-29-1　中央法規ビル
TEL 03-6387-3196
https://www.chuohoki.co.jp/

装幀・本文デザイン　澤田かおり（トシキ・ファーブル）
カバーイラスト　のだよしこ
印刷・製本　株式会社太洋社

定価はカバーに表示してあります。
ISBN978-4-8058-8498-0

本書の内容に関するご質問については、下記URLから「お問い合わせフォーム」にご入力いただきますようお願いいたします。
https://www.chuohoki.co.jp/contact/